男人 来自火星 女人 来自金星

Men are from mars, women are from venus

[美] 约翰・格雷 博士（John Gray,Ph.d.）著
于海生／译

吉林文史出版社

图书在版编目（CIP）数据

男人来自火星，女人来自金星 /（美）格雷（Gray, J.）著；于海生译，–2版
—长春：吉林文史出版社，2007.2

书名原文：Men Are From Mars，Women Are From Venus

ISBN 978 – 7 – 80702 – 171 – 1

I. 男… II. ① 格… ② 于… III. ①婚姻—通俗读物 ② 恋爱—通俗读物
IV. C913 – 49

中国版本图书馆CIP数据核字（2007）第007329号

男人来自火星，女人来自金星

Men Are From Mars，Women Are From Venus

作　　者：约翰·格雷

译　　者：于海生

责任编辑：袁一鸣　　邱　荷

责任校对：袁一鸣　　邱　荷

出　　版：吉林文史出版社（长春市人民大街4646号　邮编：130021）

印　　刷：北京鑫丰华彩印有限公司

开　　本：640 × 960毫米　16开

字　　数：300千字

印　　张：20.875

版　　次：2007年3月第2版

印　　次：2007年3月第2次印刷

书　　号：ISBN 978 – 7 – 80702 – 171 – 1

定　　价：28.00元

最新版序言

本书自问世以来，全球销量已达亿万册，它让千百万人走出了情感的困境，包括我本人在内，它也定当为你带来福音！

有人说过，在男人和女人之间，存在一场永恒的对话——男人不可能100%地了解女人，女人也不可能100%地了解男人，这是永恒的真理！

男女双方感情如何，不取决于对方是否完美，即使他们各自有很多缺点，却仍然可以和睦相处、一生幸福，这也是永恒的真理！

如今，人人工作压力大。谁不渴望轻松和释放？谁不希望下班回家，享受伴侣带来的温馨和浪漫？工作越是辛苦，愿望就越是强烈。然而，男女两性之间，永远存在这样或那样的差异，永远存在这样或那样的误解。对此，没有必要回避，只应勇敢面对。只有这样，情感的纽带才会牢不可破。要接受伴侣和你的一切差异，不必瞠目结舌，也不要咬牙切齿，更不可横加干涉和破坏，甚至以武力施压。多一些宽容，多一些理解，这是你的责任。这并不意味着你非得哭丧着脸，承受一场危机四伏的感情。你也用不着硬着头皮，默默忍受缺乏激情的婚姻。你要做的，就是从消极走向积极，从挑剔走向包容，从误解走向理解。有了这样的调整和转变，你的感情世界，就会大为不同——你将升至人生快乐的巅峰！

怎样实现这一切？这主要取决于你对伴侣的认识。你对他（她）认识有多深，你们的爱情就有多深。

对两性的差异了解得越多，就越有助于减少交往中的矛盾，消除不必要的误会，避免强人所难的举动。将这本书放在你的枕边，它会成为你最有力的帮手，给你强有力的支持。

正如有的评论家所说，《男人来自火星，女人来自金星》是最

好的爱情和婚姻指南。它深刻地揭示出，男人和女人在各方面存在着不同：他们的沟通方式不同；他们的想法和感觉不同；他们的认知和反应不同；他们对爱情的需求不同。他们看待同一问题，也常常“公说公理，婆说婆理”。大体说来，男人和女人来自不同的星球，说不同的语言，需要不同的养分。

对伴侣的态度和反应缺乏了解，爱情就会“栽跟头”。即便是鸡毛蒜皮的小事，也会成为你们情感的“绊脚石”，让你和伴侣摔得鼻青脸肿！你误以为一切都是对方的责任，却对自己的缺点、错误一无所知。你也可能“诱使”伴侣放弃自我，凡事从你的角度出发，即你是怎么想的，对方就该怎么想；你是怎么做的，对方就该怎么做！殊不知，你的荒谬和固执，随时会将爱情推向令人沮丧的境地！如果你不认真地研究你的伴侣，了解他或她的需求，就不要指望你们的爱情会蓬勃向上，如此，你们的爱情路将荆棘遍布。

我已经说过，即便最亲近的异性，对你也可能是个谜。因此你要自己去寻找答案！你要尽可能地接近事实，获悉真相，而不是一鳞半爪，支离破碎。作为回报，伴侣展示给你的，必将是最美好、最可爱的一面。他（她）会给你更多的爱：爱的絮语，使你的耳边清音袅袅；爱的奇迹，使你的眼前灵光闪耀。

……

不要试图改变对方；不要越俎代庖，想当然地替对方“着想”，因为这样会弄巧成拙。在沟通和交流上多下工夫，这才是你应尽的职责。想想看，你在伴侣面前的反应，能否让他（她）不胜欣慰，满心欢喜？你能否让对方永远感激，经常动情？你能否让爱的旗帜高高飘扬？能否视伴侣为心中的“惟一”？

做到这些，并非天方夜谭，遥不可及。这也是本书要奉献给你的要旨所在。它能带给你顿悟，赋予你智慧，让驾驭情感之舟的你充满力量！多花点心思，多做些努力，不断改进你和伴侣相处的方法，对方会从你那里，得到理想中的支持和帮助。这样一来，你完全可以从容、得体地改变自己的方法和态度，而不是试图改变你的伴侣。

本书是你的良师益友，它以大篇幅的金玉良言和真知灼见，告诉你如何成为对方理想的伴侣。它能使夫妻间的感情更加深厚；它能从悬崖边上，把感情濒于“破产”的人拉回。就算目前你和伴侣的感情尚且稳定，也不可等闲视之，而应随时为情感之舟增添动力。本书不仅帮助你积极行动，扭转不利的情感关系，还会为你的感情增添更多的“柔情蜜意”。炽热的爱火，将释放出无穷的能量，让情感之舟劈波斩浪，勇往直前，为你们的人生带来更大的希望。

为了帮助你更好地理解男女之间的差异，书中列举了大量实例。它们均来自真实的生活。阅读中，你会在字里行间，发现你本人清晰的“身影”。作为忠诚的向导，本书会牵着你的手，一步一步走出情感的误区。它告诉你，你可以保持本来面目，原样不改地面对你的伴侣——既不改变对方，也不委屈自己。

假如你在爱情的路上，遭遇荆棘，磕磕绊绊。别紧张，也别害怕，很少有人能一帆风顺，畅通无阻。只要善于经营，婚姻就不会变成“爱情的坟墓”；只要策略得当，方法对路，就会极大地改善沟通与交流。

本书的理论经过无数次检验，其正确性、有效性无可挑剔。在多达25000份个人调查问卷中，90%以上的调查结论，都忠实地体现在书中。所以，我相信在阅读中，你会不停地微笑着点头，说：“是的，你提到的这个人，其实就是我！”

我说过，男人和女人讲不同的语言。读完本书，渴望在几天内完全掌握异性的语言，这是不现实的。不要指望迅速了解彼此的差异，要循序渐进，不要急于求成。最好经常阅读它，每一次阅读，都会给你带来轻松和愉悦。每一次阅读，都可以点燃你和伴侣之间爱的火焰。每一次阅读，都可以使你明白：爱是理解、给予和宽容。本书的宗旨之一，是让你的心灵更加开放，使你再一次张开双臂，迎接爱神的到来！

约翰·格雷

2003年6月12日

美国加州磨坊谷

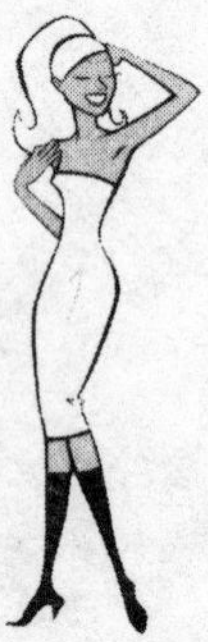

原版序言

小女儿劳伦出生一周后，我和妻子邦妮累得要命，因为一到晚上，劳伦就会多次把我们从睡梦中弄醒。还有更糟的——邦妮分娩时产道破裂，连走路都成问题，必须天天吃止痛药，我只好留在家里照顾她。5天后，她的身体才略有好转，我又重返工作岗位。

那天，邦妮的止痛药恰好吃完了，她没有往我的办公室打电话。但我的弟弟前来探望，邦妮就请他帮忙买药。但粗心的弟弟出门以后，很快就忘了邦妮的嘱托。在疼痛中，邦妮忍受了一天的煎熬。她还要照顾刚刚降生的婴儿呢。这是多么糟糕，多么不幸！

我却一无所知。刚刚下班回家，我就发现她情绪不对劲。她铁青着脸，对我左一声抱怨，右一句不满——我成了她的“出气筒”。我不明白：早晨还好好的，转眼间竟成了“怨妇”！她的表情真是吓人，每一句话都咄咄逼人！这使我胸口处的火气渐渐蹿升。

她说：“我疼了整整一天！一片止痛药也找不到！我下不了床，从早到晚地躺在这里，谁也不关心我！”

我不以为然：“你怎么不给我打电话？这能怪谁呢？”

“我怕影响你的工作。而且，你弟弟不是刚好来了么？我让他出去买药，可他忘得一干二净！我白等了一天！我根本不能下床走路，我还能怎样呢?你们谁都不管我了！”

我的心情本来就不好。白天工作压力大，下班后还得接着找气受，这让我无法忍受。况且，她又没打电话，我当然不知道情况。尤其让我恼火的是，她把责任全都推到我身上。这不公平！为什么这样指责一个无辜的人？岂有此理！

我们的情绪都不好，互不相让，彼此埋怨。一怒之下，我愤然走向门口——是的，我要逃避！我多么疲惫，多么恼火！我听够了她的滔天怨言，急于夺门而出！

就在这时，情况突然有了变化。随后的情形，其意义之大，说它影响了我的一生，似乎也不为过——

妻子说："你不要走！你不能离开我！约翰，现在我最需要你！我很不好受，你知道吗？几天来，疼痛让我很少合眼。还有，你听我说——"

我乖乖地驻足倾听。

"约翰，你不该让我失望！我们不是说好了，要同甘共苦吗？你的态度多让我伤心！任何时候，只有我柔顺、乖巧、可爱了，你才会陪着我。我要是心情不好，说话带刺，你就从家里逃出去，快得像受惊的兔子，这多叫人寒心啊！"

她沉默片刻，泪水涌出了眼眶。她的语气缓和了下来："亲爱的！你知道吗？我正在吃苦受罪呢！我不能帮你做什么，相反，我比任何时候都需要你……到我这里来，好吗？抱着我，什么也别说！用你的胳膊紧紧地抱住我！我渴望它们的温暖，它们的力量。亲爱的，千万不要走开！"

我听话地走过去，紧紧地抱住她，一声不吭。

妻子躺在我的怀里，轻轻地啜泣。

就这样过了几分钟。她的脸上，流露出无限的感激。她感谢我，说在她最困难的时刻，我没有离她而去。她还深情地对我说，这个时候，她什么都不需要，只想让我抱着她，她要感受到我的爱。

就在那一刻，我第一次领悟到：什么是爱？爱的真谛是什么？我不由得想到，真正的爱，意味着为对方着想，意味着不管出现什么情况，两个人都要相濡以沫，互敬互爱。我一直自诩是个合格的丈夫，对妻子充满爱意，然而就像她说的，我并没有陪她共渡难关。她因痛苦或失望而抱怨时，我只是想到逃避。实际上，我应当留下来，与她"同舟共济"。还有，我喜欢她面对我时，看上去快乐而可爱，却不愿见到她痛苦或发怒的样子。我会觉得很失败，误以为是我的错，才使她不快乐，只要有了这样的感觉，我就自惭形秽，直至心生愤慨。我不想成为她发泄怨恨的靶子，所以，当两个

人出现矛盾时，我要么针锋相对，要么索性离开家门，一走了之！

那天，我破天荒地没有离开她。我留在了家里，美妙的感觉难以言喻！在妻子真正需要我的时候，我满足了她的心愿。我也由此体验到，爱的感觉是如此美好！我真切地感受到，真正的爱，是包容和信任，是体贴和照顾，是不计代价地付出，是在伴侣的情绪陷入低谷时，尽可能地陪伴左右，给他（她）足够的力量和支持。而且，你在付出爱的同时，也将得到爱的回报——这是多么简单的道理呀！

我不知道，过去何以粗枝大叶，一再地失去给予爱和得到爱的机会。过去，我只要走到妻子跟前，抱着她就可以了，不用多做别的什么，而我却没有做到！换作是女人，仅凭直觉和本能，也能知道邦妮的需要。然而，作为男人，我完全忽略了触摸、拥抱和倾听，忽略了它们对妻子的意义和价值。在某种意义上，我在情感艺术上是个无知者。

正是从那一天起，我重新思考和权衡，究竟如何和伴侣相处。为了使妻子不再受到伤害，帮她渡过难关，令她由悲而喜、由怒而乐，我不断地钻研爱的技巧。有了它们，就可以解决各种情感冲突。有了它们，只需付出小小的代价，就可以赢得丰厚的奖赏。天底下，还有比这更划算的事情吗？

多年以前，我有过一次失败的婚姻。我记得，每次与前妻吵架，我的态度都是冷冰冰的。妻子从我的身上，感觉不到一丁点儿的爱意。当时，我真是愚蠢，以为面对情感冲突时只有两条路可走：要么和对方一直吵下去，要么躲得无影无踪。除了这些，我想不出还能做什么。这使得我的第一次婚姻，同悲伤、痛苦和不幸紧紧缠绕。然而，和邦妮发生的这件事，终于使我开了窍。

我足足用了 7 年时间，对改善两性关系的技巧进行验证和实践。我认真研究了男女之间的区别。我欣喜地发现，只要善于经营，婚姻就不会变成“爱情的坟墓”；只要策略得当，方法对路，就会大大地改善沟通与交流。我和邦妮就是如此。我们找到了改善关系的捷径，彼此更加欣赏和喜爱。

苏珊和吉姆结婚 9 年了。就像大多数夫妻那样，一开始，他们互敬互爱，感激上天恩赐。慢慢地，他们产生了口角，开始彼此抱怨和不满。一种前所未有的失望之情，不断蚕食着他们的激情，他们的婚姻到了名存实亡的地步。既然爱情走到了尽头，与其貌合神离地生活在一起，还不如马上离婚——他们有了这样的决定。

不过，就在预备离婚前，他们参加了我主持的“两性关系周末研讨会”。苏珊难过地说：“我们渴望维系彼此的关系，重新找回过去的爱情……可是，一点儿办法也没有！我们的差异太大了！”

但我的回答却让他们惊讶！我告诉他们：“你们是不同性别的人，差异的存在不仅正常，而且合情合理。更何况，别的夫妻也和你们一样，有着类似的差异，也因为无法接受差异，一再地产生摩擦。”听了我的话，苏珊和吉姆有了新的感悟。按照我的指点，两天后，他们开始重新处理彼此的关系。

就这样，他们再度陷入热恋中，奇迹发生了！他们都因对方的存在而喜悦，因对方的相伴而激情澎湃。他们决心一生相守，永不分开。先前打算离婚的念头，早被抛到了九霄云外！

吉姆说：“我的妻子又‘回来’了！这是因为我们认识到，对方与自己是不同的……这是我收到的最好的礼物。就像多年前那样，我们再一次坠入爱河。我们要手拉手、肩并肩，风雨同舟地走向未来。”

很多人都承认，男女之间的确存在明显的差异，却很少有人说得清楚：差异究竟体现在哪些方面？

在多次举行的两性关系研讨会上，我对超过二万五千名参加者进行问卷调查。调查的结果，让我更加客观而确切地看到：男人究竟是怎么回事，女人又是怎么样的。

请记住这一事实：你的伴侣和你不同——对方来自另一星球，不可将本星球的规定、要求强加于人。你应该对彼此的差异产生敬畏，而不是想起来就心怀不满或怨恨，否则你会大吃苦头。

假如你是男人，读了书中的见解和主张，就很可能这样说：“你说的那个家伙，其实就是我本人。你似乎一直在跟踪我，把我的情况和特点摸得一清二楚……当然，我的心里很踏实，不再像过去那样，老觉得自己这也不行，那也不是。我终于知道感情的症结了！”

假如你是女人，就有可能这样说："有了你的这本书，我的丈夫就像换了一个人。他终于能够耐心地听我说话。我不再像过去那样，为得到他的爱和理解，不得不硬着头皮，先和他争吵一通……你解释我们的差异时，我的丈夫非常专注。他理解了事情的真相，谢谢你！"

"男人是谁？""女人又是谁？""二者有什么不同？"在书中，我做了大量的归纳和总结。你可能发现，有些言论和观点极符合你的特征。他们似乎比别的叙述更真实，更与你心意相通。这不奇怪，人人都有其独特的经验和体会。你在书中可以找到自己，也可以找到别人，可以找到男人，也可以找到女人。

在我举办的无数次研讨会上，参加者有已婚者，也有独身者。其中有些人似乎属于"性别错位"。举例来说，我描述女人的基本特征，某个男人可能站起来，说："我才是这个样子！"有时候，一个女人也会郑重地声明，说她和男人的基本特征一致。我将此称为"性别的角色转化"。这种"角色转化"，在人群中司空见惯。这是个体独特性、家庭、社会等因素的影响所致。

我相信，人人都可因本书而获益。从我的研讨会参加者那里，从来信的读者当中，我听到的惟一的"消极反应"的——不知你能否想象得出来——那就是："为什么在过去，从来没有人对我说过这些呢？"我可以听到他们隐隐的抱怨之情。

行动起来吧！为你的人生赋予更多的爱，一切还不算晚！你要学的，只是新的方法，新的技巧。你即将告别灰色的世界，迎接的是五彩斑斓的人生。不管你的情感问题有多少，不管你是否正在四面楚歌声中挣扎，也甭管是否"病入膏肓"，正在接受某种形式的心理治疗，我要说的是，如果你想拥有更加完美的爱情和婚姻，本书就一定是你的最佳指南！

约翰·格雷

1991年11月15日

美国加州磨坊谷

目 录

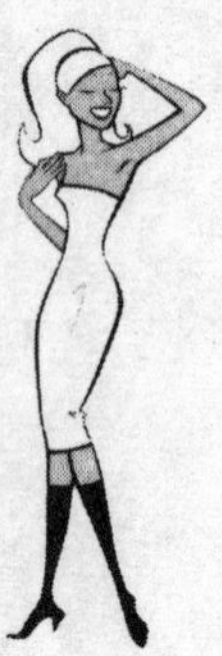

第1章

Men Are From Mars
Women Are From Venus

男人来自火星，女人来自金星

现在，请想象“男人来自火星，女人来自金星”的景象——

很久很久以前的一天，火星人摆弄着“射电望远镜”，突然发现了美丽的金星人。虽然只是惊鸿一瞥，他还是浑身颤栗。金星人唤醒了他的爱，唤醒了他从未有过的绝妙感觉！金星人也同样如此。所以，他们一见钟情，彼此爱上了对方。于是，火星人兴致勃勃地发明了空间旅行器，风驰电掣地飞向金星。

金星人张开双臂，热情地欢迎来自另一个星球的精灵。这是第一次约会，他们本能地意识到，神奇的一刻到来了！他们脉脉含情，彼此注视。他们紧紧地拥抱在一起，品味着前所未有的爱的滋味。

他们的爱情，真不可思议。他们因相识而喜悦，因共处而鼓舞，因分享而幸福。当然，他们存在着显著的差异，因为来自不同的星球。可这又有什么不好的呢？彼此的差异，使他们新奇，让他们狂喜。他们用了几个月的时间彼此了解。他们想看看，对方和自己究竟有什么不同。果不其然，他们的需要、喜好、言行举止都不相同。种种差异，带给他们的是神秘感，是美的诱惑。他们尊重彼此的差异，快乐而和谐地生活在一起。

后来，他们突发奇想，一齐飞到了地球上。他们把这个星球作为永远的家园。一开始，他们生活得美满幸福，一切还是那样美好，有着梦幻般的色彩。不过，地球上的气体是特殊的，慢慢地改变着他们的感觉。一天早晨，他们从睡梦中醒来，不约而同地患上了一种“健忘症”，医学上称之为“选择性健忘”，他们忘了当初选择对方时，都是心甘情愿的决定，忘了彼此来自不同的星球，有着不同的特征和属性。

于是，从那天早晨开始，彼此存在差异这个事实，从他们的记忆里消失了。从那一刻起，火星人和金星人——也就是男人和女人——陷入了永远的矛盾和冲突当中。

记住：你们是不一样的

多么不幸啊！由于你的忽略和健忘，你和伴侣间不断地产生隔阂。你忽略的，是重要的人生真相，因此你注定要受到惩罚。你今天失望，明天沮丧，情感关系一波三折，皆因对方和你的愿望、想象不一致！你期待伴侣和你相似或接近；你盼望对方的一举一动，符合心目中划定的形象；你认为面对日常问题，伴侣应该有一致的感受和反应。

最终，你错误地做出假定：对方爱你，就要和你处处“合拍”，而不是与你的期待背道而驰！这样的假定，使你无数次地陷入被动。你的心情糟透了。你不愿花时间与对方沟通，探索彼此的不同。

> 我们错误地做出假定：如果伴侣爱我们，他（她）的反应和表现，就要和我们处处“合拍”，而不是与我们的期待背道而驰！换言之，我们以怎样的方式爱着他（她），对方就要以同样的方式对待我们。

男人错误地期待，女人按照他的方式进行思考和交流，做出他理想中的反应。女人错误地期待，男人按照她的方式加以感受和沟通，展示她愿望中的姿态。他们忘记了“你是你，我是我”的道理。他们的交往充满了完全没有必要的摩擦和龃龉。

你是否正与异性交往？你是否了解并尊重彼此的差异？如果答案是肯定的，在很大程度上，就可减少内心的困惑，情感的冲突。要记住，男人从火星来，女人从金星来，你们之间存在诸多差异。惟有如此，无数问题的真相，才会水落石出！

光有愿望是不够的

恋爱的感觉是神奇的，它让人觉得，爱，永不消逝。一切山盟海誓，都将成为现实，而不是浮语虚辞。恋爱中的人们都曾目睹过，他们父母的爱情，有过这样或那样的问题。但他们认为，那是上一代人的事，同样的情形决不会在他们身上出现！他们坚信，永恒的爱情，热恋的感觉，无限的欢乐与幸福，将会永远伴随左右。

不幸的是，随着时间的推进，爱情的魔力开始减退，“柴米油盐”的繁琐事务占据了上风。男人始终期待女人按照他们的方式思考和反应，而女人则希望男人按她们的方式感受和行动。他们把差异抛到了脑后。他们没有花时间和精力，理解和尊重彼此的渴望和需求。接下来，他们不约而同地出现这样的情形：求全责备、颐指气使、吹毛求疵、缺少宽容、固执己见……

在内心深处，尽管对爱情，他们仍旧怀着最美好的愿望和动机，最真切的期待，但他们却目瞪口呆地看到：他们的爱情列车，正尖厉地呼啸，不可阻挡地冲出铁轨，眼见即将倾覆！矛盾和冲突，成了他们生活的主旋律，沮丧的情绪、怨恨的感觉“水涨船高”。原本正常的沟通中断了，他们互不信任，各不相让！终于，有一天，被认为是“不可战胜”的爱的魔力，彻彻底底地消失无迹了！

你不妨扪心自问：

这一切，究竟是怎样发生的？

为什么发生在你身上？

人类的头脑，不可谓不聪明，也不能说不发达，为回答上面的问题，随时都可搬出体系复杂、光芒四射的哲学观点、心理学理论。他们似乎足以解释爱情“失踪”或“消亡”的原因。不过，这一切又有多少意义呢？因为历史不以人的意志转移，爱情的“悲剧”一再上演。爱情或急或缓、或早或晚的死亡，成了家常便饭。人人都可能经历爱情危机。

每时每刻，都有千百万人在寻找生命的“另一半”，品味爱情中妙不可言的感觉。同样，每时每刻，许许多多曾经相爱的人，他们却在悲伤和痛苦中劳燕分飞——他们不再相爱，貌合神离地生活在一起，带给他们的只有烦恼和伤悲。在恋爱的人群中，能够将爱情进行到底者，其实并不多见。据粗略统计，只有50%的人能最终白头偕老。而在这50%的人中，至少有一半以上的人，对伴侣缺乏忠诚，也无所谓爱。用“同床异梦”来形容，再恰当不过了。

世上只有极少数人将爱情演绎得淋漓尽致，将生命与伴侣牢牢地结合在一起，直至走完生命的旅程。他们与众不同的地方，就是尊重彼此的差异，接纳对方的一切品质。正因如此，爱情女神才翩翩而至，并永远地眷顾他们。

其实，惟有尊重男人和女人的不同，才能了解对方内心的渴望，创造性地解决问题，才能在每一个季节里，享受爱情的枝繁叶茂，开花结果。一言以蔽之，你应当知道：怎样赢得爱？怎样让爱人因你而快乐和幸福？你要永远铭记：男人来自火星，女人来自金星。

> 当男人和女人能够互相理解、尊重和接受对方的差异时，爱情才会真正生根发芽，开花结果。

只有这样，你们的爱才能充满魔力，并将永远存在！

第 2 章

Men Are From Mars
Women Are From Venus

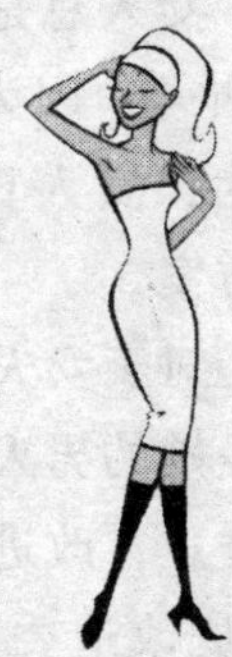

“修理大王”与“家庭改造委员会”

女人对男人最大的抱怨之一，就是在她说话时，他不肯耐心地倾听。她竭力吐露内心的感受，他要么满不在乎、漠然置之；要么听完之后，马上指出她的困惑或问题的症结。女人好比一台出了问题的“机器”，需要他动手“修理”似的——他骄傲地戴上“修理大王”的帽子，观察一通、琢磨一番，便煞有介事地宣布：“你的问题，可以这样解决……”

男人认为，这可使她心花怒放，但遗憾的是，他这种爱的姿态，她却不买账。于是，男人困惑不解：他好言好语，她却愁眉不展，这究竟是为什么呢？

女人总是抱怨，在他们说话时男人“开小差”。女人不由得感到恼火，因为她感受不到男人的体贴、关心和共鸣。而男人偏偏以为，女人真正需要的，不是倾听的过程，而是解决问题的办法或方案。

对于女人，男人最多的抱怨，就是女人总是试图改变他。女人深爱她的男人，就觉得有必要帮助男人成长和成熟，改进男人的言谈举止，改进他的想法和做法。为达到这个目的，女人还特地创立“家庭改造委员会”——对他实施改造，指导他取得进步。这是委员会担负的使命。但男人却会奋力反抗，拒绝女人的这种所谓的“关心和帮助”。

可男人的反抗似乎是徒劳的，因为女人会寻找一切机会教育男人，告诉男人怎样立身处世，怎样待人接物，怎样功成名就！

在教育和改造男人的过程中，女人似乎其乐无穷，野心勃勃，“磨刀霍霍”。然而，男人的感受，却与女人截然相反！他觉得自己是“可怜虫”，处境过于凄惨，因为一切都被她牢牢控制。

事实上，男人需要女人的认可和接纳，而不是所谓的改造。

你看，男人和女人在相处时，各有各的问题。要想解决它们，首先要了解：为什么男人总想提供解决方案？为什么女人总想改造男人？现在，设想我们可以回归久远的过去，调查火星人和金星人的原貌。我们需要知道：在火星人和金星人相识之前，或者说，还没有落户地球时，他们是怎样一番模样。这有助于更深入地认识男人，了解女人。

火星上的生活

通常说来，火星人重视力量、能力、效率、成就。火星人千方百计地证明他的价值。他不断地积蓄力量，培养技能，修炼十八般武艺。他的人生态度，与“成功”、“成就”密切相关，这可以给他带来最大的满足感。渴望胜利，追求业绩，成了火星人价值观的核心。

> 一个男人的自我意识，在很大程度上，完全来自他完成目标的能力。

火星上的一切，都是其价值观的反应。火星人通过穿着打扮，体现他的技能和能力：警察、士兵、商人、科学家、出租车司机、技术工人、饭店厨师……穿衣戴帽的方式，是火星人特有的、用以展示独特自我的“标签”。

他不像金星人那样，对某些杂志、书报感兴趣，比如《今日心理学》、《自我》、《人物》。火星人热衷于各种室外运动，比如打猎、钓鱼、新闻、天气、体育。他也很少阅读浪漫小说、励志类书籍。

他对各种具体而有形的“实物”更有好感。相比之下，他对别人的情感和心绪兴趣不大。今天，我们在地球上见到的情形是：女人渴望最浪漫的情感，男人却痴迷更快的跑车，效率更高的电脑，五花八门的设计、发明，日新月异的尖端技术。男人更关注如何展示他的力量，他的强大。他甚至不惜一切代价，朝思暮想地达到目标，以此获得自我的满足感。

事业有成，对于火星人来说是头等大事。这是证明自我能力的方式，这使他感觉良好。他竭尽全力，让志得意满的感觉时刻相伴，而不是昙花一现。他总是不屈不挠地努力，希望早日完成目标。另外，假如金星人主动帮助，他却敬而远之。在成功的道路上，他不希望女人“越俎代庖”地帮助他。火星人以独立地成就事业而骄傲。对火星人来说，自力更生，独当一面，是效率、力量和能力的集中体现。

这正是男人的特征，女人应当给予理解和信任。这也恰恰是男人拒绝改造的原因。他不愿按照女人的吩咐做事，否则他会无地自容，自惭形秽。遗憾的是，女人常常无视男人的感受。尽管男人从未主动提出请求，她却今天一个建议，明天一个主张，提醒男人该做什么，该怎样做。她一面承认男人的强大，一面却似乎把他当成孩子，仿佛他不可能独立成事。不用说，男人对此相当敏感，他觉得自己的能力受到了质疑。

> 未经男人的请求，就擅自为他提供建议，出谋划策，相当于告诉男人：“你不知道怎样做。”或者是，“你没有能力独自解决问题。”

男人渴望独立解决问题，他很少当着女人的面，一板一眼地谈论起它们。除非需要某些专业指导，或者非得有人协助，他是不会向你求援的！男人的理由是：“既然我自己可以把事情解决，为什么要让别人参与其中？”他把问题藏在心里，不愿让女人知道，看上去就像没事人似的。只有需要帮助时，他才说出内心的困惑和沮丧。在男人看来，如果可以独立做好，却要别人插手，这是软弱和无能的表现。

不过，如果男人真的需要帮助，在他看来，如何得体地得到支援，也是重要的艺术。我们常常可以看到，男人态度谦恭、不失风度地求教于他尊敬的专家，同对方谈论他的问题。或许可这样说，火星人之间谈论起某一个问题，必是某个火星人渴望指点或建议，对于其他火星人而言，则是难得的献计献策的机会。这意味着别人信任自己，这让他们沾沾自喜，骄傲无比！他们忙不迭地戴上“修理大王”的帽子，听对方把问题交代清楚后，便慷慨地给出宝贵的建议。

正因为火星上有这样的传统和习惯，金星人诉说内心的困惑时，火星人就不由分说，下意识地展开行动，把自以为恰当的主意或见解抛给对方！同样，如果女人说她多么沮丧和苦恼，男人就会错误地以为，她是希望自己给予帮助，提供可行性建议。他摇身变成了“修理大王”，立刻指出女人的症结。男人认为，这是最大的支持和帮助，足以证明他忠贞的爱！他相信这样一来，女人感觉就会好得多，就会喜不自胜地想到：她的男人是多么强大，多么管用，多么“物超所值”！

的确，男人渴望自己的才能被派上用场，价值得到体现，由此才配得上你的爱。可现实却与他的期待相反——男人忙碌了半天，女人的心情丝毫未见好转。她仍旧沮丧、悲观，苦恼不止。

这可害苦了男人！他觉得自己失败了，他心灰意冷，不愿倾听女人的肺腑之言。他心里想的是：“她似乎不需要我。我的作用微乎其微，还能算是男子汉吗？”他以为她排斥和拒绝他。他甚至认为，在她的眼里，他是一无所用的小人物！男人不知道，女人倾诉时，只要他关切而体贴，或怀着兴趣倾听，女人就觉得欣慰，这是给她的最有力的支持。

金星上的生活

男人不了解金星人的情况。在金星上，人们更多地谈论问题本身，享受谈论的过程，而不急于找到答案。和火星人相比，金星人有不同的价值观。金星人重视沟通和交流，体验其间的快乐和美感。金星上的一切，都是这种价值观的反应。金星人花相当多的时间，彼此支持和帮助，其自我价值的实现，更多地来自情感的满足，也来自人际关系的质量。金星人喜欢分享和共鸣，以便获得无尽的快慰。

金星上的一切，无不体现出其价值观。相比于建造高楼大厦和高速公路，金星人更喜欢和谐、融洽地交流，无拘无束地与人共处。在她的眼里，“情感”和“交往”，比“工作”和“技术”更重要。在很大程度上，金

> 对于一个女人而言，她的自我意识的提升，她的自我价值的实现，更多地来自情感的满足，也来自人际关系的质量。

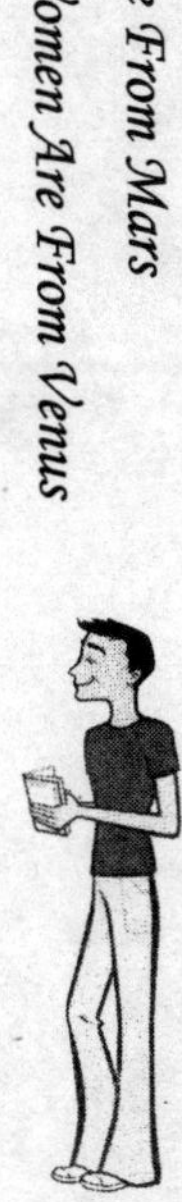

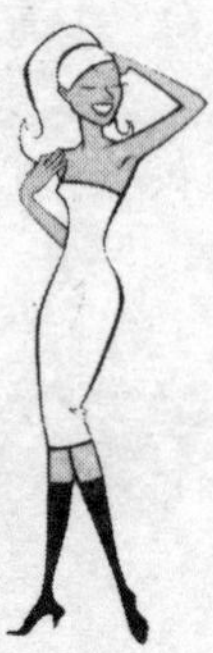

星人恰好处在火星人的对立面。

金星人不像后者那样，通过穿所谓“制服”展示强大。金星人喜欢每天变换不同的服装。她的着装随感觉而变，依潮流而变。服装体现情感的表达，情绪的变化。即使她每天数易着装，你也用不着奇怪。

在金星人的词典里，与“沟通”和“交流”有关的词语，占了绝大部分。这就是说，金星人喜欢交流，乐于诉说，渴望与人分享感受。这种情感依托，远比事业有成更为重要。她们最怕没有倾诉的渠道。

女人的这种需求，让男人很难理解。男人想懂得那究竟是怎样的感受，就不妨想象他们赢得一场比赛、实现一个目标、解决一个问题时，内心体验到的满足感。女人对于交流、分享的需要与之类似。

一言以蔽之，女人不以目标和结果为终极，她更关心情感交流的过程。她更愿意以此展示她的爱，她的关心，她的美德。相反，如果两个火星人一同就餐，就要讨论一个项目，一种计划，恨不得借就餐之际，将事关国计民生的重大问题全都解决。因此，火星人外出就餐，往往带有强烈的动机，明确的目的。至少，他可以不必选购，不必烹调，不必洗碗。他喜欢将时间和精力节省下来，直奔他的主题。

对于金星人而言，则是另外一码事。比如，和朋友外出吃饭，可以畅谈心事，培养感情，这才是她的动机和目的。她对朋友问寒问暖，也愿意得到支持。女人在饭店、餐厅谈话，可能非常公开和坦率。当然，谈话或许有着隐秘的性质，类似于心理医生和病人之间的对话。

在金星上，所有的人都研究过心理学，至少持有“义务心理咨询”的硕士学位。金星人更关注自我和他人的情感世界。她喜欢为他人提供心理辅导，也乐于请对方充当心理医生，自己则温顺而舒适地当起了“病人”。金星人喜欢感受，喜欢欣赏，喜欢品味。在金星上，公园、花园、购物中心、餐厅这样的地方，星罗棋布，处处可见。

所以，金星人穿梭其间，耳濡目染，形成强烈而独特的“情感直觉”。几个世纪以来，金星人不断关心别人的感受，直觉能力格外突出。别人的遭遇和感受，很容易唤起金星人的共鸣。金星人信奉：“你的事，就是我的事。你的感受，就是我的感受！”她说到做到，身体力行，由此获得了不错的口碑，这使金星人格外骄傲。即使你没有主动请求，她也当机立断，满腔热忱地要帮你一回！她认为这才是爱，才是关心和体贴。

与火星人相比，金星人并不过分看重所谓“个人能力”，因此，主动为火星人提供帮助，在金星人看来，没有任何冒犯之嫌——接受帮助，不意味着软弱和无能。但她们的火星人——男人却不这样想。如果女人擅自给他建议或主张，男人就会觉得，这是她不信任他，怀疑他无法独立地做事。就这样，男人的尊严遭到了侵犯。

男人为什么这样敏感？女人对此愤愤不平！在女人的感觉里，要是有人主动帮助她，她正求之不得呢！那是天上掉馅饼的惊喜，那也等于是在女人多姿多彩的帽子上，格外插上了一根美丽的羽毛，她由此就会沾沾自喜，因为她感受到的是爱，是重视，是珍惜。

相反，如果换成男人就不一样了。女人自作主张的帮助，让男人怀疑自己的无能和软弱。他甚至产生自卑心理，觉得自己不可爱，不值得女人爱。但金星人对此一无所知。她相信惟有互帮互助，才能各取所需，皆大欢喜。她的天性之一，就是对火星人实施改造，使他不断进步。不管火星人是否愿意，金星人看到问题，总是不假思索地指出来。她的批评和建议，或许相当中肯，而且具有建设性。

面对金星人的好意，火星人却不领情。因为在火星上完全是另外一番模样——如果某种事物运行顺畅，火星人就认为：“别去改变它！”这是他们的座右铭。火星人愿意“听之任之”，使事物保持原有状态。在他看来，问题没有出现，何苦没事找事、自讨没趣？或者说，除非对方主动要求，才可以提供支持和帮助，否则就是超越本分，是冒犯和不敬。男人的这种心理，常让女人无法理解。

男人的顾虑和忧惧，女人常常毫无察觉。想想看，女人好心好

意，为男人指点迷津，却让他大感屈辱，真让女人觉得费力不讨好。男人认为他自己必然出现了“破损”，否则她不会企图修理他，改造他。而她也错误地以为，她是在帮助他成长与进步。

别给男人任何建议

在主动请缨、充当“谋士”或“后盾”这件事上，女人要格外小心，以免伤害你心爱的男人。

汤姆和玛丽要去参加聚会。聚会的地点不算远，但 20 分钟以后，驾车的汤姆，仍在同一个街区转来转去——显而易见，他不小心迷路了。玛丽忍不住提出建议，让汤姆打电话求助。汤姆一言不发，冷着脸，继续寻找“迷宫”的出路。最终，他们还是赶上了聚会。整个晚上，汤姆的情绪都很低落，两个人之间的气氛很是紧张。

玛丽不明白汤姆为何情绪低落。她不知道，问题恰恰出在她给汤姆提建议这件事上。

毫无疑问，玛丽完全出于好意。她的意思也很明确：“我是爱你，关心你，才主动帮助你，连这个你都看不出来吗?!”

汤姆却不这样理解。他觉得尊严受到了冒犯。从妻子那里，他当时听到的信息是：“我不指望你能凭你的本事，把我们及时送到目的地。你的方向感实在让我不敢恭维。你真不是个能力很强的男人!”

玛丽不了解火星人的特征：不需要别人的指点，独立地达到目标，这对火星人是多么重要！除非请求帮助，否则就不要插手。保持沉默，才是一种帮助，一种信任，这是火星人的观点。

迷路的汤姆，在同一个地段绕来绕去时，对玛丽而言，其实是天赐良机——她可以向汤姆展示她的爱，她的信任。在那样的时刻，汤姆是脆弱而无助的，他需要温暖和抚慰。实现这一点，并不需要玛丽的建议。玛丽应当保持沉默！玛丽应当信任汤姆可以辨别方向，找到出路，最终赶到目的地。

信任，是玛丽送给汤姆最好的礼物。对于汤姆而言，信任的感觉如此重要，如此美好。汤姆对于信任的渴望，就如同玛丽从他那里，得到芬芳的玫瑰或热烈的情书一样！

假如玛丽了解“火星人和金星人”的故事，当汤姆遇到困难时，她决不会贸然开口，出谋划策。驾车的汤姆迷路时，玛丽会尽可能调整好呼吸，抑制住冲动，不给他任何建议。对于玛丽深情的认可和信任，汤姆会由衷地感激，信心倍增，满怀爱意！

对女人来说，给予男人不请自来的建议，或擅自充当男人的援兵，结果常常是弄巧成拙。在男人眼里，这是在对他进行抱怨和批评。这让男人心灰意冷，斗志全无！当然，出于爱、出于温情，女人才会那样做，可她的建议和主张，像一把刀子，扎在男人的自尊之上，让他无限痛楚。他的反应可能非常激烈，他觉得她把他当成了孩子！而且，在他的脑海里，或许浮现出多年以前，他的母亲对父亲严厉指责的情形！历史惊人地相似，往事浮上心头，让他痛楚难当。

> 通常说来，当女人提供不请自来的建议，或试图“帮助”男人的时候，实际上，她不知道，对于男人而言，她有多么挑剔，多么缺乏爱意！

但凡有骨气和抱负的男人，大多有着强烈的自尊。他想在心爱的女人面前证明：他可以不靠别人，“单骑闯关”，哪怕要闯的“关”微不足道（比如驾车赶到餐厅，参加朋友的聚会，等等）。相对某些大事而言，他对小事格外敏感。这似乎颇具讽刺意味，但又在情理之中——“她连参加聚会这样的小事，都对我缺乏信心，又如何相信我能成就大事呢？”

这就是火 星人的心态，这就是男人的心态。和他的祖先一样，火星人想贴上“专家”的标签，因为这会带给他骄傲的感觉。即使他难以成为“大师级”人物，也渴望成为某一领域的行家里手。他渴望独立地解决问题，达到目标。从女人那里，他最需要的是爱，是认可，是接纳。女人的告诫和批评，不仅让男人沮丧和懊恼，甚至火冒三丈！

男人，你要学会倾听

同样的道理，男人不了解女人，也很可能帮倒忙。女人傍晚下班回家，和男人谈起某些问题，只为倾诉一天的感受，体验舒适和亲密的感觉，却不一定需要答案。

然而，现实生活中最常见的情形却是：她诉说感受时，男人却在想："好，是时候了！这件事很简单，我可以帮她解决！"他不等女人说完，就没有耐心听下去了。他扳着指头，口若悬河，以排山倒海、高屋建瓴之势，将他的策略或方案全部抛出来！他让女人从中挑选，想以此博得女人的欢心。但让他莫名其妙的是，在女人的脸上，他看不到任何快乐的表情，更没有丝毫的感激之意。这让男人感到迷惑，他一时不知所措，却始终不知原委！

在大多数情况下，女人讲述当天的感受，只为同男人交流和分享。她的丈夫认为可以为她效劳，于是，他打断女人的谈话，针对女人的问题和困惑，开始提供一系列的解决方案。

比如，玛丽忙碌了一天，神情倦怠地回到家里。她渴望同丈夫交流，抒发心中的感受。

玛丽："眼下，我要做的事情太多太多。我的私人时间少得可怜！"

汤姆："你还是放弃那份工作吧，何必让自己如此辛苦呢？你应当做你想做的事！"

玛丽："可是我喜欢自己的工作。问题在于，大家对我期望值很高，希望我在短时间内改变一切！"

汤姆："不要听他们的。做你能做的就是了！"

玛丽："我知道。对了，你知道吗？我今天忘记了给姨妈打电话！真不知我是怎么搞的！"

汤姆：“别担心！你那样忙，她会理解的。”

玛丽：“可你不知道，她究竟出了什么问题。她真的需要我！”

汤姆：“你也太操心了，所以才不快乐。”

玛丽（生气地）：“我只是偶尔不快乐。你可不可以不插嘴，听我把话说完？”

汤姆（不高兴）：“你还要我怎么样呢？我不是一直在听你说话吗？”

玛丽（心烦意乱地摇摇头）：“可我为什么还是那样苦恼呢？”

这场谈话后，玛丽感觉更加沮丧。这可不是她想要的结果。她回家看见汤姆，想从丈夫那里感受到关心和体贴。然而，她的希望成了泡影。汤姆事后心情也不好，但他不知什么地方出了差错。他很想帮妻子分忧，他虽然指出了问题的症结，但是他的努力却没有奏效！

汤姆不了解金星人的特征。他不知道，专注、耐心地倾听，对玛丽是多么重要！他试图为玛丽的“病因”把脉诊断，却使局面更糟。其实，他只要扮演好倾听者的角色，就万事大吉了，何等简单啊！当然，他的倾听，应当带着感激、体贴和深情。金星人的倾吐，应当在他的心里引起共鸣。为此，他应该理解对方的感受，体会对方的心情。

汤姆不知道，他的聚精会神，他的感同身受，可使玛丽卸下心灵的包袱。玛丽说出心里话，就可以一扫当天的晦气，体验到难得的满足。当汤姆了解到金星人的信息，知道她渴望倾诉的特征后，他一下子就变聪明了，学会了怎样正确地倾听。

如果能是这样，那么，当玛丽神情疲倦地回到家里，他们的谈话就是另外一种情形——

玛丽：“眼下，我要做的事情太多太多。我的私人时间少得可怜！”

汤姆（暗暗地做了深呼吸）：“亲爱的，你今天一定很辛苦吧？”

玛丽：“他们期待我在短时间内改变这一切，我真不知能不能做到。”

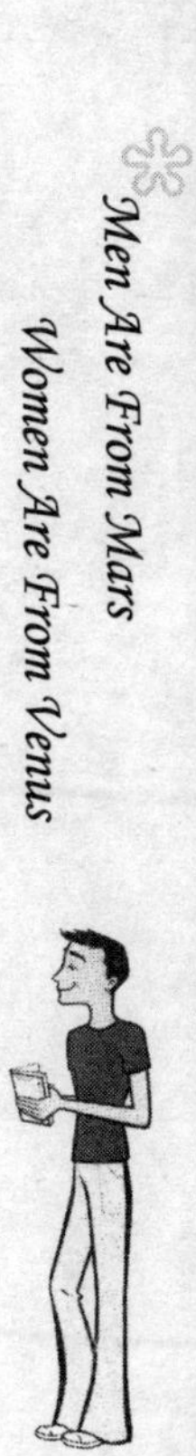

汤姆没有说话，只是“嗯”了一声。

玛丽：“我还忘记了给姨妈打电话！”

汤姆（皱皱眉头）：“这似乎不大好！”

玛丽：“姨妈现在需要我。我对她的关心太少了！我心里真的很难过。”

汤姆：“你是个有爱心的人，这我早就知道。到我这里来，亲爱的，我想抱抱你！”

(汤姆深情地拥抱了玛丽。在丈夫的怀抱里，玛丽深深地呼出一口气，霎时间全身放松!)

玛丽：“汤姆，我喜欢和你谈话！你能带给我快乐！谢谢你的倾听，我现在好多了!”

其实，感到舒适的不单是玛丽。汤姆的心情，也前所未有地舒畅起来！他惊奇地发现：恰如其分地倾听，能获得可喜的效果！恰当的倾听，是让妻子快乐的灵丹妙药。他知道了男人和女人的差异，就抑制住献计献策的冲动，把倾听技巧发挥得淋漓尽致。与此同时，玛丽也越发聪明起来。她不再随意地指点丈夫，剥夺他独立实现目标的机会。她更不会对丈夫的做法说三道四，横加指责。

现在，不妨总结一下：男人和女人在交往中，常见的错误有哪些？它们包括——

1. 男人看见女人情绪不好，就忙不迭地戴上“修理大王”的帽子，指出女人存在的问题，为她提供解决办法。这却使女人感觉更糟！

2. 男人有了不足、犯了错误，女人就急于帮他改善和纠正。她迅速组建“家庭改造委员会”。未经男人请求，她就自发地提供建议，或者加以批评。

“修理大王”与“家庭改造委员会”可以休矣

当然，我的意思不是说，在一切情况下，“修理大王”也好，“家庭改造委员会”也罢，它们都是错误的做法、荒谬的抉择。在特定的情况下，它们当然可成为积极的、推动性的力量，关键是使用的时间和方式。使用不当，好事也会变成坏事。

女人正心烦得要命，她不希望男人变成“修理大王”。男人保持原形就是了，女人自会感激！男人要学会察言观色。如果女人看上去心情糟糕，根本不想与人你一言、我一语地讨论，男人根本就不必出谋划策。女人仅渴望有人倾听，因为此时她不是出了故障的机器，不需要接受“修理”。

男人也有特定的需求。他只感激女人的认可和信任。他曾馨香祷祝，希望“家庭改造委员会”一朝垮台！不过，假如女人选择恰当的时机和方式，男人会听命于“家庭改造委员会”。女人应该铭记：她的批评和建议（尤其在男人面临窘境时），不可能使男人体味到爱的感觉。与之相反，他会怀疑女人有控制欲，要在他脖子上套上枷锁！男人期待女人为他的特征和能力加冕，这可以给他信心，使他自行努力，从不足或错误中求得进步。没有精神负担，没有心理压力，男人才乐于听取女人的指点，接受她的好意。

> 当伴侣抗拒我们的“爱”时，可能只是因为我们选择了错误的时间，采取了错误的方式。

男人和女人终归不同。对于对方脆弱而敏感的“软肋”，奉劝你谨小慎微，不要贸然出击，这对你大有好处。倘若你好心好意，而对方没有领情，这不是你动机不好，而是选择的时机和方式不对头。

当她抗拒他的建议时

确切地说，在男人告诉女人怎样做，却不幸碰壁时，他会像被冷水浇头一般，不免怀疑起自己的能力。他觉得你对他不够信任，更谈不上尊重，这让他心灰意冷。他不再关心你，宁可摆出“我行我素”的姿态。

男人应该牢记，女人来自金星。这样他就不致大肆抱怨：女人

为什么那样“骄横”，难以取悦？他会采取灵活、机动的方式，满足女人的心愿。女人需要安慰、共鸣、体贴。男人明智而且有眼力，就不会随时中断倾听，告诉女人该怎么做。

下面的例子，均展示出男人可能误解女人的感受，或者不合时宜地“指点迷津”。你也可以想一下：为何女人对此不屑一顾，乃至大为排斥？

1. “你不该过分操心！”
2. “你老是误解我的意思!”
3. “这有什么大不了的呢?!”
4. “好啦，我错了，很抱歉。我们可不可以别提那件事？”
5. “光是想有什么用？去做就是了！”
6. “我不是在听你说话吗？”
7. “你不该有受伤的感觉。那不是我的本意！”
8. “那么，你究竟想说什么呢？”
9. “你不该有那样的感觉！”
10. “你怎么可以这么说？上个星期天，我不是整天都陪着你吗？我们不是玩得很好吗？”
11. “好了，别再想这件事了！”
12. “好吧，我会清理后院的！这样你该高兴了吧？”
13. “我总算让你明白，你应该按我说的做！”
14. “这件事，我们只能做到这个地步了！别期待得太高！”
15. “你对那件事埋怨不止，最好别做了！”
16. “他们那样对待你，你居然还和他们交往！为什么不一刀两断？”
17. “既然你不幸福，那我们离婚算了！”
18. “行啦，从现在起，你就用不着抱怨了！”
19. “从今天起，由我处理这件事，你最好不用插手了。”
20. “你可真荒唐，我什么时候……”
21. “你能不能把注意力放在大事情上？”
22. “你先把鸡毛蒜皮的事情放一放！当务之急是……”

23. “事情没你说得那么简单！你太大意了！”

……

类似的说法，要么漠视女人的感觉，要么等于为对方做心理诊断，要么提供自以为是的解决方案。要让女人的心情好转，男人就要终止上述种种言论，放弃不恰当的倾听模式。在第五章里，我将更加深入地探讨这个话题。男人既要避免无效的插话和点评，又要摘下“修理大王”的帽子，他更要学会有效地倾听，这才是最关键的一步。

男人好言相劝或安慰，却没有得到女人的“恩典”，这不是因为他的言语本身有误，而是选择的时机和方式不当。懂得这一点，女人冷冰冰的态度，就不致使男人自惭形秽或妄自菲薄。总之，男人只有恰当地倾听，才能使女人得到安慰，并对他心怀感激。

当他抵制她的“家庭改造委员会”时

有时候，女人觉得，男人对她的见解和主张，远远谈不上尊重，所以她会感到失落，既忐忑又难过。她抱怨男人没心没肺，不知好歹。

女人应该随时提醒自己：男人来自火星。这会使她想到，男人何以拒绝她、排斥她？她的建议、主张固然高明，可是一不小心，就会伤害男人的自尊，原因是什么？因为男人并未寻求她的支持，她就贸然行事了。

下面的清单，反映出女人可能犯的错误。表面上看来，它们无伤大雅，其实可能对男人的自尊造成重创！认真地研究一下这份清单吧！如果它们不断积累、聚沙成塔，就会形成坚硬的高墙——它是用男人的“排斥”和“怨恨”堆砌而成！女人不恰当的建议，不必要的批评，让男人觉得自己被她控制，他由此会产生不同程度的抗拒心理。

1. “你怎么想到要买那个东西？你不是都有了吗？”

2. “瞧瞧你洗的盘子，它们还是都湿的！干了以后就会留下

水渍。”

3. “你的头发是不是太长了？”

4. “那里有个停车场，你可以把车子开过去。”

5. “你要找你那些狐朋狗友，那我怎么办？”

6. “你何必每天忙叨叨的！休息一天不好吗？”

7. “别把东西放在那里，会弄丢的！”

8. “你该打电话叫管道工来处理，他们知道该怎么做！”

9. “我们为什么要等空位子？难道你没有预约吗？”

10. “你该多花时间陪陪孩子！他们想念你，可整天不见你的人影！”

11. “办公室乱成一团，你居然还能忍受？你打算什么时候清扫？”

12. “你又忘了把它带回来！应该把它放在某个固定的位置，随时可以想起来。”

13. “你开得太快了！放慢车速吧，不然会吃罚单！”

14. “这部片子糟透了！下一次，我看你最好别急着买票，还是先听听影评人的意见！”

15. “当时，我怎么可能知道你在哪里？你该先打个电话！”

16. “喝这么一点儿酒，你都会醉掉！你的酒量太差劲了！”

17. “别用手抓东西吃！这个习惯不好，孩子们会跟着学的！”

18. “这些烤薯片太油腻了。你心脏不好，别吃得太多！”

19. “你没留出足够的时间，到时候，你肯定来不及……”

20. “你应该提前通知我！我不可能马上放下手里的事，去和你一起吃午饭！”

21. “你的衬衫和裤子太不匹配了！”

22. “比尔打来了三次电话！你究竟何时回复？”

23. “你的工具箱太乱了，我什么都找不到！为什么不把它整理整理？”

……

当女人不知道怎样请求男人的帮助（参见第十二章），如何恰当地处理意见分歧（参见第九章）时，她会固执地认为：如果不直接、爽快地给出建议，提出批评，男人就无法满足她的要求（在后面的章节里，我将进一步探讨这个话题）。其实，女人不妨多给男人认可和接纳，放弃费力不讨好的建议和批评，这对她“有百利而无一害”。

女人还要知道，男人排斥的不是她的需求和愿望，而是她对待他的方式！即使男人态度冷淡，她也用不着疑神疑鬼地揣测他正在疏远她，要和她保持距离。当然，即使她的出发点无可挑剔，也必须找到更有效的方式，选择让人感觉舒适、温暖的措辞，恰当地表达内心的愿望。只有让男人觉得，女人欣赏他，信任他，他是“问题”的解决者，而不是女人眼中的“问题”时，他才可能“舍得一身剐”，接受女人的所谓“改造”。

男人感觉到，他是“问题”的解决者，而不是女人眼中的“问题”时，他才愿意放弃对抗，按对方理想中的样子做出改变。

假如你是女人，我的建议是：从现在起，尽可能放弃任何未经请求的主张或批评——名曰“放弃”，实为获得。宽容和信任让男人心存感激，他不会忽视这一点。他将以实际行动报答你。他将对你更加关心和体贴，更加关注你的一切感受。

如果你是男人，我的建议是：从现在起，女人开口讲话，你要把注意力放到她的感受上！你要三缄其口，不要随便插嘴，不要对她的感觉不以为然。如果你这样做，就会惊奇地发现，你的女人会十分感激你，她将把你视为体贴、成熟、理想的男人。

第3章

Men Are From Mars
Women Are From Venus

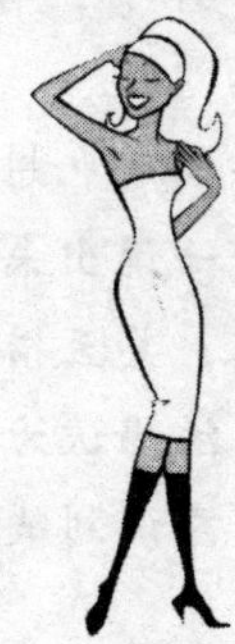

男人进入"洞穴"，女人滔滔不绝

男人和女人最大的差别之一，就是对待压力的方式不同。压力到来时，男人的精神和意志高度集中，变得沉默寡言；女人面对压力，一时间不知所措，她心情紧张，容易情绪化。男人摆脱压力、获得释放的方式，也和女人完全不同。除非把问题解决，否则他一刻不得安宁。女人则不然，只要把问题说出来，就可以得到宣泄。男人和女人的不同，由此可见一斑。你必须理解它，不然在和伴侣的相处中很容易产生摩擦。下面就是一种常见的情形——

汤姆回到家里，想安静地阅读报纸，以求放松和解脱。白天的工作中，有些问题还没有解决。他想暂时忘记它们，获得轻松的感觉。

玛丽也想身心松弛，不过，她渴望当着汤姆的面，把想法和心情一一说出来，这样心里才舒服。两个人的需求不一致，气氛陡然紧张，甚至措辞激烈，演变为一场争吵！

汤姆认为玛丽太过啰唆，而玛丽觉得汤姆漠视她的感受。他们没有意识到彼此的不同，因此感情越来越疏远了。

类似的情形司空见惯，于是，男人和女人冲突不断。汤姆和玛丽的情形，只是大多数情感状况的缩影。他们应当互敬互爱，还要熟悉彼此的差异。从女人的角度来说，她非得把问题抖搂出来，才能卸掉心里的包袱。汤姆不清楚这一点，所以坚持认为玛丽废话太多，喋喋不休！一气之下，他不愿倾听，要么拍拍屁股，扬长而去，要么一声不吭，埋头做事。玛丽也应该知道，汤姆阅读新闻，不和她说话，是想暂时忘记白天的工作，以求一时半刻的解脱。可玛丽以为丈夫在冷落她，忽视她。尽管丈夫不情愿与她交谈，她却管不了那么多，仍坚持让汤姆开口说话，所以他只能蜷缩在角落里，不声不响地捧读报纸了。玛丽的想法和做法，显然违背了汤姆的意愿。

他们究竟该怎么办？他们需要深入了解男人和女人对待压力的方式。让我们再次观察火星和金星上的面貌，以期获得男人和女人更多的秘密。

处理压力，各有高招

火星人心情不好，会把想法憋在心里，很少向人倾诉：到底是什么让他烦躁不安？他担心给其他火星人增加负担。他宁可大包大揽，独立解决问题。除非大有必要，他才求助于人。通常说来，他会一声不响，迅速进入“洞穴”。所谓“洞穴”，就是他的自我天地，它是精神世界的“隐蔽所”，是他退避与休憩的心灵圣殿。在那里，没有任何事情能打扰他。在那里，他将问题反复斟酌与权衡，以便尽早获得解决。

> 为了让心情好转，火星人会进入他的“洞穴”，以便独自解决当下的问题。

“功夫不负有心人”，男人往往能在“洞穴”里看到光明，找到出路，他由此如释重负，就像换了一个人。他不再是伴侣眼里的“闷葫芦”，他有说有笑，容光焕发，充满活力。

如果不能寻得解决方法，他就去做其他事情，以求转移注意力。他会阅读新闻，从事娱乐活动，以便获得释放。如果压力过大，他的方式就可能更富挑战性。他会外出游玩，参加球类活动，或到郊外爬山。

金星人心情不好（比如，她因白天的工作而心烦），为了轻松和解脱，她会和她信任的人呆在一起，将苦恼娓娓道来，以摆脱消极情感的控制。她喜欢将感受和盘托出，与人分享，这使她感觉良好。这是金星人特有的宣泄方式。

> 为了感觉更好，金星人会聚在一起，坦然谈论她们的问题，以便让身心获得舒解。

在金星人看来，对别人讲述心里话，意味着爱和信任。她认为，从倾听者的角度而言，这不该是一种负担。将心里话说给信任的人，金星人决不以此为耻。

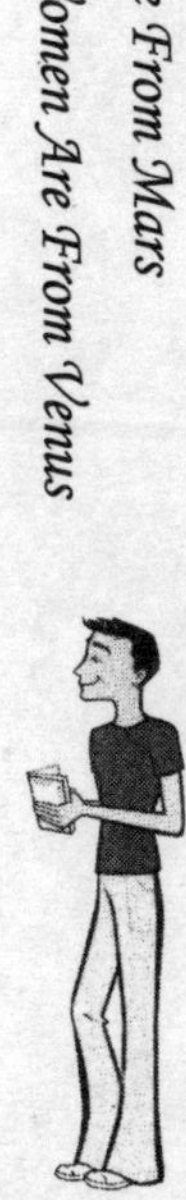

与强调个人能力的火星人相比，金星人情感的核心，与“爱”、“交流”的关系更密切。她喜欢倾诉，抒发沮丧、失望、懊恼和疲惫，以便舒解身心。

同钟爱的朋友一道，谈论感受或问题，金星人自我感觉舒适，而火星人则不然。他们喜欢退守到私人空间——他们的“洞穴”，潜心修炼。瞧，火星人和金星人多么不同！他们感觉良好的秘密，也完全适用于地球上的男人和女人。

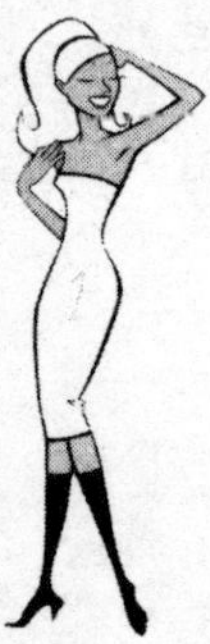

在“洞穴”里寻求解脱

男人有一个“洞穴”。他们一旦遭遇压力，就迅速进入其中，集中所有注意力，以期早日解决问题。至于其他问题或责任，都变得无关紧要了。

于是乎，男人看上去寡言少语，反应迟钝，心不在焉。假如女人试图同他交流，他只会勉强动用5%的思维应付，剩下的95%则用在他的工作、他的问题上。

女人别指望他全身心和她交流。他心里想着当下的问题，急于找到答案。他的压力越大，他的关注点和问题就联系得越紧密。这就很容易对女人造成伤害——尽管两个人同处一室，女人却有咫尺天涯之感。

其实，男人的爱并没有退却，更没有消失。他的思维被别的力量牢牢占据，难以挣脱。不过，只要找到问题的答案，他的眼前就会柳暗花明，他的心里就会洒满阳光。他会迅速离开“洞穴”，回到他的爱人身旁。他将再次变得关心和体贴，并恢复一往情深的本色。

相反，如果男人没有得到解决方案，他就会硬着头皮，继续呆在“洞穴”里。或许，为了获得释放，他会用休闲和娱乐来忘却压力。他阅读新闻，看电视，驾车外出，进行体育锻炼，观看棒球比赛，打篮球……为此，哪怕仅仅用去5%的思维和精力，对他也形同一针“强心剂”，能让他精神百倍，以便到了第二天，他再度冥思苦索，不遗余力地解决问题。前一天的放松和解脱，使工作更有效率，能帮助他更快地走出“洞穴”。

让我们看看具体的例子。吉姆阅读报纸，可以暂时忘却压力，不让白天的问题萦绕心头。由于5%的思维用于调整精神状态，而不是与工作有关的问题，他的心境开始放松，并将“触角”伸向所谓“世界大事”，尽管它们可能与他本人毫无关系。他的思维发生转移，慢慢地“锁定”在感兴趣的新闻事件上，于是，他暂时忘了自己的问题。有时候，他会格外关心妻子，把注意力集中到家庭上。这并不奇怪，因为对妻子和家庭的关心和照顾，照样可以缓解他的压力。

汤姆则通过看足球比赛，释放压力，获得解脱。有不少男人，会在一夜间变成“超级”球迷。他们喜欢观看比赛，在球场上大吵大嚷，“兴风作浪”。在球迷看来，既然自己的问题短期内无法解决，那就先“解决”喜爱的球队的问题，由此将个人命运与球队连在一起，为心灵找到释放的渠道。他坚持观看球队的每场比赛，球队的表现牵动着他的心。球队的问题，就是他的问题。球队得分或者获胜，他感受到的，是成功的喜悦和幸福。要是球队失败，他把失败当成自己的一部分，跟着分享痛苦的滋味。不管球队是输是赢，他都能得到“好处”，因为他已暂时忘却了现实问题。

对于汤姆等许多男人而言，为让精神变得松弛，就会欣赏各种体育比赛、新闻节目、各种影片——其间的兴奋和紧张感，可以消除他们自身经受的其他压力。

☆ 女人对“洞穴”有何反应

男人躲在“洞穴”里，就难以更多地关注伴侣，这让女人很难接受。她不知男人正在经受压力，也不知道这恰是男人摆脱压力的重要途径。男人下班回到家里，如果愿意把问题说出来，妻子就会给予同情和体贴。相反，如果他对问题避而不谈，妻子就可能觉得男人在忽视她。尽管她也觉察到，男人的心情糟糕透了，可她还是错误地认为男人对她漠不关心，因为男人一言不发。

通常，金星人不了解火星人处理压力的方式。金星人一向鼓励火星人畅所欲言，莫将想法憋在心里，但火星人根本听不进去。他进入私人天地，自娱自乐。不了解情况的金星人，对此深恶痛绝。总体而

言，女人害怕遭到冷落，她对男人的态度十分敏感。男人陶醉于新闻、旅行或比赛，很容易忽视身边的女人，这会使女人心烦意乱。

女人不想看到男人独处或者沉默，她渴望男人有说有笑，充满激情。不过，这样的期待，就如同指望女人“受伤”后即刻痊愈，仿佛没发生任何事情，当然是不现实的。同样，让男人不离左右，永远爱意绵绵，也是不现实的。想想看，女人自己的情感，就能始终合乎常理、充满理性吗？这同样只怕是一种奢望。

毋庸辩驳，男人“闭关”修炼，容易对女人造成冷落和忽视。不过，潜在的本能提醒男人：关注别人之前，先处理好自己的事情，千万不要自顾不暇，手忙脚乱——作为男人，这似乎无可厚非。不过，“此人之肉，彼人之毒”，女人不会站在男人的角度想问题，她无法容忍他的冷落和忽视，难以接受他不声不响、“默默无闻”的姿态，她理所当然地会产生怨恨。

有时候，她忍无可忍，措辞严厉，提醒男人关注她，不该过分疏离他的女人，有义务照顾好妻子，给予心理和精神上的支持。女人也可捍卫权利，让男人及早“回心转意”，从“洞穴”归来。不过，常见的情形是，女人越是这样做，现实就越是远离初衷和愿望。她忘记了男人来自火星。男人对于压力的反应，和女人完全不同，他有特定的处理问题的方式。男人的态度由热到冷，急转直下，常常由于巨大的工作压力所致。女人不应当胡乱猜疑，以为自身出了问题。女人意识到这一点，才能恰当地配合男人，让他顺利地度过“洞穴期”。她不必庸人自扰，更不可一怒之下，同男人对抗到底。

从另一方面说，男人躲在“洞穴”里，很少能意识到，他对女人有多么疏远。这会给女人带来伤害，也使她想当然地自叹自怜，精神萎靡不振。男人要尽可能顾全大局，不能单单想到自己的感受，置最亲密的人于不顾。记住：女人来自金星。她的反应，她的情感，和男人不一致，她有其特点和方式。不懂得这一点，就注定会给她带来伤害。君不见，她要么关闭心灵的大门，一言不发；要么与你争执，毫不相让！下面的5种情形，反映出男人和女人之间常见的误解：

1. 女人说：“你没在听我说话！”

男人说：“你说什么？我没在听你说话？你这是什么意思？我能把你的话原封不动地讲出来！”

的确，躲在“洞穴”里的男人，能用5%的思维倾听女人谈话，甚至能复述大致的内容。在男人看来，既然动用了脑力，就等于是在倾听。但是，女人需要男人100%的关注！

2. 女人说：“天啊，我觉得，你似乎不在我跟前！”

男人说：“你这是什么意思？我不在你跟前，那我在哪里呢？难道你没看见我吗？”

男人的理由是，既然他身体在此，就不该视而不见！可是，尽管他在眼前晃动，女人却没感觉到他完全的存在——这才是女人要表达的意思。

3. 女人说：“唉，你根本就不在乎我！”

男人说：“我当然在乎你了！我不是正在帮你解决问题吗？”

男人认为，既然他正以某种方式，善意地帮助女人解决问题，就意味着他在乎对方。可是，女人需要直接而非间接的关心和体贴，女人渴望的是前者！

4. 女人说：“我觉得，对于你来说，我是个无足轻重的人！”

男人说：“真是可笑啊！对我来说，你就是一切！”

从实际表现来看，他的表白，倒是有些可笑。不过他有自己的理由。他认为躲在“洞穴”里，不是自得其乐，而是解决问题，这间接地使女人受益，所以，女人应该心存感激才对。男人没有意识到，他把注意力放在他的问题上，却忽略了另一个问题——他冷落了女人，让对方感觉困扰和懊恼，手足无措。虽然女人不会天真地以为，她就是男人的一切，但男人疏远的态度，还是让她吃惊不小。她也不觉得在男人的心目中，她占有多么重要的位置，可她还是无法接受男人的漠视，她厌恶男人把她看得无足轻重。

5. 女人说：“你是没有感情的冷血动物！你活在自己的世界里，对我不管不问！”

男人说：“我究竟有什么错？你到底想让我怎么办呢？除了集

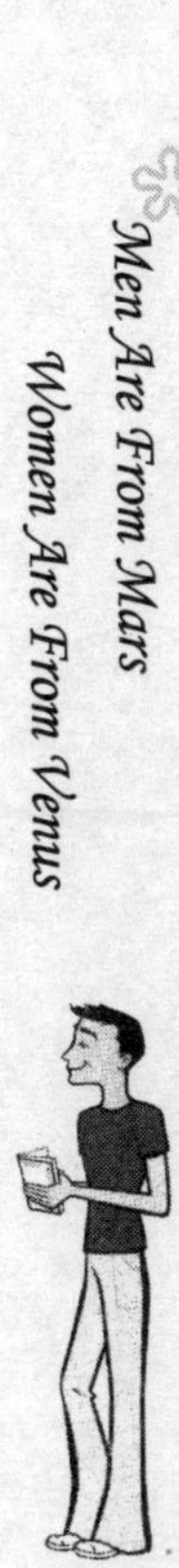

中精力解决问题，我还有别的选择吗？”

男人觉得女人在吹毛求疵。他想，他所做的一切，不正是为了早日解决问题吗？他不是迫于无奈，才“忍痛割爱”的吗？可女人觉得她不受重视，得不到理解和关怀。她的情感需求，似乎没被他当一回事。男人情绪的转变，也令人匪夷所思：昨天还是好好的，转眼间，他就少了关心，没了体贴，变得迟钝而淡漠。男人的变化如此迅速，如此极端，连他自己都察觉不到。他津津有味地独自反思，却没有意识到，他的态度和举动，让女人多么伤心！他的漠然置之，他的不理不睬，带给伴侣多么痛苦的感受！

在男人和女人之间，要想达成更多的默契，实现更好的配合，首先需要深入地了解对方，理解彼此真实的感受。如果男人开始忽视他的妻子，妻子就可能胡思乱想，怀疑男人的感情是否发生变化——实际上，这只是一种误解。女人应该明白，男人有他独特的处理压力的方式。意识到这一点，对她没有任何坏处。倘若无法帮助她减轻痛苦，就不妨倾诉内心的感受，提醒男人关心她，重视她，而不是把她当成“局外人”。

此时此刻，男人决不可推卸责任。他应该知道，女人渴望倾诉想法和感受。她需要重视和关心，这是女人的权利。这就好比男人有权利进入“洞穴”。成熟的男人都会明白，如果女人的感受无法得到认同和理解，她心灵的伤害，就不会有丝毫的减轻。

以谈话寻求释放

当方方面面的压力迅速袭来，女人就会本能地开启心灵，畅谈她的问题，她的心情，她的感受。她也不给她的问题排“座次”，想到哪里，就说到哪里，随心所欲，顺其自然。她不像男人那样，强调所谓“优先选择”。要是女人愿意倾诉，一切问题——不管是大问题，还是小问题——都会喷涌而出，让男人应接不暇。让男人最难想象的是，女人不急于解决她的问题。她先要把真实的感受说出来，唤起他人的理解和共鸣，这样才能让她的心情慢慢归于平静。换句话说，一个倾诉的女人，越是畅所欲言，就越是远离沮丧和懊恼。

经受压力的男人会集中精力，把焦点固定在一个问题上（不管他的问题是大事还是小事，是关乎国计民生，还是鸡毛蒜皮），只有这样，他才心安理得。和男人不同，感受到压力的女人，不是迅速地将注意力转移到问题本身，而是将情感的触角伸向他人——倾听者。她先要做的，就是卸下心灵的辎重，她因有人倾听而倍感解脱！尽管忙碌半天，可能一个问题也没有解决，但毕竟谈论了所有问题，这就足够了——她不再“如鲠在喉”。其实，在某种意义上，女人聪明而且务实，在倾诉的过程中，一旦她排遣了压力，让情感得到了释放，她就不再意气消沉，头昏脑胀。而且，在这期间，她可以更清醒地意识到，究竟什么让她苦恼和困扰。于是，突然间，她就“金蝉脱壳”，从情感束缚中挣脱出来，迅速走上解决问题的捷径。

> 处在压力之下的女人，并不急于解决她的问题。她先要把真实的感受说出来，唤起他人的理解和共鸣。只有这样，她才能感觉宽慰和舒适。

所以，女人要是来了劲头，男人就别指望她轻易地闭口。她要谈论现在，谈论过去，谈论未来！即使某些问题根本找不到答案，她也要一吐为快！她谈论得越多、越深入，感觉也就越好——这正是女人处理压力的方式。否认这一点，就等于否认真实的女人，否认女人真实的感受。

因为，假如男人不想让她陷入困窘之境，而想让她释放压力，就要耐心地倾听，真诚地交流。他的倾听和交流，能使其心灵更加开放，让她的压力逐渐减轻，直至彻底消失。如果他尽可能耐心地、长时间地倾听，她定会对他感激不尽。

有的男人抱怨说：“唉，她谈到一个主题时，我还没回过神来，她就突然转向下一个题目。我实在跟不上她的节奏，思维都乱套了，她让我苦不堪言！”

其实，这没有什么奇怪的。在让话题不停地变换，逐步地扩展的过程中，女人的烦恼、失落、沮丧，不断地宣泄而出！难怪她的话题似乎是无序的，在逻辑上也互不相关，简直“各自为战”。这可能让男人难以承受。不过，为了心爱的女人，做些牺牲又有何妨？他要尽量支持她，配合她，理解她。要是他态度不佳，脆弱而敏感的女人，就容易受到伤害，沮丧和懊恼就会以一千倍的速度激增。别忘了，当他躲在“洞穴”里时，不也同样显得落寞而孤僻，犹如“独行侠”吗？既然他的心思可以放到某个问题上，女人当然有属于她的宣泄方式。当她将问题逐一道来时，她需要他的倾听。哪怕问题似乎无关紧要，也能给她带来轻松和释放。

女人想忘却消极感受时，她在情感上不但想到自己，同时也关注别人。只有这样，她才能让不良的心绪更快地缓解。

俗话说，三个女人一台戏。这从另一个侧面反映出：女人谈论的话题，可能延伸到多个层面。它们五彩斑斓，名目繁杂。女人想忘却消极感受，这种延伸的趋势就尤其明显。她在情感上不但想到自己，同时也关注别人。不管是朋友、亲戚还是同事，她一概不会“放过”。她姿态潇洒、毫无拘束地谈论所有人的问题，让不良的心绪更快地缓解。不管她谈论自己的问题，还是别人的问题，作为倾听者，男人永远都要记住：女人的动机和出发点是单纯的，是她面对压力做出的自然、健康的反应。

☆ 女人需要谈话，男人有何反应

遗憾的是，女人开口说话，要是男人感到不适或不胜其烦，他常常就会本能地予以排斥，或一走了之，这样就极少会体会到她的感受。当然，男人也有他的“苦衷”。他一厢情愿地认为，女人当着他的面，倾诉这样那样的问题，是“含沙射影”，别有用心。男人容易把女人的烦恼同自己联系起来！他觉得女人抱怨他缺乏能力，不能带来更多的快乐，所以才牢骚满腹。女人的问题越多，男人就越是感受到谴责。男人没有意识到，他其实是杞人忧天。女人之所以倾诉，只是为了宣泄。只要耐心地倾听，女人就会感激男人的信任和理解，把他视为最好的倾诉对象，把他当作成熟的“魅力男人”！

与之相反，火星人谈论问题，仅仅出于两种目的：或是在批评某人，或是寻求建议。所以，要是谈话的女人情绪不好，男人就认为是在批评他；要是对方心平气和，他就认为她是在寻求建议。

如果是后者，男人就忙不迭地戴上“修理大王”的帽子，开始替她出谋划策。“既然你出了问题，我就得行使修理之职！”——这是男人原始的想法。如果他觉得她迁怒于他，他就“拔剑出鞘”，严阵以待，反戈一击！看到男人高举反攻大旗，女人茫然不解，转而火冒三丈。她无法指望他专心地倾听，这岂能不让她伤心绝望？她想滔滔不绝地诉说一通，而不明就里的男人总想打断她，试图终止她的谈话。

事实上，男人不断地为女人“支招”，只会使她谈论得更多！男人挖空心思，找到两三个解决方案以后，就开始留心她的反应，观察她的表情和语气，期待女人情绪好转。男人是火星人，火星人的想法是：既然问题有了答案，对方就应该感觉良好。这就不难想象，男人为什么总在为解决问题忙忙碌碌。

可是，他的想法是一回事，女人的感觉却是另外一回事。他的绝妙“高招”，并没有使她心情变好。这时，他大有碰壁的感觉。眼见解决方案遭到“枪毙”，没有大放异彩，而是灰飞烟灭，他感受到的是她不留情面的排斥。他觉得自己不受重视，其沮丧可想而知。

假如男人隐约地觉得，女人在否定他的努力，“攻击”他的好心，他也会本能地做好准备，实施有效的“防御”。如果有必要，他免不了提醒她：切勿“忘恩负义”，要体察他的良苦用心！他想真诚地解释，认真地表白，不想让她无端地责备他。可是，他越是捍卫立场，她就越是懊恼和沮丧。他没有意识到，她不需要他“澄清事实”，只希望他理解她的需要，倾听她畅谈杂七杂八的感受，这也就足够了。所以，明智而成熟的男人，一定会耐心地倾听，也

允许女人适度地抱怨。在此之后，女人就会神奇地改变话题，转换态度，男人也跟着如释重负！

不少男人抱怨：女人谈论的问题，他们根本无力解决！女人的牢骚就像重锤，三下两下，就把男人原本不错的心情打入无底深渊！比如，一个面临重大压力的女人，可能发出类似下面的抱怨——

◎“唉，我的工作真不怎么样，薪水太少了！”

◎“路易丝姑妈的病情越来越重，体质一年不如一年。”

◎“我们的房子是不是太小了？”

◎“这个季节怎么这么干燥，到底什么时候下雨啊？”

◎“你倒是说说，我们的银行账户怎么老是透支？”

女人经常以上述方式，表达她的忧虑、失望、沮丧。她或许也清楚，在短时期内，某些问题无法解决，甚至永远解决不了。可她却不在乎这一点，只要讲出来，心情就变得舒适而熨帖。要是男人能认真地陪伴她，体验到她点点滴滴的感受，她就觉得他是在支持她，重视她。有时候，她也能够意识到，他“陪绑”似的聆听她的心声，他的情绪肯定也不好受，甚至不胜烦恼呢，但这并不能阻止她一鼓作气，将倾诉的过程进行到底！

男人常犯的错误之一，就是在倾听过程中，不肯放过女人谈话的每一个细节。他就像是负责任的职业侦探，不漏掉任何蛛丝马迹。他要捕捉一切细节，以使他的解决方案周全而缜密。正因为如此，女人提供的细节越多，男人 就越是大吃苦头。他绞尽脑汁，试图找到所有细节的相关性，可到头来却一无所获。这让男人章法大乱，心烦意乱。他没有意识到，女人所需要的，不是多么高明的见解，而是他的关心、理解和体贴。

男人需要从复杂的细节中，找到解决问题的办法，由此获得满足感。女人却需要谈论与问题相关的大小细节，以便感觉心满意足。

男人的另一个错误，就

是试图“沙里淘金”，探寻女人情感的内核。在男人看来，女人从一个问题转向另一个问题，其中必然存在某种逻辑性。岂不知她只是随心所欲，信马由缰！她只抖露出三四个问题，就让男人大为沮丧和困惑——谁让他想“逻辑性”地把所有的问题串在一起呢！

男人还要千方百计，找到女人所谈内容的基本要点——他认为，只有知道核心大意，才能获得理想的解决方案！可事实却是，女人公布的细节越多，男人就越是糊涂。要是男人记得，女人交待细节，只是为了感觉更好，就可以使他最大程度地获益，沮丧之感就会跟着减少。男人需要从复杂的细节中，找到解决问题的办法，由此获得满足感。谈论与问题相关的大小细节，却可以使女人心满意足。

尽管如此，女人最好让男人知道，她喜欢对所有问题加以概述，然后再回过头来，追述个中细节。这样，男人的神经，就不必跟着她的叙述起起落落，始终处在悬疑不定的状态。女人是天生的“悬疑大师”，她乐于在谈话当中，“梅花间竹”地插入各种感受，设置悬疑，运用修辞，甚至其乐无穷，而男人却被弄得一头雾水，越发沮丧。

总体而言，女人谈论问题的时候，男人对其话语排斥的力度有多大，意味着对她的误解就有多深。若男人懂得，怎样使女人获得满足感，如何给予强有力的支持，他就会发觉，倾听其实不是多么困难的事情！女人的问题或许多如牛毛，而男人只要铭记：不必为任何问题提供解答。这有助于男人放松心情，更耐心地洗耳恭听。

火星人和金星人怎样和睦相处

火星人和金星人和睦相处的秘密，在于彼此尊重对方的差异。火星人要记住，金星人喜欢经由谈话换来好心情。火星人不可贸然插话，只要认真倾听，就可使对方欣慰和满足。金星人要尊重、信任她的火星人。火星人回归“洞穴”，只是处理压力的一种方式。他的“洞穴”，也不是多么可怕、多么神秘的地方。金星人不必“见势不妙”，情急之下，马上拉响精神“警报”。

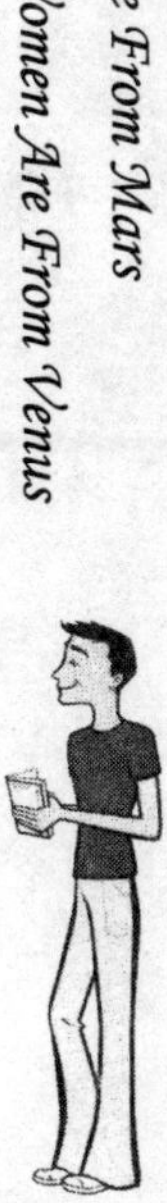

☆ 火星人学到了什么

火星人终于知道，即使金星人对他感觉不满，甚至有批评、谴责、攻讦的倾向，也不必如临大敌，高竖起“排斥”或“拒绝”的盾牌。火星人很清楚，一切不过是暂时性的情形，金星人的情绪，不久就会好转。而且，她会因火星人的倾听而感激。对于倾听，火星人要有足够的心理准备，他知道，金星人那样喜欢倾诉，话匣子一打开，就滔滔不绝！

每个火星人都应该懂得，金星人乐于谈论问题，绝不是没事找事，多此一举，这是她的本能。这不是金星人抱怨他，对他失望的缘故。头脑中有了这样的意识，身为听众的火星人，就不会心浮气躁，而是聚精会神。他还发觉，如果对方意识到他在耐心倾听，就不会过久地逗留于某个问题，她也更容易快乐起来！一言以蔽之，火星人应该了解事情的真相。他需要的只是耐心和专注。他无须“削尖”了脑袋去为金星人的问题负责。

不过，相当多的男人（甚至包括某些女人在内），却往往把女人的倾诉看得郑重其事，自感“心有余而力不足”，不知怎样为对方排忧解难。在他们的印象里，女人情绪不好，就很难走出阴影，变得快乐起来。

实际上，这可能是女人的早年记忆在作怪。比如，想当年，她的父亲不了解她的母亲，使得母亲常常悲观绝望，动辄走入情感的“死胡同”。尽管同处一室，母亲却没有忠实的听众，所以她渴望倾诉的脸上，始终阴云密布。这是谁的错呢？毫无疑问，她的丈夫难逃罪责，他堵塞了伴侣宣泄的渠道，让女人如鲠在喉，乃至忧郁成疾。

假如身边缺少听众，心灵缺少关爱，女人对男人的失望之情，就会真切而实在。所以，问题的根源和症结，不在于女人倾诉的内容，而是她感觉在失去男人的爱。她需要男人的倾听，渴望男人的爱，这可以帮助她走出困境。这就如同男人有时需要看电视、听新闻、读报纸，才能走出“洞穴”一样。

从男人的立场考虑，假如他觉得女人不是在抱怨和谴责他，他不必为女人的倾诉而负责，那么，他就更容易做个好听众。他会越来越习惯于倾听。他还会惊喜地意识到，倾听，是个“双赢”的过程——它既可帮助男人忘记压力，又能为伴侣带来满足。

要是男人压力过大，就会进入他的自我天地，在“洞穴”里养精蓄锐。他也会通过某些转移注意力的手段，比如阅读、游玩、运动等，早日摆脱压力，从“洞穴”里走出。

☆　金星人学到了什么

当火星人被他的问题牢牢控制，被迫进入“洞穴”时，金星人不会小题大做，认为对方在故意难为自己。她也不会庸人自扰，以为这是火星人不再爱她，对她开始疏远的征兆。金星人心明眼亮地看到，火星人正在经受不小的压力。

此时，金星人滔滔不绝，火星人却容易走神。既然不适合和火星人交流，做亲密无间的谈话，她就会礼貌地停止交流，站在原地，等待火星人注意自己，接着继续谈话。她知道，有时候，让火星人给予全部的注意是很困难的。金星人发现，以宽松、理解的态度请求关注，火星人就会乐于调整注意力，再次倾听。

火星人完全不在状态，金星人也不会产生误解，以为对方不再关心自己。她知道此时不适合谈话，所以，她会找其他密友倾诉感受。她也会积极参加娱乐活动，或者外出购物。她给了火星人喘息之机，给了火星人爱、认可和接受。对此，火星人不会熟视无睹。果不其然，没多久，金星人就惊喜地看到：心怀感激的火星人，会急不可待地走出“洞穴”，要与自己紧紧拥抱，而且他动作敏捷，春风满面！

第4章

Men Are From Mars

Women Are From Venus

怎样激励你的异性公民

走到一起的几个世纪以前，火星人和金星人天各一方。他们快乐地生活在各自的世界里。终于有一天，一切都变了模样。在自己的星球上，他们安然无恙地生活，突然感到不适，郁闷而难过起来，一种难以言喻的莫大的孤独感，使他们最终走到了一起。

今天，了解这种由“分”而“聚”的转变的秘密，有助于更深入地认识男人和女人。至少你应该懂得，在激发情感的方式上，男人和女人各不相同。这能使你准备得更充分，为伴侣提供更多的支持，更大的帮助。同样的道理，你面临困境，伴侣也会不失时机，随时献上他（她）的爱，他（她）的柔情蜜意。现在，让我们驾乘“时光返回器”，回到久远的过去，目击当时真实的景象。

火星人情绪低落时，就会离开各自的城市，纷纷进入“洞穴”，躲在里面，久久不出。直到有一天，通过“射电望远镜”，一个火星人眼前一亮——他看见了美丽的金星人。他惊喜万分，把镜中景象与其他火星人分享。金星人动人的形象，让火星人心潮澎湃，倍受鼓舞！他们忧伤而落寞的心绪，不可思议地消失了。火星人一下子就感觉到，金星人需要他们！于是，火星人纷纷地走出“洞穴”，开始建立“太空船舰队”，然后立即风驰电掣地飞向金星。

而金星人苦恼之际，为快乐起见，就会频繁走动，不停交往，倾诉各自的问题。但这似乎没有奏效，消极感受依然存在，而且久居不去。直到有一天，直觉告诉金星人，她们不久就会得到外星球的支援。一个强壮而神奇的物种——火星人，将穿越茫茫宇宙空间，给她们带来最美好的礼物——“爱”、“服务”和“支持”。感到自己为火星人所珍视，这让金星人无比振奋。她们想象着即将到来的快乐，心头的阴云瞬间散尽！最后，她们伸开双臂，愉快地迎接火星人的到来。

金星人和火星人能走到一起，彼此相互吸引，是最大的秘密。迄今为止，这个

男人感到鼓舞，产生力量，是在他觉得为女人所需要的时候。

女人感到鼓舞，产生力量，是在她觉得为男人所珍爱的时候。

秘密仍然适用。男人感到自己有足够的吸引力，为女人所需要，就会精神振奋，浑身充满活力。相反，男人觉得不受重视，在女人的眼里无关紧要，就会变得消极而被动，缺乏奋斗的力量。随着时间的流逝，他的心情越来越坏，给女人的爱一天比一天少。从另一方面说，假如她信任他，他就能满足她的需要。一旦他对她心怀感激，精神大振，他就会迅速积聚起无穷的力量，给她更多的关爱。

就像金星人那样，女人觉得男人珍爱自己，就会欢欣鼓舞，神清气爽，精力充沛。相反，如果她感觉不受重视，男人对她缺少爱意，她就会无比失落。接下来，她将自己的责任视为负担，她因付出太多，开始感觉失落和厌倦。换句话说，女人渴望得到男人的关心和尊重。惟有如此，她才感到满足，才会心甘情愿，为男人付出得更多。

当男人爱上女人

当男人爱上女人的时候，类似于火星人初次发现金星人的情形。当初，火星人躲在“洞穴”里，对于心情不佳的原因，他百思不得其解。于是，他开始利用“射电望远镜”，漫无目的地“扫描”浩瀚的太空。忽然，他仿佛遭到了电击——振奋人心的时刻来到了！透过望远镜，他瞥见了她——一个美丽、优雅，令他浑身震颤的形象。

他发现了金星人。顷刻间，他的身体像燃烧的火苗。在他的生命中，他第一次被另一个人深深吸引。这是何等震撼而惊人的一瞥！他的生活，由此被赋予了新的意义。他的烦躁，他的不安，他的沮丧，转眼间没了踪影！

火星人的骨子里，有着“弱肉强食”的哲学观——“我要赢得胜利！我不在乎别人的失败！”这种哲学观的存在，是毋庸置疑的事实。在久远的过去，每一个火星人，都是独立生存的物种，以自我为中心。所以，上述哲学观，对于他们的生存是有意义的。它延续了几个世纪，屡试不爽。不过，“世易时移”，而今，火星人需要做出改变，“自我中心”主义不再适用。热恋中的火星人，希望金星人节节胜利，赢得的和他一样多。

今天，在许多竞技类运动中，也可看到火星人竞争原则的延伸。例如，在网球比赛中，男人心里想的是：“我不但要赢得胜利，打败对方——哪怕对方是我最好的朋友，而且最好打得他丢盔卸甲，一蹶不振！我渴望所向披靡，这能使我快乐无比。我也知道，我的朋友因为失败心灰意冷，可我管不了那么多！”

火星人的这种心态，在人生的某些阶段，有其积极的意义。但是，这种“你死我活”的竞争原则，在成年男女的交往中，就未必行得通了。男人应该想到，以牺牲伴侣的快乐为代价，只为满足自我需求，会让对方感到失落，并与之产生冲突。理想的情感关系的秘诀，其实是“双赢”——双方都要体验到“赢”的快感。

☆ 差异，是一种诱惑

第一个火星人陷入爱河时，就着手为其他火星人兄弟制造“射电望远镜”。很快，他们通过望远镜，都摆脱了沮丧的情绪。他们深爱着金星人，他们更多地关注对方，如同关注他们自己。

神奇而美丽的金星人，在火星人眼里，有着难以言喻的魔力。金星人独特的一面，尤其深深地吸引住火星人。通常说来，火星人刚强，金星人柔弱。火星人有棱有角，金星人圆润可爱。火星人偏冷，金星人偏暖。他们之间的差别，形成完美而奇特的互补性。

金星人以特有的语言，清晰而明确地向火星人暗示：“我需要你！你的力量，你的才能，可以使我感到满足，填补我内心的空虚。到我这里来吧，让我们幸福地生活在一起！”这种爱的邀请，让火星人振奋。金星人的激励，令火星人喜悦不已。

在地球上，大多数女人天生就知道，怎样传达爱的信息。在交往之初，金星人就懂得，如何不失时机地眼波流转，“柔情一瞥”地暗示对方：“你是能使我快乐的人！”这样的暗示委婉而睿智。对方如果相应地做出回应，就宣告了爱情的到来。

聪明的女人，知道如何鼓励男人走近自己。她能使男人克服恐惧，充满力量，快乐地和她交往。遗憾的是，在交往中出现矛盾时，女人就忘记了重要的信息：她的暗示，她的鼓励，对于男人，仍有着金子般的意义。她往往“拒绝”将信息传递给男人，由此让自己大吃苦头。

无论怎样，金星人独特的性情和气度，在火星人的眼里，绝对是一种美，一种奇迹。他决心在金星上展示自我的另一面，以便赢得金星人的芳心。火星人的竞争原则，前所未有地发生了变化——他不再满足于打败对手，不再以既得利益为终极目标。他想让力量、技术、才能派上更大用场，为他人更好地效劳，尤其是为金星人效劳。他有了新的哲学观——“双赢”的哲学。他渴望构筑起一个崭新的世界。在这个世界里，人们既关心自己，也关心他人。

☆　爱，使火星人产生动力

从这一刻起，火星人就着手组建一支“太空船舰队”。所有的火星人，都将穿越茫茫宇宙，与金星人会合，彼此生活在一起，一心一意地照顾对方。过去，火星人从未感觉到自己这样富有活力。这样“一见钟情”，在火星人的个人历史上，第一次有了利他主义的感受！

恋爱中的男人，不也是这样吗？他立志成为最好的男人，成为女人眼中的强者。爱，让他的心灵开放，让他的心胸宽广。他坚信自己的潜力，他要展示他的强大，要不遗余力地证明自己。即使屡次碰壁，碰得头破血流，他也在所不惜。

陷入爱情中的男人，关心女人如同关心自己。他突然摆脱长久的束缚，不再把自我利益奉为圭臬，看得至高无上。他要为爱人尽可能多地做奉献，而不再满足于一己私利。为了让伴侣体验到最大的满足，他宁愿为此经受更多的考验。在内心深处，他无数次地对女人说：“惟有你的幸福，才能使我快乐！”有了这样的信念，男人才不惧艰难困苦，因为他拥有的是更高的目标，更大的理想，更强的力量。

> 只有获得机会证明他的巨大潜力的时候，男人才会展示出最好的一面。但当他觉得与成功无缘的时候，他会故态复萌，恢复旧有的自私状态。

年轻的时候，在男人

遇见心爱的女人之前，仅仅满足于为自己服务和效劳。可是，自从女人成为他生命中的一部分后，他就像变了一个人。他不再局限于自我满足，不再把快乐当作生活的全部。女人真挚的爱，无私的爱，最能激发他的肾上腺素。他的胸怀更为洒脱，他的心灵更加开放，他的付出和奉献，到了忘我的程度。他一改往日的惰性，开始走出自我的桎梏，要为他的女人（包括其他更多的人）而付出。

男人在付出爱的同时，也渴望得到爱。男人最大的问题之一，是不知道这二者之间的关联。多年前的景象历历在目——他极少看到，他的父亲以必要的付出和给予，让他的母亲心满意足。因此，他不知男人满足感的来源之一，正是通过爱的给予而实现。一旦情感陷入困境，他就会沮丧地进入自己的“洞穴”——他拒绝给予女人爱，对女人不管不问。

> 如果男人觉得女人不需要他，就会陷入一无所用的痛苦。这对于他而言，不啻是一种“慢性死亡”。

这时候，他苦恼而消沉，远离伴侣，拒绝亲密，“洞穴”才是他的洞天福地。他免不了扪心自问：“为什么会这样，为什么我如此困扰，不得解脱？”他没有意识到，他不再关心女人，误以为女人不再需要他。如果对方给予他足够的信任，重视他的价值，他就会告别烦恼，走出“洞穴”，再次充满活力！

也可以这样说，男人不只渴望在女人生命里占有一席之地，他更要成为女人的全部，要与女人合而为一，否则他会觉得自己一钱不值——这正是利他主义带来的进取心。换言之，一无所用的感觉，对男人而言，无疑等同于“慢性死亡”。

当女人爱上男人

当女人爱上男人时，类似于金星人渴望火星人走近自己的情形。她最大的梦想，就是看到“太空船舰队”着陆。紧接着，火星人从太空舱走出，她张开双臂，满心欢喜地迎上前去。

火星人身体强壮，体贴而忠诚，而且为人自负，崇尚竞争，喜欢打拼。他常拒绝别人的教导和改造，信奉自给自足。他要成为他人眼中的强者而不是弱者。

金星人的美丽和修养，让火星人忘情。他真诚地渴望为她付出。在火星人看来，不为金星人服务，他的力量和才能，就会变得一无是处。他要取悦金星人，满足对方的要求。上帝感动于他的意志，赋予了他更多的灵感和智慧，使他终将理想变作现实——这是一个伟大的奇迹！

火星人的出现，让金星人看到了希望，告别了沮丧。火星人无私的帮助，使金星人心怀感激。过去，她们一直与孤独和寂寞为伴。要摆脱不幸的状态，她们需要感受到火星人毫无保留的爱。

不过，大多数男人并没有意识到，从他们那里得到有力的支持，对于女人是多么重要！如果女人的需要得以满足，她就会非常幸福。一旦女人烦恼了，困惑了，失望了，她便需要有人陪伴，聆听她的倾诉。只有这样，她才不会痛苦和孤独。没有男人的爱、关心和体贴，女人就可能觉得“活受罪”。

体贴、理解、认可、关心，对于女人摆脱烦恼，感受到支持大有帮助，但男人常常没有意识到。在男人看来，烦恼时最好选择独处。因此，女人要给男人暗示和鼓励，让对方理解自己；要让他更多地支持、关心和理解她。她要铭记：男人和她不同，他来自火星。火星人的直觉告诉他，要是心烦意乱，最好把自己“封闭”起来，这样才能冥思苦索。因此，他发觉她情绪不好，出于重视和尊重，宁可让她独处，也不去打扰她。他担心与她呆在一起，会不合时宜地干扰她，会使局面变得更糟。仅

> 如果女人觉得自己配得上男人的爱，就会觉得全身舒适，无比快乐——此时，她不必不停地付出，以换取男人的爱；此时，她给予的少，而接受的多，却可以心安理得。毕竟，这是她应得的结果！

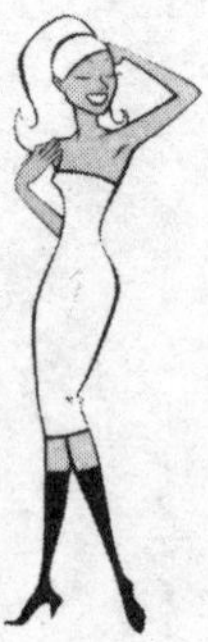

凭他的直觉，他永远领会不到，对于她来说，与别人谈谈心里话，将带给她舒心的感觉。她恨不能大声疾呼：“不要走开！请你听听我的肺腑之言。我的感受需要分享，我无法独自承担！没有你陪在身边，我会难过、悲哀而凄凉。”

男人如果能听到女人的请求，就不再像过去那样淡漠而疏远。他会使尽浑身解数，倾听她的感受，满足她的需要。此时，她的猜疑，她的忧虑，就会烟消云散，一扫而空！此时，女人觉得全身舒适，无比快乐。此时，她给予的少，而接受的多，却心安理得——毕竟，这是她应得的结果，她喜欢这样的感觉！

☆　给予太多，令人疲惫

通常，只要吐出心中的“块垒”，金星人的心灵世界，就会阴霾散尽，雨过天晴。在倾吐心扉之际，她会清晰地意识到，究竟什么在让她不安而苦恼。她一味付出，却很少得到回报。她为伴侣殚精竭虑，无私奉献，结果到头来，却连倾诉对象也找不到，心里能不产生怨恨吗？难道她不想放飞心灵、尽情翱翔吗？难道她不想让对方对她钟爱有加、体贴入微吗？然而，一直以来，家里家外的事务，像一条粗大的锁链，把她束缚得结结实实，动弹不得。她渴望自由，找回昔日的自我。她渴望与众不同，拥有原本属于她的一切。她不愿再像过去那样，只为男人而活，成为永远的“殉道者”——那会让她抱恨终生，死不瞑目！于是有一天，她感到被男人严重伤害，所有的委屈，所有的积怨，霎时间爆发开来，犹如山崩海啸，不可阻挡。

一般说来，金星人有其特有的人生哲学观——“输/赢哲学”。言下之意，是“只有我输，你才能赢”，或者，“只要我输，你就能赢。”潜台词就是：“为了你，我愿意做出牺牲。”她认为只有这样，只有人与人彼此关心与爱护，世界才会充满爱与和谐，才会温情而美好。可是，几个世纪以来，始终如一、不计回报的付出，终于让金星人厌倦。她厌倦了不计代价地自我牺牲，决定改弦更张，接受“爱情双赢”的哲学观。

同样，在今天的地球上，女人沿袭了金星人的感觉。她渴望休息，向往自由，需要找回自我。要实现这一切，她需要男人的帮助、关心和支持！于是，他们各自走到生命中重要的阶段——金星人幻想怎样获得，火星人却在急于给予。

男人和女人成熟时，自然也会出现类似的情形——年轻的时候，女人乐于奉献和牺牲，苦心孤诣地塑造完美形象，以便满足伴侣的需要；而男人则拼命为自己打算，极少想过女人的需要。但到了成熟季节，女人突然意识到，为了取悦对方，她做出了太多的牺牲，付出了太大的代价。

成熟的男人会意识到，他不该只顾着自己，他要为心爱的女人效劳。一个成熟的男人，在实现自我需要的同时，更想成为慷慨的给予者。一个成熟的女人，在满足男人需要的同时，更渴望对方给予回报。

☆ 女人，你要放弃抱怨

女人察觉自己付出得过多，就会抱怨自己毫无快乐可言。她认为自己的不幸福是男人造成的。她付出的多，得到的少，这对她既不公平，也不合理。

不过，光是抱怨无济于事，关键在于改变不利局面。女人不该动辄发怒，抱怨男人给予的太少。对于情感关系的紧张或不幸，她也负有责任。同样，男人也不要抱怨女人态度消极，缺少宽容。

理解、信任、体贴、接受、支持的态度，才是解决问题的根本。抱怨无济于事。男人应当关注女人的需要。即便女人没有提出请求，他也要为她付出，让她心安理得。他要为她做各种琐碎小事，展示他的关心，还要经常倾听她的心声，这样，她就更加信任他，会向他敞开心扉，给他更多的爱。

女人要正视男人的缺点，接受他不完美这个事实，尤其在他让她失望时，她更不可意气用事。实际上，他可以做得更好。但这需要他本人的努力，也取决于她的信任。即使暂时不能让她满意，也要给他更多的机会。对于男人的付出，她要表示感激，还要鼓励他再接再厉。只有这样，他才能信心百倍，为她更多地付出。这样，她就要正视男人的缺点和不足，不要无休止地抱怨和责备。她还要

有心理准备，不要期待一旦付出，就会立竿见影地得到回报。

女人，你要为付出设定“底线”

然而，最重要的是，女人要把握住自己的限度，不要让自己的付出超过她的负荷。为自己的付出设定“底线”，可以使她的心理感到平衡，不至于对男人产生怨恨。她要让他们爱情的分数持平，而不是以过量付出，使她的得分远远超过对方。

不妨看一个例子：吉姆时年39岁，妻子苏珊41岁。他们找我咨询时，苏珊正有离婚之念。苏珊向我抱怨说，结婚12年来，她为丈夫付出得太多，得到的却少得可怜。在她看来，吉姆简直“不可救药”。她控诉这个男人“懒惰”、“自私”、“霸道”，浑身找不到一点儿浪漫气息。苏珊作为女人，已是仁至义尽，不该再为对方白白地效劳。她也无意让吉姆继续“坐享其成”。除了离开，她已没有别的选择。

见情感出现危机，吉姆心有不甘，决心让妻子回心转意。他劝说妻子接受我的治疗。对于治疗的效果，苏珊起初将信将疑。但事实却证明了一切——6个月后，他们的情感关系，发生了显著而可喜的变化。在我的指导下，他们完成了3个治疗步骤，并因此大受其益。如今，他们幸福地生活在一起，还生有3个可爱的孩子。

这3个治疗步骤分别是：

☆　**第1步：获得动力**

我郑重而严肃地告诉吉姆：在他妻子的心里，积聚起的是12年的怨恨。要是不想让家庭破裂，就必须经常倾听妻子的倾诉，了解其真实的感受。只有这样，婚姻才会再度焕发生机。接下来，在6个月的治疗过程中，我鼓励苏珊袒露心扉，让丈夫体验她的感受，帮助她获得动力，扭转消极心态——在3个治疗步骤中，这是最难的一步。在我的提醒和指导下，吉姆终于静下心，致力于做妻子的忠实听众。他要确切地知道：他有哪些缺点和不足？究竟什么地方做得不好？为什么没有满足妻子的愿望和要求？在此过程中，他的心灵大为震动，也深受启发。他知道自己只有做出改变，才能使婚姻重现生机。

对于苏珊来说，要使婚姻产生激情，让昔日的爱情延续，就需要开诚布公地畅谈，让丈夫知道她的感觉，唤起丈夫的理解和共鸣。在此之后，她就可以和丈夫一道，接受下一步治疗——承担责任。

☆ 第 2 步：承担责任

吉姆需要承担起他的责任——他认真地倾听，满足妻子的需要，在妻子的眼中，他不能成为可有可无的人。苏珊也要承担责任，因为她没有为她的付出设定“底线”，由此让吉姆对自己造成伤害。所谓“底线”，就是不该一味地付出，应当适可而止。她理应为她的付出、她的宽容、她的忍耐的程度规定范围。譬如说，她不可再像过去那样，任由吉姆恣意喊叫，大发牢骚，故意和她“唱反调”，忽略和漠视她的感受。

苏珊逐渐学会了承担责任。她知道自己应当设定“底线”，而非一味付出。理解这一事实，对于消除积怨至关重要。她不再把责任全部归咎于对方。在我的鼓励和建议下，他们开始学习互相支持的方法。他们尊重彼此（尤其是苏珊）设定的“底线”。

☆ 第 3 步：练习和实践

吉姆应当尊重苏珊设定的“底线”。他和妻子都应该知道，如何在尊重对方的前提下，表达各自真实的感受。另外，他们接受了一个基本事实：他们都可能犯错误，因此，要学会宽容和理解。我反复提醒他们：在情感关系的练习与实践中，产生错误是必然的，也是容许的。这就使他们有了心灵的“安全网”，而不必过于唯唯诺诺，谨小慎微——这种心理“保险”，对于“磨合”情感关系大有必要。他们一边接受我的指导，一边进行下面的练习和实践——

◎ 苏珊说：“我不喜欢你那样讲话。不要对我大喊大叫，否则我就离开房间！”在“一气之下”，迅速离开房间，苏珊给了丈夫“下马威”。以后，她再也不必发出警告，径直出门就是了。

◎假如吉姆提出某种要求，而苏珊不愿听命，她可以说：“不行，我现在需要休息！”或者，“不，我今天太忙了！”苏珊很快发觉，丈夫开始关注起自己，因为他能够理解，妻子有时多么忙碌，多么疲倦！

◎苏珊对吉姆说，她希望外出度假，而吉姆说自己工作很忙。于是，苏珊决定一个人去。结果，突然间，吉姆就改变日程安排，要陪同妻子一同外出。

◎当苏珊向丈夫吐露心事时，吉姆经常打岔，苏珊说：“我还没有说完呢！你耐心一点儿，先听我把话说完，好不好？”她的话很有效果，吉姆开始聚精会神，专注地倾听。他不再像过去那样，随时打断苏珊的倾诉。

◎苏珊最难以做到的事情，就是向丈夫提出请求，得到理想中的反馈。苏珊对我说：“我为他做了一切，即使没有功劳，还有苦劳呢！难道他没有看到这些吗？我为什么要主动提出请求？对于我的愿望和需求，他怎么可以视而不见？”我向苏珊解释说，让丈夫对她的需求了如指掌，这是不现实的想法，也是婚姻出现问题的重要原因。她应当经常提醒丈夫，关心她点滴的需求，负起丈夫的责任，满足她迫切的愿望。

◎吉姆面临的最困难、最艰巨的挑战，就是接受妻子的改变，尊重妻子的需求。他不能要求妻子一成不变，永远像刚刚结婚时那样。他意识到，让苏珊为付出设定“底线”并非易事，就如同他难以做出调整，适应妻子的变化一样。在按照想法行事的同时，他必须尊重苏珊的心理感受，不能超越妻子设定的“底线”。他知道，只要更多地练习和实践，积极适应苏珊的改变，尊重妻子的愿望，满足妻子的要求，两个人就可以和谐、融洽地相处。

女人为自己的付出设定“底线”，绝对是一种明智的抉择。这使得男人更加理解她，也更有动力为女人付出。他开始质疑既往行为模式的有效性，并不得不做出调整和改变，以便适应女人的变化。总体而言，女人都要意识到，要真正得到男人的爱，就必须设定“底线”，不可一味地付出。当然，在此过程中，她也能学会原谅伴侣的错误。她会探索更好的方式，得到更多的支持。在不断成功的过程中，她的心理包袱逐渐减轻，脸上浮现更多的笑容，这意味着理想婚姻关系的开始。

接受他的付出

显而易见，刚刚学习设定“底线”时，女人可能小心翼翼，趑趄不前。她害怕丈夫不适应自己的变化。她害怕要求太多，会遭到拒绝、批评乃至抛弃。在女人潜意识当中，可能存在某种错误观念——她没有资格要求得太多。这样的心态，通常形成于孩童时期，并在成长中不断强化和巩固。小时候，她经常压抑真实的感受，隐藏内心的需要和愿望。

女人很容易自怨自艾，觉得不值得被人所爱。这种消极心理，极易使女人受到彻头彻尾的伤害。孩童时期，如果女人目睹“情感虐待”的情形，甚至身受其害，就更容易产生“一年被蛇咬，十年怕井绳”的畏惧心。女人固然知道，被人所爱是莫大的幸福，但她却无力承受。强烈的自卑主宰着她的心灵。她怀疑自己存在的价值，她提心吊胆，惟恐得罪心爱的男人。她不敢主动提出请求，让对方带给自己满足感。

因为害怕难以得到支持，女人下意识地拒绝男人的付出。她经常不自觉地漫天想象，想象自己天生是个“可怜虫”，没有资格从爱人那里看到希望。为了避免受到伤害，她不自觉地拒绝对方的爱情与付出。这时候，男人得到的信息，是女人不信任他。他觉得力所不及，不能满足女人的需要，才遭到拒绝，他由此变得心灰意冷，情感也变得疏远起来。这是多么不幸的误会！多疑和绝望的心理，常使女人“退避三舍”，无视正当、合理的需要。或者说，她每每不自觉地发力，把丈夫的爱一举扼杀。她不相信对方能够支持她，满足她，让早年的情感创伤得以愈合。可是，具有讽刺意味的是，男人生机再现，倍受鼓舞，完全出自女人的信任和召唤。作为男人，一旦他觉得自己可有可无，与“鸡肋”无异，就会极为失望和沮丧，甚至忍不住离女人而去！

但是，恰恰是男人的逃避，使女人错误地做出结论，以为是她的需要所致，才使男人疏远起来。而实际上，正是女人的悲观、绝望、猜疑，才导致了不幸的结局！

女人没有意识到，在某种意义上，男人非但不是勇敢者，而且，他可能羞涩和怯懦。因此，她必须做出鼓励之态，给男人或委婉或直率的提醒，以便让男人受到激励，感到振奋和鼓舞。她要让男人体验到自身的强大。要适时地、主动地发出请求，让男人张开双臂，好让她自己投入男人温暖的怀抱，得到支持和力量。要以恰当的方式，让男人感觉他可以做到最好。只有这样，男人才会雄心顿起，精神抖擞，力量无穷！

换言之，面对自己的男人，女人要在“需要”和“不需要”之间，做出明智的甄别和选择——对于男人而言，她需要他，就是对他的信任、认可和接受。他将不胜喜悦地走近她，拥抱她，而不是疏远和逃避。相反，不被需要的感觉，使男人沮丧和屈辱。除了与她保持距离，他没有别的选择。他无法接受不被重视的感觉，他痛恨遭到拒绝的处境。

对于女人来说，对方一旦疏远，她就会困惑而失望，感觉被人抛弃，进而伤心欲绝。哪怕男人以最轻微的方式，传达出想逃避的信息，也会对女人造成重创——这是女人的错误信念作祟的结果！因为，她以为自己没有价值，不配得到男人的爱。

☆　女人，你受之无愧

其实，几个世纪以来，金星人一直怀有这样的恐惧。她担心自己的存在，没有多少价值。为此，她不断地做出“补偿”。她采取的方式，就是更多地考虑对方的需要，宁可让自己任劳任怨，含辛茹苦；她一再地付出，不停地给予。遗憾的是，她从未体验到对方的回报。她咬紧牙关，一再忍耐，继续付出。就这样，好几个世纪过去了，终于有一天，她清醒地察觉到，她其实值得男人的珍爱，有资格获得对方的支持。她的存在，有着不可替代的巨大价值。

她的自我意识由此建立起来。痛定思痛，她决心终止一味地给予，却不计回报的局面。她充分地意识到，人人都有爱的权利，人人都值得被爱。在爱的给予与接受之间，起码应当大致平衡。考虑到自己的付出，对于男人的爱和付出，她受之无愧！

在地球上，当一个小女孩感觉到，她的母亲因得到爱而幸福时，她自己也心中有数。她自然而然地想到："我也有资格享受别人的爱。"果然，她慢慢长大成人，并克服了金星人一味付出的心态。她觉得自己和母亲没有多少不同。她应当像母亲那样，坦然、果断、勇敢地表达内心的渴望。母亲是她的"角色榜样"，她从母亲那里学到了必备的经验，能够开诚布公，请求丈夫给予爱和支持。

不过，金星人或许没有"角色榜样"，她用了几千年的时间，才摆脱了一味付出的心理。她逐渐地意识到，人人都有资格得到回报，她也同样如此。这是神奇的时刻，此时，火星人也经历了彻底的转变，正在组建"太空船舰队"，要给她更多的爱。

☆ 金星人"预备"，火星人"就位"

如果女人意识到，自己值得被爱，她就会快乐地伸开双臂，迎接男人的"回归"，接受男人的效劳。譬如说，在10多年的婚姻中，女人始终扮演"奉献者"乃至"牺牲者"的角色。终于有一天，她回过神来，惊异地想到："我付出了那么多，可你都为我做了什么呢？该是你好好地补偿我的时候了！"她的确是这样想的，却不自觉地关上了心灵的大门，不给丈夫任何回报的机会！因为她觉得，"我给你的太多，而你却始终忽视我！你本来是有机会的，可你错过了，让机会一一溜走了！我本可以从你那里得到很多，实际上，我却一无所获，叫我如何信任你呢？我太累了，该做的都做了，还能给你什么呢？我不会让你再次伤害我，宁可你离我远一点儿！"

既然女人可能产生这样的心理，所以，我希望女人知道：你没有必要给予丈夫太多，而将自己置于纯粹的"家庭保姆"的地位！当然，你的动机可能无可挑剔，你渴望以实际行动，获得完美的情感关系，但你没必要牺牲太多，所谓"过犹不及"。其实，与其过多地给予，还不如有所保留！这样的话，男人反而会更多地支持

你！这似乎是悖论，却是事实。女人长久地、超负荷地付出，只会蒙蔽丈夫的双眼——他坐享其成，却无法感受到妻子究竟有怎样的需要！

> 当她醒来时，突然回想起自己的需要。他也醒来了，想要更多地付出，以满足对方的需要。

有一天，女人终归会从梦中醒来，意识到自己的需要。这时，男人同样如梦初醒，决心为女人多做一些。他要摆脱犹豫、消极、被动的状态。他要行动起来，针对女人的需要，适时、适当地做出调整。女人不再过多地给予、觉得理应得到回报时，男人就会走出“洞穴”。也就是说，此时，火星人会再次组建“太空船舰队”，回到金星人身边，尽其所能地为对方带来快乐和幸福。

毋庸置疑，要使男人给予自己更多，女人就需要花上一定的时间，不断地提醒对方。对于女人来说，她采取的最重要的步骤，就是让男人意识到，一直以来，他忽略了她的需要，所以有必要做出改变，以便带来积极的结果。

通常说来，长时间置身“洞穴”的男人，难以体验到幸福的感觉。这时候，他渴望生活中多一些温情，多一些浪漫，而女人会不失时机地伸出双臂，欢迎男人走出“洞穴”。于是，爱的坚冰开始融化，他们的婚姻，又多了不少浪漫的感觉。尽管他们曾经失去很多，但“亡羊补牢，犹未为晚”，经过一段时间的“自我治疗”，一切积怨和不快，都会烟消云散（在第十一章里，我将提供相关的治疗技巧）。

在相当多的情况下，情感关系的一方做出积极改变，另一方也会跟着改变。“配合”和“合作”无所不在。这似乎是神奇的，却很容易理解。这就好比学生有了问题，只要举手请教，老师就会出现在他跟前。同样，当老师提问题时，就会听到学生的回答。男人和女人之间的关系，不也是如此么？——女人向男人示爱，男人就会做出回应。女人无动于衷，男人就会不理不睬。女人做好接纳的准备，男人就会做出给予的姿态。

男人，你要学会“投桃报李”

男人最大的恐惧之一，就是自己还不够好，或者是能力不济，不能满足女人的需要。他害怕女人小看自己，他无力驱除这种天生的恐惧感。正因为这样，他不断地“修炼”，发奋图强，把更多的时间和精力用在个人能力的提升上。“成功”、“成就”和“效率”，在男人的生活中，往往是最重要的方面。有时候，男人胆战心惊地觉得，女人对他毫不在意，因此他心里极不是滋味。此时，他就更不可能当着女人的面，表达自己的爱意和温情。

> 男人内心最深处的恐惧，就是他还不够好，或者是能力不济，不能满足女人的需要。

正像女人害怕接受一样，男人害怕给予，这成了他们永远的矛盾。在火星人的词典里，给予，就意味着风险，意味着随时碰壁，遭到拒绝。一旦“不幸言中”，火星人就会痛心疾首，心灰意懒，甚至破罐破摔。同样，在男人的潜意识里，有着一种错误的观念：他还不够好，他远远谈不上出色。这种感觉，往往形成于孩童时期。人生道路上的种种挫折，使得他的观念不断强化。男人的表现得到肯定，自然会欢欣鼓舞，若是他的女人不在乎他，他就可能自轻自贱，斗志全无。

> 正像女人害怕接受一样，男人却害怕给予，这是一对永恒的矛盾。

和女人一样，男人也会妄自菲薄，下意识地自我贬抑。这使得他极容易受到伤害，让其敏感而脆弱的心灵不停地滴血。长此以往，对于一切失败的可能性，他都会产生莫大的恐惧。面对女人，即便灵魂深处渴望给予爱，却由于害怕碰壁和失败，宁可放弃任何尝试。他担心自己没有任何出众之处，甚至还谈不上及格，因此，

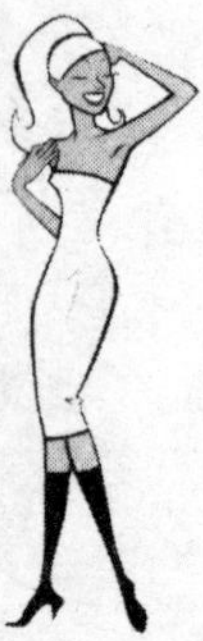

他拒绝任何冒险性的付出，担心不必要地遭到拒绝。

实际上，男人越是在乎女人，越是担心失败，恐惧感就跟着“水涨船高”。于是，他的给予就会越来越少。为避免失败，他打开自己的词典，抠掉了“给予”两个字——对于最想给予的对象，他的女人，他真正关闭了心灵的大门！

另外，男人缺乏安全感，也会自作聪明地自我补偿——除了本人以外，他不再关心任何人。他的心态，其实是“防卫性”的心理反应。他总是提醒自己：“随便他们怎样想，我才不在乎呢？”出于这样的原因，火星人拒绝考虑金星人的感受，拒绝给对方更多的、必要的关心。

他当然是出色的，也有足够的能力为女人付出。实际上，他不仅是合格的，而且十分出色。他有能力成为最好的给予者。后来，他发现了金星人。他们生活在一起时，他以实际行动证明着他的价值。这使他培养起更多自尊、自爱的感觉。站在成功者的立场上，他开始回忆过去。他像哲人那样，开创性地做出总结：在女人跟前，他本不该那样害怕“碰钉子”，即使失败也没什么大不了。失败，乃是成功之母，是必经的阶段。每一次失败，每一个错误，都是一门有益的课程，都在推动他更快地达到目标。而且，他清楚地意识到，他一点儿也不比别人差。他本该坦然地为女人付出，他没必要十全十美，让自己显得无所不能，无所不知。他只要勤勤恳恳，不惧困难与挫折，做好一切分内的事情，这就足够了。

☆ 犯错误不是坏事

男人要学会给予女人更多，关键的一步，就是要知道错误和失败并不可怕。而且，他也没有必要无所不能。

有位女士对我说，她和男友交往多年，但对方从来不提“结婚”二字。她觉得，男友看上去“自私自利”，“他从来不像我关心他那样，好好地关心我一回”。这位女士抱怨挺大。不过，后来有一天，这位女士偶然向男友说起：有了他的陪伴，自己感到非常幸福。她还说，尽管他们的生活处境不如意，但她多么渴望和对方在一起！结果到了第二天，男友就向她正式求婚了！

这样的情形，其实并不奇怪。男人需要女人的认可和接受，渴望得到她的热情和鼓励。他想成为女人心中的强者，惟有这样，他才拥有足够的信心，坚信自己有资格、有能力去在乎对方，关心对方，和她朝夕相处。因此，女人永远不要无谓地抱怨男人，不要让男人觉得自己一无是处，能力低下。

☆ 火星人也需要爱

如前所述，女人被忽略时，内心会产生强烈的挫败感，男人也同样如此！女人的怨言不绝于口，男人就会妄自菲薄，自觉是个失败者。为避免伤害，有时候，男人有意拒绝倾听——倾听的过程，可能使他如坐针毡，无地自容。他渴望成为女人心目中的“英雄好汉”。不幸的是，女人流露出的情感，却是失望，是郁闷，是懊恼，是怨恨！此时此刻，男人不禁把“失败”二字，同他自己联系在一起。他懊丧地觉得，女人的不快乐，都是他造成的。他潜藏的恐惧感，由此被激发出来。他恼恨自己“差强人意”，只想马不停蹄地逃避。而女人大都没有意识到，表面强大的男人，实际多么容易受到伤害，又多么需要女人的爱！爱，可以给他带来自信，使他产生“鹤立鸡群”的感觉。爱，让他前所未有地充满自信，觉得自己能满足女人的一切心愿。

> 女人的失望和忧伤写在脸上，或溢于言表，男人就自觉是个失败者。这时候，他必然难以倾听女人的感受。

一个男人在孩童时期，有可能是幸运的。比如，他亲眼看到，父亲成功地满足了母亲的愿望和需求。在他自己长大以后，对于同女人的沟通与交往，也会显得从容不迫，气度非凡，充满自信。他自认为也可以像父亲那样，成功地满足所爱的女人。他不怕承担分内的责任，坚信能够做到最好。他知道自己不完美，但绝对是合格的伴侣，理想的男人。他总是尽其所能，向女人表达他的爱，他的关心。他不会自我谴责，将缺点或错误放大——毕竟，既然不是也

不可能成为完美的人，何苦对自己求全责备？当然，这不妨碍他竭尽全力，有所作为，尽善尽美。要是犯了错误，他就会及时地、勇敢地向女人道歉。

他知道，人人都会犯错，“人非圣贤，孰能无过”，何必遮遮掩掩？他奉行“有则改之，无则加勉”。他相信女人不仅会原谅他，还可能另眼相看！让他引以为荣的父亲，当年也犯过不少错误，但父亲却始终自尊和自爱。尤其重要的是，在他的记忆里，父亲一再地得到母亲的宽容和原宥，母亲给予父亲的，永远是鼓励，更是信任。

不过，在成长过程中，也有相当多的男人是不幸的——父辈们提供给他的，可不是成功的“角色榜样”。父母的情感关系令人沮丧，他们自然就没了赖以学习和模仿的榜样。他们是那样缺乏信心，以至于恋爱、结婚、组建家庭，始终让他疲于应付，深感头痛。他们遭遇的尴尬情形，叫人联想起没有经过任何训练，就把大型喷气式飞机送上天空的飞行员，艰难的处境可想而知！在极其偶然的情况下，也许能侥幸让飞机起飞，可又能飞行多久呢？一头坠落到地面上，这样的结局更有可能。一旦连续有过几次失败的经历，或目睹过父亲的失败，他就很难再次飞起来。

同样的道理，置身爱情中的男女，手头最好有本理想的“情感训练手册”，可以作为情感生活的指南，常备不懈地练习和实践。不然，一旦感情出了问题，无论是男人还是女人，其命运，其结局，恐怕就像坠地的飞机，不是遍体鳞伤，就是支离破碎——这绝不是危言耸听。

第 5 章

Men Are From Mars

Women Are From Venus

不同的星球，不同的语言

许多年前，火星人和金星人初次走到一起时，他们的情感关系面临诸多问题，正如今天地球上的男人和女人。因为尊重彼此的差异，他们才能开诚布公，坦诚相见，将问题逐一解决。他们感情成功的秘密，就在于有效的沟通。

值得注意的是，正因为说不同的语言，火星人和金星人才必须深入地沟通。如果遇到障碍，他们就会“移樽就教”，向翻译求助。譬如，有了矛盾和冲突，他们不急于弄清谁是谁非，也用不着吵架，更不必“诉诸武力”。他们当即拿出语言词典，查寻真相，将一切问题轻松化解。千万不可小看词典的作用，它能帮助火星人和金星人理解对方的语言（尤其是特殊的措辞）。在词典里，要是找不到措辞的义项，他们就会请来翻译帮忙。

> 火星人和金星人也有相同的词语。不过，即使如此，其内在的含义也各具特色。

我要声明一点：火星人和金星人的语言不同，使用的词语却可能是一样的。即使他们使用相近或相似的措辞，它们内在的含义却各具特色，这就使得他们容易彼此误解。他们对此也心知肚明，知道这是交流上的暂时误解，只要花一点儿心思，搞清原因就可以解决问题。只要彼此理解、信任、接受，一切自会水到渠成。而今天的我们，却很少这样做。

表达情感 vs 传递信息

即使在今天，我们仍旧需要翻译。地球上的男人和女人，极少恰当地处理情感关系。他们尤其离不开翻译词典，即便使用同样的措辞，其含义却各不相同。这种情况司空见惯。例如，女人说：“我觉得，你从不听我说话！”对于“从不”这个词，要是单纯从字面上理解，就可能铸成大错。女人之所以用“从不”，只是表达不满的方式，决不能视为一种事实。

> 为了充分表达情感，女人以其诗化的风格侃侃而谈。她尤其喜欢使用隐讳的语言，丰富的修辞，包括夸张、比喻、归纳等。

在表达情感方面，女人是天才的创造者。她尤其喜欢使用隐讳的语言，丰富的修辞，包括夸张、比喻、归纳等。这常让男人吃不消，他常常照本宣科，把女人的话全盘接受下来，只字不改，就妄下结论。他误解女人话语的真实意图，于是心烦意乱，甚至勃然大怒，不再给对方好脸色看。下面列举的，都是女人容易让男人产生误解的情形，同时，男人的理解和反应，也足以让女人大为吃惊！

☆ 易被误解的10种常见抱怨

女人的抱怨	男人的回应
我们从来都没有出去玩！	你有没有搞错？上周我们不是刚刚出去过吗？
谁都不关心我！	真可笑！难道我不关心你吗？
我太累了，什么都不想做！	我不是一直在帮你吗？还有什么可抱怨的！
我想忘记这一切（工作上的）不幸！	要是不喜欢你的工作，就别干了！
房间怎么老是乱糟糟的？	没你说得那么严重，只是偶尔疏于打扫罢了！
谁都不听我说话！	我现在不就在听你说话吗？
做什么都不顺！	你想说，这都是我的错，对不对？
你不再爱我了！	我当然爱你！我不正在陪着你吗？
我们哪一次不是匆匆忙忙的？	你说错了！上个星期五，我们不是很宽松吗？
我渴望更多的浪漫。	你是说我不浪漫吗？

语言是思想的载体，是传播信息的手段。不过，语言的真实性和精确性，随时可能大打折扣，尤其是“嫁接”了过多的情感因素时。在这一点上，女人似乎表现得更加突出。所以，倘若不分青红皂白，光从字面理解女人的话，男人就可能因误判而吃亏。男人和女人之间吵架，常因后者一句不经意的话引起，就是这个道理。古往今来，男女之间言语的误解，带来了多少困惑，多少不幸！

> 在情感交往中，女人最多的抱怨之一，就是：“我觉得没人听我说话。”即便是这句话本身，也会为男人所误解！

男人和女人在交往中，女人最常见的抱怨恐怕是：“你没在听我说话！”一听这话，男人就会“疾不旋踵”，马上产生误解。女人有时也会说：“谁都不听我说话。”女人话音刚落，男人就恼火起来：“简直是胡说！我不是一直在听你说话吗？我还可以把你的话重复一遍呢！”

其实，问题还是出在男人身上，他常常误解女人的意思。怎样恰当、准确地翻译女人的话呢？事实上，女人只想提醒男人：“我觉得，你没有真正理解我的心情，关心我的感受。我的话你可能不爱听，可我必须一吐为快！我讨厌看到你漫不经心的样子。你能不能好好地听我说话？你能否对我的想法和心情感兴趣？……”

男人应该“读懂”女人的抱怨，否则就会和她发生争执，就不会做出其他任何积极、有益的反应。吵架来自误解。

遗憾的是，男人不理解女人特有的表达方式。一旦对女人的感受和想法产生误判，男人就会下意识地做出不恰当的反应。还是向古代的火星人学习吧，他不想因误解而无休止地吵架。他总是尽可能地通过正确理解来避免这种情形。为此，他不惜一切代价，尽可能地理解对方的意图。在倾听的过程中，如果内心产生抵触、抗拒之意，他就会警惕起来。他生怕自己望文生义，于是马上查阅《火星人/金星人互译词典》，寻找正确的义项。这部伟大的词典今已失传，只留下残篇断简。我将部分内容辑录下来，供大家参阅。

金星人的话里话外

下面列举的，就是对上述 10 种抱怨的翻译和注释，包括《互译词典》的解释和男人的误译。这样，男人就可以准确理解女人言语的真正含义，并尽量避免误译的发生。

需要提醒的是，女人喜欢采用“暗示技巧”，却要求男人做出她理想中的反应。或者说，金星人情绪沮丧时，其表述笼统而含糊。但实际上，她只是渴求火星人的支持和帮助而已！金星人不会把想法直接说出来。她乐于使用戏剧化的语言，暗示她特殊的要求，所有的金星人都明白这些话语的含义。

这当然对火星人的理解力提出了挑战。通常情况下，火星人最好借助词典，把它们翻译出来。这样，女人的愿望和需求，才会一览无遗，尽收眼底。火星人会恍然大悟：“啊，原来如此！”于是，他就马上补救。他恰当的反应让她喜悦无比。她能够感觉到，他不但愿意听她说心里话，而且深爱着她！

☆《火星人/金星人互译词典》

1. 女人说：“我们从来都没有出去玩过！”

《互译词典》：“我很想出去转一转。我渴望和你到外面走一走，做做有意思的事。那会使我们感到快乐。说真的，我喜欢和你在一起，你是怎么想的呢？你愿意带我出去吃晚饭吗？我们好多天没有外出了！”

男人的误译：“你没有尽自己的本分，可真叫人失望！我们一起做事的机会少得可怜！原因很简单：你不但懒惰，而且不够浪漫。你这个人单调、乏味，我再也无法忍受了！”

2. 女人说：“谁都不关心我！”

《互译词典》：“我今天好像被你忽略了，眼里根本没我这个人。谁注意到我的存在了呢？当然，我知道你们都看见我了，可谁也不来关心我，你知道我有多失望吗？你最近很忙，工作辛苦，我

很感激你。可是有时候，对于你来说，我似乎无关紧要。你的心里只有工作，很少想到我的感受。亲爱的，抱抱我，好不好？你能不能告诉我，在你的心里，我真是不可替代的吗？”

男人的误译：“我很不快乐！我渴望关心，却事与愿违。我的失望和沮丧，你是无法体会的！你何曾关心过我，考虑过我的感受？你是我的男人，爱我，是你的权利，也是你的义务！你应该觉得羞耻，因为你对我的爱越来越少！人生真是不公平，我对你激情如火，你对我却冷冷冰冰。我多么在乎你，你却对我视而不见！”

3. 女人说：“我太累了，什么都不想做！”

《互译词典》：“我今天做的事情太多了！我真的需要好好地休息一下，这样我才能攒足力气，做好其他事情。我希望你能体谅我。还有，你最好能抱一抱我，给我温情，给我慰藉。我想听你说，我今天表现得很好，有理由、有权利休息一下！”

男人的误译：“不管什么事情，都得我来做，你却像没事人似的，四体不勤，五谷不分。你是男人，你该做得更多才对，为什么让我大包大揽？我是多么无助！我想和真正的男人生活在一起。当初选择你，是一个天大的错误！”

4. 女人说：“我想忘记这一切不幸！”

《互译词典》：“我想让你知道，我热爱眼下的工作，我喜欢目前的生活。不过，我今天的压力可不轻。我喘不过气来！我想做一些事情，恢复原来的状态，这样我才能振作精神，履行我的责任。我希望你关心我的感受，了解发生了什么事。你该听听我的心里话，理解我的心情。不必告诉我怎样做，你只要清楚我承受的压力，我心里就会好过得多。你的倾听，能使我全身放松，明天我就会好起来，再次承担起职责，做好属于我的事情！”

男人的误译：“事情如此之多，我真的不想做，却又不得不做。我真不情愿和你在一起，与你在一起毫无乐趣可言！我们的结合，可能是一个错误！你让我很不满意，我多想有更好的伴侣！有了他，我的生活才会充实，而你实在令我失望，太差劲了！”

5. 女人说：“房间怎么老是乱糟糟的？”

《互译词典》：“今天，我迫切地渴望休息，想好好地放松一下。可我没有想到，房间里居然这么乱，让我提不起精神！看着别扭，哪里还有休息的心情？你最好不要袖手旁观，帮我收拾一下吧！你能答应我的请求吗？”

男人的误译：“房间如此混乱，正是你造成的！我总是卖力地打扫，结果怎样呢？我刚刚收拾妥当，又被你弄得不成体统！你分明是个邋遢鬼，‘大懒虫’！我没法再和你生活了！除非你马上改变现状，不然就没有商量的余地。我的意思是，你要么把房间打扫干净，要么马上离开家门！”

6. 女人说：“谁都不听我说话！”

《互译词典》：“我这个人是不是越来越无聊，越来越单调，让你觉得索然无趣？想到这种可能性，你知道我有多么害怕吗？眼下，我似乎格外敏感了。我多么需要你的关心，你的体贴！我多么希望你留意我的存在！我希望你好好地待我。真的，我今天累极了，烦心的事情一大堆。我想把烦恼一古脑儿地说出来，可惜没人听我说话！你是我的丈夫，就来当你的妻子的听众，好不好？你该问寒问暖，比如，‘你今天发生了什么事情?’‘还有什么让你不开心?’‘你的感觉怎样?’‘我能帮你分担什么吗?’‘你还有其他感觉吗?’……当然，你还可以以别的方式帮助我。我想听到你的话语里，不乏关心、认可和宽慰。比如，‘你有什么想法，都说出来，不要有任何保留。’‘你说得没错!’‘我懂你的意思。’‘我理解你的感受!’……即使你一言不发，光是专心地听我说话，我也会心满意足。在我中间停顿时，你可以发出某些安慰性的声音，比如，‘喔’，‘唔’，‘嗯’，‘啊’，等等（注意：在火星人来到金星之前，他们从未听过此类声音）。

男人的误译：“我对你一向关心有加，可你甚至不想听我说话了！过去，你是一个多么好的听众，可如今成了了无生趣的人，叫我如何同你继续相处呢？我心目中的伴侣，应该充满激情，说话风趣。真遗憾，你不是我喜欢的那种类型！尤其让我失望的是，你这个人很自私，从不关心你的妻子！”

7. 女人说：“做什么都不顺！”

《互译词典》：“我今天忙得不可开交。你愿意听听我的感受

吗？你要是这样做，我就会很感动，感觉也会好得多。说实话，我今天做什么都不顺手。我也知道，这不过是暂时的情形。不过，工作量真的很大，我很疲惫，昏头胀脑，却没有多少成果。亲爱的，你能否拥抱我一下？我多想听你对我说，我做得已经很出色了！你的话，可以使我感觉温暖。”

男人的误译：“你做什么都不行！我要是指望你，信任你，我就是个白痴！要是没有听你的话，也不致搞成一团糟！换成别的男人，事情就会处理得像模像样，而你却使局面更加混乱！”

8. 女人说：“你不再爱我了！”

《互译词典》：“不知为什么，今天我觉得，你好像不爱我了！我多么害怕你离开我！其实，我也知道，你总是那样爱我，为我做了很多。我也说不清楚，我隐隐的不安全感，究竟从何而来！我多想你用一切可能的方式，向我表达你的爱，让我感到安慰，叫我心里的石头落地呀！我多想听到，你对我说出那3个神奇的字眼！你肯这样做的话，天知道我该多么喜悦，我的感觉多么美好！”

男人的误译：“我把一生最好的岁月都给了你，可你给了我什么呢？你分明是在利用我！你这个人自私而冷酷！你只为自己着想，无视我的感受。你何曾对我有过像样的关心和爱护？真是想不通，当初我怎么会爱上你？我是天底下最笨的人！活该我现在一无所有，真是咎由自取，自作自受！”

9. 女人说：“我们哪一次不是匆匆忙忙的！”

《互译词典》：“我觉得今天太匆忙了，我真是不喜欢。生活不该如此匆忙！当然，这不是你的错，我也没有责怪你的意思。我知道，你在尽最大的能力，保证我们能及时赶到目的地。我怎么会不感激你的关心呢？我只是希望，你能理解我的感受。我想听你对我说，‘我们总是过于匆忙，可不是一件好事情，我也不喜欢这样！’”

男人的误译：“你太不负责任了！你总是等到最后一刻，才会行动起来。和你在一起，我从来没有安全感。我们老是匆匆忙忙，仿佛永远如此！为了不迟到，你匆忙出发，还毛手毛脚，叫人揪心！谁敢把事情交给你去做呢？只怕做一样，毁一样！我不想瞒你：你不在我的眼前乱蹿，我感觉更舒服！”

10. 女人说："我渴望更多的浪漫。"

《互译词典》："你最近工作太辛苦！我们还是抽时间外出度假，你看好不好？我们都得好好地放松一次！我喜欢这样！我们可以到郊外散心，寻一处'世外桃源'，尽情地释放自己。到了那里，我们单独相处，没有孩子的纠缠，也可彻底忘掉工作的事情。我知道，你是一个浪漫的人。我期待着你送鲜花给我，愈快愈好！我渴望那种久违的、惊喜的感觉！我还希望你和我外出约会。我喜欢约会带来的浪漫感受！"

男人的误译："你无法再让我满意了！你不再像过去那样，让我觉得开心。从你那里，我一无所得。你的浪漫技巧太落后了，跟不上我的需要！你从来没有真正地满足过我！我希望你风情万种，就像我交往过的其他男人。别把我的话当成耳旁风！"

上述内容，其实是《互译词典》里的精华部分。男人如能熟练地掌握，几年后就会"熟能生巧"。这有助于他站在女人的角度体验对方的想法和感受，而不误以为对方是在批评自己或迁怒于自己。男人终归会意识到，女人的话里话外，不乏夸张的语气，戏剧化的色彩。倘若单纯从字面上理解，就很容易造成歧义。实际上，这是女人表达情感的特殊方式。这在金星上很常见，人人习以为常！

当火星人不想说话时

来自火星的男人要铭记：你面临的最大挑战之一，就是在女人畅谈感受时，要正确理解她的想法和意图，及时而恰当地提供支持和帮助。而对于来自金星的女人来说，她面临的最大挑战之一，就是在男人沉默时，要体谅男人的处境和心情。通常说来，男人不期然的沉默，最容易让女人产生误解。

一个正常的人突然终止交流，变得沉默寡言，这在金星上，可是闻所未闻的。女人在滔滔不绝地吐露心扉之际，可能气愤地发现，她的男人正无精打采、魂不守舍！最初，女人甚至可能怀疑：他的听力是否出了毛病？否则为何反应迟钝，表情茫然，不能认真

听讲呢？

你看，在思考以及加工信息的方式上，男人和女人大相径庭。女人把感觉从头至尾地道出，她的内心世界是透明的。要是听者饶有兴趣，她更会毫不犹豫，吐露一切感受，没有任何保留。不要忽略女人特有的表达方式。她讲出心里话，让想法和心情汩汩涌出，像河水一样流动。这使她体验到莫大的快乐，也帮她找到恼人的“心结”。她的心灵、她的思维不停地运转，“加工”出理想的结果，整个过程自然而流畅。

> 对于女人来说，她面临的最大挑战之一，就是在男人沉默时，要正确理解他的处境和心情，给予他充满爱意的支持。

但是，男人却是另外一番情形。开口说话之前，他先在心里酝酿一番，把想说的话努力地分类、筛选和加工，尽量想出个所以然来。对听到的声音，见到的景象，他一概不会放过。在他的心里，机器声轰鸣不止，先生产出“规律性”的东西，再郑重地展示出来。这一番折腾，大约需要几分钟乃至几个小时。为了理想“解决方案”的出炉，在尚未收集到充足的信息之前，他可能一句话都不肯说！

在这一点上，男人的谨慎和耐心，可说是到了苛刻的程度，女人要给以体谅才行。男人开始沉默，潜台词就是：“我不知道该说些什么，至少眼下如此。不过，我正在思考这个问题，你最好不要打扰我！”然而，女人却错误地听成：“我之所以不做反应，是因为我对你满不在乎，也不想关心你。在我看来，你说的话无关紧要，我何必和你一般见识？”

☆ 如何回应男人的沉默

女人容易误解男人的沉默。她以自己的感受为基点，马不停蹄地做出判断，总是往坏处想——“他八成是讨厌我了，恼恨我的啰唆了吧？他不再爱我了吧？弄不好，他还想把我一脚踹开，永远地离开我呢！”而且，她越想越害怕，恐惧感油然而起——“要是他拒绝我，那多么可怕！假如他不再爱我，我该怎么办呢？我是不是不值得为他所爱？”

男人突然的沉默，其杀伤力可见一斑。女人选择沉默，通常是担心语出伤人，宁可一句话也不多说；也可能出于她不信任对方，不想与之亲密的缘故，索性咬紧牙关，三缄其口——难怪男人闭上嘴，一言不发时，女人就忐忑不安起来！

不知你是否注意到：一个女人倾听另一个女人说话，会时不时地以宽慰性的声调、言辞或者姿态，让倾诉者心里踏实，放弃顾虑。她其实是在提醒对方：“我正在听你说话呢！我非常关心你，理解你的感受！”在谈话期间，女性倾听者还会出于本能，做出某些安慰性的声音，比如，“喔”，“唔”，“嗯”，“啊”，等等。

> 男人突然沉默起来，女人很容易往最坏处想。

男人却可能忽视类似的细节。这可能使他的沉默更具危险性、伤害性。因此，女人要了解男人的“洞穴”，理解男人的沉默，做出恰当的反应。

☆ 了解男人的“洞穴”

爱情，是一桩美丽而动人的事业。可是处理得不好，它就会变得相当棘手。要想获得满足感，女人首先要潜心学习，了解男人的方方面面。起码应该知道，承担某种压力的男人，可能天然地减少交流，转而进入他的“洞穴”，在里面“蜗居”一段时间，以便找到问题的答案。在此期间，男人不希望有人打扰，即使最好的朋友也不例外。这是火星人解决问题的方式。女人用不着杞人忧天，误以为男人沉默的原因，乃是她的错。没必要庸人自扰，男人在洞穴里自得其乐，女人不必牵肠挂肚。她应该知道，只要容许男人独处一段时间，他就会神清气爽，弃“巢”而出，让一切恢复原状，归于正常。

毋庸置疑，其中的学问和道理，令金星人迷惑。毕竟，在金星上，一个重要的“黄金法则”就是：“朋友有难，决不可袖手旁

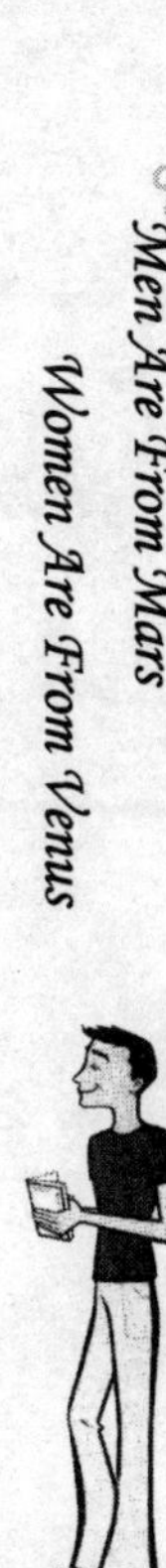

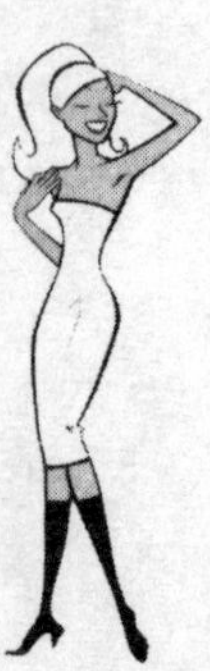

观！”同样，心爱的火星人有了麻烦，金星人当然要挺身而出，哪怕尽上绵薄之力！对爱人不理不睬，不管不问，还能叫“爱”吗？所以，男人在“洞穴”里，女人不明真相，就着急上火起来。出于关心，她甚至想跟着进入，以便成为男人的帮手。

而且，女人常错误地认为，她应当不停地发问，了解男人的想法和感受。她要让男人把心里话倒出来，她要做一个出色的听众。她以为这样一来，男人的感觉就会大为好转。不料想，她一番好意，却适得其反——男人会更加烦恼和沮丧。她本能地以心仪的方式支持男人，其动机无可挑剔，却白忙活了一场。

不管男人还是女人，都不该想当然地行动，以各自钟爱的方式关心对方，嘘寒问暖。男人和女人应该熟悉对方的习惯和偏好，了解对方异于自己的思考、感受和反应方式。

☆　男人为何需要“洞穴”

男人与“洞穴”为伴，原因或许不下百种，但在大多数情况下，只是因为：

1. 他要思考某个问题，找到可行方案。

2. 他还没有找到出路，但“不达目的，誓不罢休”。他也很少向女人坦言：“我遇到困难了！我需要进入‘洞穴’，整理心情，明确思路，找到理想方案。”男人变得沉默，其他男人容易接受，而且习以为常。他们甚至会想到，究竟什么让他烦恼。他们允许他独处，让他静静地思考，以便他“修成正果”，得偿所愿。

3. 他越发懊丧或压力重重。和女人相比，男人显得谨慎有加——他不愿当着女人的面，脱口说出尚未弄清的问题，模棱两可的感受，或者做出含义不明的举动。男人如此谨慎，其实是怕日后悔之晚矣。由此可见，男人表面强壮有力，其心理承受能力，却好不到哪里去。

4. 男人渴望找回自我。在“爱河”中畅游了大半天，男人会有迷失的感觉。就像俗话所说：“爱情是甜蜜的，男人是自私的！”“自私”的男人，某一天突然惊觉：他的部分“自我”，正一点一滴地为爱情消解，不可阻挡地离他而去，这让他痛心不已。他不免怨恨而恼怒。他和女人过于亲密，迷迷瞪瞪，找不到方向了。听到内心警报响起，铃声大作，他不再犹豫，马上进入“洞穴”。在独处的过程中，他又找回了自我，获得了力量。与此同时，他想起女人的种种好处，他的骨子里，又流淌出昔日的柔情。

☆ 女人为何喜欢倾诉

女人喜欢倾诉，也有其特殊的原因。某种意义上，它和男人沉默的理由如出一辙。以下 4 种情形，正是女人渴望交流的原因或动力所在：

1. 传达或者收集信息（这是男人交谈的惟一理由）。

2. 通过交流，探寻并发现想表达的内容（相反，男人宁可中止交谈，私下里把问题想清楚，确认要表达的部分。女人则是通过表达，探寻事实的真相）。

3. 女人心烦的时候，急于改变当下的心情，而倾诉的过程，能让她感到释放（男人心情糟糕，就可能不愿多说什么。他宁可躲在头脑的“隐蔽所”里，让自己冷静下来）。

4. 让自己与对方更加亲密。女人流露真情实感，是信任对方，把对方当成知己（火星人之所以中止交谈，可能只是为了发现自我，找回自我。过分亲密的状态，会使他顾虑重重，担心会把“自我”剥夺得干干净净）。

瞧，男人和女人是如此不同！他们各自的需求，是这样丰富而复杂。如果你对此缺乏了解和认知，就会为情感关系带来挫折和不幸，乃至抱憾终生。

☆ 小心！火龙会烧伤你

女人不要由着性子，在男人渴望宜人的安静时，还要怂恿他听她说话，或与她“坐而论道”，以致把事情弄到一发不可收拾。在我举办的一次研讨会上，我提出这个话题时，一个印第安女子对我

说，在她的部族里，母亲总是提醒即将出嫁的女子：要是男人情绪不好，或者正经受某种压力，就会退缩到他的天地里。女人不要盲目行事，以为是自身出了问题，因而坐立不安。这种情形是常见的，但并不意味着男人绝情，不再爱他身边的女人。男人迟早会走出“洞穴”，再次回到女人的身边。最重要的是——母亲警告年轻的女儿——不要跟随男人进入“洞穴”。不然的话，保护“洞穴”的火龙，就会口吐火焰，烧伤闯入者。

> 永远不要进入男人的“洞穴”，不然，里面的火龙就会把你烧伤！

在日常生活当中，女人过多“干涉”男人的感受，就会不必要地导致冲突。女人不知道，男人心绪不佳时，更渴望独处和沉默，而不是女人的啰唆和干扰。但是，不知情的女人，却每每火上浇油，不识趣地迫使男人开口讲话。她错误地以为，男人也像自己那样，愿意讲出心里的感受。她想知道男人的心事，但男人矢口否认。她不肯罢休，一再追问，男人只好一再否认。这让她倍感失落，心情难过，因为她清楚地感觉到，对方一定因为什么而烦恼！她想不明白：男人为什么要隐藏感受，仿佛舌头打了结，什么都不肯说？为什么只有留在“洞穴”里，他才能将问题解决？女人的想法和做法，往往妨碍男人的自我反省。

女人经常这样问：“我看得明明白白，一定有什么事，让你如此不开心！究竟是什么，快告诉我！”

男人回答：“我不是好好的吗？什么事情也没有，你不要疑神疑鬼！”

女人不依不饶：“不可能！你肯定有什么事瞒着我！为什么不说出来？我想了解你的感觉！”

男人回答：“听着，我好好的！你现在让我静一静，好不好？”

女人不满地说：“你怎么可以这样对待我？你什么也不说，到底是为什么？你心里想的是什么，我一点儿也不清楚！你是不是不爱我了？我觉得，你是在拒绝我，疏远我，要和我一刀两断！”

这时候，男人终于忍无可忍，大发雷霆！他在情急之下所说的话，足以让他后悔莫及！他的火龙跑出来，喷出火焰，烧伤了他的女人！

火星人终于开口了

女人遭遇火龙袭击，是不自觉地打扰男人，妨碍他的独处和反思的结果，或者说，是由于她误解男人某些“情绪症状”。“情绪症状”是最好的提醒，表明男人或身在“洞穴”，或在去往洞穴的路上。此时，女人要是问“发生了什么”，男人只会若无其事地回答：“没什么”或者“我很好”。

男人的话语简短有力，女人却不胜其烦。她没有想到，此时“少说为妙”，稍安勿躁，索性给男人独处空间，让他自行消化感受才是最好的办法。男人极少主动地提醒女人：“别和我说话，我现在很心烦，需要独处一阵子！”相反，他常常缄口不言，我行我素。

以下列举的6种情形，都是男人典型的“警告性信号”，它们都很简短。女人可能一再地误解它们的含义，结果“吃力不讨好”，既冒犯了男人，也难以提供有效支持——

☆ 男人的6种典型“警告性信号”

当女人问男人：“你发生了什么事”的时候——

男人的说法	女人的反应
“我很好！”或者，“都很好！”	“我知道，一定有什么事，告诉我吧！”
“我很顺利！”或者，“都很顺利！”	“可你的心情似乎很糟糕！我们谈一谈好吗？”
“没事！”	“我想帮助你。我知道，一定有什么事让你不开心！憋在心里做什么？还是说出来吧！”

“一切正常！”或者，“我很正常！”	“你别遮遮掩掩好不好？我愿意帮助你！”
“没什么大不了的事！”	“可你的情绪不对头，一定有问题！为什么不肯告诉我？我们还是谈一谈吧！”
“什么问题也没有！”	“休想瞒天过海，你一定有什么问题！你必须说出来，也许我可以帮助你！”

男人做出上述简短的表述，意味着他渴望安静的空间。他不希望女人叨扰。此时此刻，要避免误解或者“帮倒忙”，金星人最好查阅《火星人/金星人互译词典》。比如，男人说“我很好”，实际上，他的真实意思是想表明：“我真的很好，因为我自己能处理好这件事，不需要任何帮助。如果你想支持我，就不要为我操心。你要相信我，我很快就可以摆脱困境，渡过难关！”

假如没有参阅《互译词典》，女人就可能产生误解。她以为对方不愿讲心里话，是因为他否认他的感受，回避他的问题。于是，女人越发渴望了解真相，以便为男人提供帮助。她要么直截了当地发问，要么猜来猜去，抛出一个个问题，等待男人的确认。事实上，从男人简短的言语中，女人完全可以找到蛛丝马迹，从而放弃无谓的追问，这样就不至于造成误译。下面的内容，都节选自《互译词典》。

☆ 《火星人/金星人互译词典》

1. 男人说：“我很好！”或者，“都很好！”

《互译词典》：“我真的很好！我能解决我的烦恼，不需要你的帮助。不过，我还是要感谢你！”

女人的误译：“我的感觉是不太好，但这和你无关！你帮不了什么忙，又何必多此一举？”

2. 男人说：“我很顺利！”或者，“都很顺利！”

《互译词典》：“一切正常，我正在顺利地解决问题，摆脱烦恼。我不需要任何帮助。需要的话，我会主动开口。”

女人的误译：“我不在乎发生了什么。不管怎么样，对我而言没什么大不了！就算我的态度让你心烦，我也无所谓！”

3. 男人说：“没事！”

《互译词典》：“没有任何事让我烦心。即使有的话，我也能独自处理妥当！因此，你就不要再多问了！”

女人的误译：“我真的不知道，究竟是什么让我如此心烦！我希望你能提出问题，帮我弄清楚到底发生了什么！”这时，她会顺势提问，以为正中男人下怀。实际上他只想逃避，获得安静的空间，所以，你必然会碰一鼻子灰！

4. 男人说：“一切正常！”或者，“我很正常！”

《互译词典》：“我的确有问题要解决。不过你用不着多问，因为我可以自行处理。请别妨碍我的思考，也别提太多的问题，或是不必要的建议。你就当什么也没发生好了，这件事由我自己解决，效果会更好！”

女人的误译：“这是我的事，你用不着插手！你不要没事找事！”或者，“的确，有些事情让我不痛快！不过，你最好记住，那是你的错！你应该内疚和忏悔，而且决不可以再犯！”

5. 男人说：“没什么大不了的事！”

《互译词典》：“没有什么大不了的，因为我能使一切走上正轨！别再纠缠这个问题了，你也用不着琢磨来、琢磨去的。那样的话，只能使我更加烦恼。解决这个问题，责任在我，我会干净、利落地把它收拾掉，而且决不拖泥带水！”

女人的误译：“你这是没事找事，庸人自扰！你的担心是多余的！”

6. 男人说：“什么问题也没有！”

《互译词典》：“做好这件事（或者解决这个问题），对我来说，绝对不在话下！而且，这是一份特殊的礼物。我很高兴把它送给你！”

女人的误译：“这本来不是什么问题，你却夸大其词，硬把它说成是个问题！你为何这样不识趣，非要插手我的事呢？”这时，你就会忙不迭地辩解，为什么这是一个问题？为什么她应当成为他的帮手？

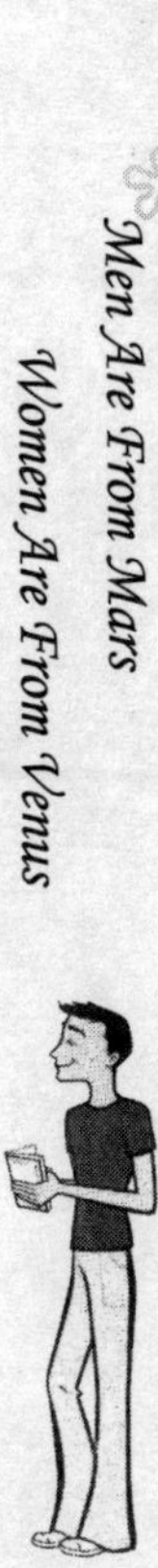

通过《火星人/金星人互译词典》，女人可以了解男人字里行间的真正含义。有时候，男人要表达的意思，与女人的理解恰好相反。

男人在“洞穴”里，女人该怎么办

在我的一次研讨会上，提到有关“洞穴”和“火龙”的故事时，女士们都想知道：怎样缩短男人在“洞穴”里的时间？我没有表态，而是请在场的男人回答女士们的问题。不出我的所料，男人大都承认：女人越急于让他们开口讲话，或者催促他们走出“洞穴”，男人就越是沉默，或者越是更长久地独处。

不少男人都有同感：“当我渴望独处时，妻子越是反对我安静地独处，我就越是愿与孤独为伴！”由此可见，女人要是提醒她的男人：进入“洞穴”是一个错误，男人就会渴望返回“洞穴”（哪怕他本来打算离开那里）。

在特定时期内，男人宁愿选择独处，而非与女人为伴。当他受到某种伤害，或正在承受某种压力时，他总是在私下里解决问题。他还在“洞穴”入口处，挂起“请勿打扰”的牌子。但性急的女人对此视而不见，只想跟随进入，给男人以支持和帮助。不过，她希望的结果却没有出现，相反，一条凶猛的火龙迎面扑来，霎时间将她烧伤！

男人蜗居在“洞穴”里，成为“洞穴人”的时候，女人可以采用以下 6 种基本原则或方式，以便为他提供必要的支持，缩短他独处的时间：

☆ 怎样支持“洞穴人”

1. 不要排斥或否认他独处的需求；
2. 不要想当然地提出建议，帮助男人解决问题；
3. 不要一再询问男人的想法和感受，这只会让他产生反感；
4. 不要守候在“洞穴”附近，劝说男人回心转意，尽快走出来；
5. 不要杞人忧天地为男人担心，也不要多此一举地表示歉意；

6. 做一切让自己快乐的事情！

如果女人真的渴望交谈，就索性给男人写一封信，留待他走出“洞穴”后阅读。假如她需要心灵的安慰，想有个倾诉对象，就同其他好友交谈。女人不要让男人成为她自己满足感的惟一来源！

男人期待心爱的女人信任他，相信他能自行解决遇到的问题。对他而言，女人的信任必不可少。这是男人的光荣、自尊和骄傲。当然，面对男人的烦恼，女人要做出无所关心、无所牵挂的姿态，的确大不容易。为爱人的处境而担忧，是她表达爱和关心的典型方式。在她看来，所爱的人愁肠百转，自己却若无其事，乃至兴高采烈，显然是不合时宜的。她担心自己“作壁上观”，他定然愤愤不平、咬牙切齿！

女人哪里知道，事实上，男人希望他的女人始终快乐，无忧无虑！因为这样的话，他需要操心的“问题”就相对减少。另外，从女人的快乐中，男人感受到的，是女人浓浓的爱。当女人多一些快乐，少一些烦恼时，男人更容易走出“洞穴”，与她相聚，共享美好的时光。

男人的想法，大概让女人无法理解：他向她表达爱的方式，竟然是不为她操心！其实，在男人看来，他喜爱的人，他崇拜的对象，能够独当一面，即使有了问题，她也能自行“解套”。过分担心和忧虑，是缺乏信任和尊重的表示。这是男人特有的支持女人的方式。因此，女人经常听男人对自己说“不要担心，我相信你可以把事情处理好！”、“这是别人的问题，它与你无关！”、“我相信，你的事情不久就会有结果的！”，诸如此类。当然，要是女人主动求助，男人就会毫不犹豫地挺身而出！同样，为让她感觉安心，他不愿流露真实的感受，或者说，他善于将个人烦恼轻描淡写，一带而过。这和女人的情形几乎正好相反。

以我本人为例，我花了好几年时间，才懂得妻子的烦恼。她十分希望我感同身受，为她操心，为她忧虑。如果我没有意识到彼此的不同，忽略对她的关心和体贴，甚至不知趣地“手舞足蹈”，她的沮丧和烦恼，就会以几何速率蹿升！

相反，男人却不是这样——他进入“洞穴”的目的，通常是为解决一个问题。在这时，如果伴侣快快乐乐，对他亦无特殊要求，那么走出“隐蔽所”以前，就等于少了一个亟待解决的问题。潜心“修炼”的男人，知道女人因为他而快乐和幸福时，他就可以获得更大的力量，更加集中精力，对付迫在眉睫的问题。

在这期间，女人完全可从其他活动中获益，让自己感觉良好，丝毫不减快乐和幸福。这些活动，可以给她带来不少的乐趣和安慰。下面就是女人可以采用的一些方案：

◎ 阅读一本书
◎ 聆听优美的音乐
◎ 在院子里活动
◎ 进行体育锻炼
◎ 做按摩
◎ 听“励志类”录音带
◎ 品尝美味食品
◎ 打电话给女性朋友，做倾心交谈
◎ 写日记
◎ 购物
◎ 做祈祷或者冥想
◎ 外出散步
◎ 洗泡沫浴
◎ 看心理医生
◎ 看电视或者录像

即便身处困境，火星人也会鼓励金星人，从事上述活动。金星人一度以为，在心爱的伴侣苦恼时，自己却无忧无虑，独自享受，这很难想象，她也无法接受。不过最终，她还是克服了心理压力。只要火星人进入“洞穴”，她就会购物或者旅行，让自己快乐起来，而这正是火星人希望的结果。我的妻子邦妮就是如此，一旦发现我需要独处，她就会以购物或与朋友聊天打发时间。我也无须为火星人的习性而道歉。我们始终认可对方的特殊需求。邦妮能好好地照顾自己，我也能“自给自足”，坦然、舒适地进入“洞穴”。妻子知道，我迟早会离开那里，怀着更多的爱，再次回到她的身旁！

邦妮知道，一旦我呆在“洞穴”里，就不宜与我交谈。而在我流露出对她感兴趣的迹象时，她就预感到，我即将走出私人天地。这时候，我们就能像样地交谈了。有时候，她会口气轻松地说：“要是你想和我谈话，就告诉我。我乐意听到你的想法和感受！”邦妮通过这样的方式，试探我的反应，以采取相应的行动。她根本不需要督促我，或者不客气地下达“命令”。

怎样支持你的火星人

男人走出“洞穴”时，也需要伴侣的信任。他不需要不请自来的建议，或者多此一举的同情。男人想证明没有他人帮助，他也能独立完成某些事情，因为这会带给他莫大的自豪感！女人则不然。她面临困境时，倘若男人鼎力相助，她会不胜喜悦，认为自己为人所爱。此时，在情感天地间，她看到的是葱郁而繁茂的景象！一言以蔽之，女人以恰当的方式同男人沟通和交流，后者就会开诚布公，坦言内心的想法和感受。而对于女人来说，如果直截了当、真诚大方地求助于男人，男人就会大受鼓舞，愿效“犬马之劳”！

可以想象，以上述方式支持男人，一开始女人可能难以适应。长久以来，她没有意识到男人与她的不同。她用自己中意的方式，为男人提供帮助，却每每陷入尴尬之境。比如，男人犯了错误，她不留情面地一语道破，予以指责。男人遇上麻烦，她不等对方请求，就想当然地给予建议。有的女人是幸运的，因为她以成功的母亲为“角色榜样”，善于满足男人的需求。然而在有的女人的心灵深处，笼罩的却是失败的阴影。她从来就不知道：怎样帮助男人，如何得到支持？男人让她不满的话，她就摇身变成严厉的批评家，将对方说得面红耳赤。她自作主张地出谋划策，让敏感的男人敬而远之。她忘记了一个显著的事实：在女人面前，男人是虚荣心极强的物种。他难以忍受女人的指指点点，自作聪明。他尤其厌恶女人

居高临下，横竖挑剔！

☆　**建议和批评的最佳方式**

女人未经请求就给予建议或提出批评，男人惟恐避之不及。这让可怜的女人大失所望。她痛苦地发觉，须臾之间，她在男人身上寄托的梦想和希望，全都成了镜花水月，空中楼阁。有一位名叫南希的女士，她原本美好的情感遭遇了挫折。她抱怨说："我到今天也不知道，到底如何批评他的过错，又如何为他提供建议？假如在餐桌上，他的表现让人厌恶，或者说，他的穿着打扮不成体统，我该怎么办呢？还有，他是个不错的小伙子，可我清楚地看到，到了聚会场合，他的言谈举止，活像个傻瓜似的，我怎么帮他矫正呢？再有，和别人交往，他总是麻烦不断，我不想袖手旁观，这如何是好呢？我尝试指出他的缺点和错误，而他经常生气，反唇相讥，甚至不搭理我。这时候，我倒像个不知好歹的傻瓜了！"

这类问题的答案是：除非男人请求，否则女人不可以给予批评或建议。在如何改造男人的技巧上，女人要给予应有的重视，不要从自己的心态和习惯出发，而要多了解男人的心理，尽可能以爱接纳对方，这才是男人渴望的结果。男人不需要生硬的说教，拙劣的改造。只有感受到她的爱，她的认可和接受，他才乐于斟酌、接纳她的想法和做法。他发现她对他不满意，还准备"动刀子"实施"整形"，就会感到愤慨，将她的批评或建议一脚踹开！即便男人需要改造，女人也要酿造恰当的氛围，搭建适宜的环境，让他在心理上有安全感。

女人要信任男人，相信他的能力和潜力。男人每天都在成长，都在进步与成熟。只要改造方式得当，她可以在他身上，实现梦想中的结果！至少，她会越发了解男人，配合他的需要，和他"琴瑟相和"。

我再强调一遍：不要小看批评和建议的技巧。这实际上是一门艺术。它应当融入女人的爱和创造性。下面列出的 4 种方法，可供参考和实践：

1. 女人可能不喜欢男人的穿着打扮。她不必当场指出，因为那是在公共场合，这会让他感到别扭和尴尬。于是，她要等待像样的时机。男人正在穿衣时，她似乎不经意地说：“这件衬衫好像不大适合你。你今晚外出赴宴，还是穿别的衬衫更好。”他接受她的提醒，当然皆大欢喜了。要是她发现他面露愠色，就要尊重他敏感的反应，并向他表示歉意：“我很抱歉，我不是教你怎样穿戴。我知道，你有你的审美观。”

2. 假如他总是过于敏感（不少男人就是如此），让女人的方案逐个归于“流产”，她就必须另寻机会，和他探讨穿衣打扮这件事。她可以这样说：“你是否还记得，你穿过那件蓝衬衫，还配上那条绿色裤子？我不喜欢这样的搭配。我想，那条灰色裤子更适合你。”

3. 她可以直截了当地提出：“过几天，你能陪我外出购物吗？我想为你挑一身西服。”假如他回答“不”，她就可以确信：她的男人，无须过多的母亲般的调教和帮助。当然，要是他欣然同意前往，她就可以以她独到而犀利的眼光，为他挑选合适的衣服。在此期间，她不必画蛇添足地说教，因为他毕竟是个敏感的家伙。

4. 她可以对他说：“我想同你谈一件事，只是不知如何开口。我不想让你生气，但我的确想说出来。站在我的立场上，我要怎样说，你才更愿意接受呢？”她的话，可使他做好心理准备，承受即将到来的“打击”。后来，他满意地发觉：他的问题其实不算严重，而且在她的心里，他始终是个好男人。

我们再看一个例子。男人的就餐习惯让人不敢恭维时，女人可以私下里（你的眼神里，不可流露出任何批评或否定）说：“我建议你使用银质餐具。”或者，“你还是用自己的杯子喝酒吧！”不过，当着别人的面，她最好什么也别说，也别做任何提醒和暗示。直到和他单独相处时，她才可以委婉地告诉他：“和孩子一起吃饭，你可不可以使用餐具呢？”或者，“你拿手指抓东西吃，我真是不喜欢。我对类似的细节非常在意。我看，你还是使用那些漂亮的餐具吧！”

倘若男人的表现让女人尴尬，那就等待时机，别人不在场时，

再同他交流。不要当众指责他，告诉他应当怎样做。不要不留情面地指出他的过错，她应当私下奉劝他，直接、爽利地说出心里话。她可以说：“在上次的聚会上，你的嗓门儿可真大呀，听得我提心吊胆的！亲爱的，答应我，从今往后，在类似的场合，要是我站在你的旁边，你就将声音降几个分贝，好不好？”如果男人不买女人的账，拒绝接受她的意见，不妨向他表示歉意，说她不该这样批评他。她的态度温和而谦恭，可以迅速化解他易怒的情绪。

让不听话的男人变得听话，其实是一门学问（在本书第九章和第十二章，我将更为深入地交代这一点。在下一章里，我会进一步阐述交流时机的选择）。

☆　他真的需要帮助吗

女人试图安慰男人，或帮他解决问题，若是方式或时机不当，他就可能有窒息之感。他会感觉她对他缺少信任，疑心自己将为她牢牢控制。他认为她把他当成孩子，而不是一个男人。他尤其害怕她对他实施改造！

这并不意味着男人不需要爱和安慰。毫无疑问，女人爱着她的男人，所以，她才想分担他的苦恼，做他的“贤内助”，而男人也需要她的爱、支持和帮助，但是，除非他发出请求。在大多数男人身上，都存在不同程度的“大男子主义”，它与生俱来；它使男人在“强者”与“弱者”的评价之间，定然毫不犹豫地选择前者（尤其是在心爱的女人面前）。他不是硬充好汉，而是强烈的自尊使然。正因如此，她不能盲目地提出意见和建议。即便教育和改造男人，她采取的方式，也要迂回而委婉，具有技巧性和创造性。男人固然需要她的爱和支持，然而，她不可随意比照自我感受，自以为是地帮助对方。她要站在他的角度，设身处地地为他考虑。只有在不伤害他的前提下，她的努力才能收到成效。在男人直接请求帮助的情况下，她的付出才能有所回报。

通常，男人只有在意外碰到阻力，迫不得已时，他才会寻求建议或帮助。要是女人事事插手，时时干预，在男人面前，永远自告奋勇，就可能让他垂头丧气。他会怀疑起他的力量和才能。在她强大的压力下，他要么变得懒惰，要么没有安全感可言。即使需要建议，渴求帮助，他也尽量保持脸面，而不希望她自作主张，未经请求，就伸出援助之手。

总体说来，男人着眼于独立地解决问题。需要帮助，他自会提出请求。在男人看来，只有这样，他才不至于丧失力量、能力和尊严。不理解这一点，只是一意孤行，她的古道热肠，就会被视为莫大的冒犯。

复活节到了，男人正在切火鸡。他的伴侣不时地提供建议，告诉他应当怎样切，从哪个部位下手。想想看，男人会有怎样的感觉呢？显而易见，他觉得女人对他缺乏信任，于是愤愤不平，拒绝女人的建议，坚持按他的方式“手起刀落”，将火鸡切割成块。从另一方面说，假如男人告诉女人，她应该怎样切火鸡，女人的心里就很温暖。她觉得男人爱她，关心她，因为在切火鸡这样的小事上，他都是那样体贴入微，心细如发！

有时候，女人可能建议丈夫遵从专家建议，接受一切“经验之谈”，避免少走弯路。女人的建议本身，当然没什么不好，却惹得男人心头火起，为什么呢？譬如，一位女士曾问我：为什么丈夫对她如此生气？她向我解释说，有一天晚上，在和丈夫“燕好”之前，她提醒丈夫：是否复习了我讲授的“性爱秘密”课程笔记？——上帝啊，她真是冒失！她没有意识到，对男人做这样的提醒，是何等彻头彻尾的冒犯！尽管男人也很重视那些笔记（包括磁带），可他用不着妻子告诉他怎样做。作为男人，他当然渴望刚柔并济，给卧室里的女人带来最大的满足，所以他私下里，不知把课程复习了多少遍！但是，他终归不需要妻子多此一举的提醒。他需要的是理解和信任，是妻子将他当成真正的男子汉——恰恰是在此处，女人的爱，才会焕发出最大的光彩！

男人需要信任，女人需要关心。和男人所不同的是，女人听到男人说“亲爱的，发生了什么事”时，男人的关心和体贴，永远令她欣慰和满足。而女人以同样的方式回敬男人，男人却不见得领情。他觉得尊严受到了冒犯，心理产生抵触和反感。他认为，对方对他放心不下，怀疑他处理问题的能力，乃至把他当成“惹祸精”。

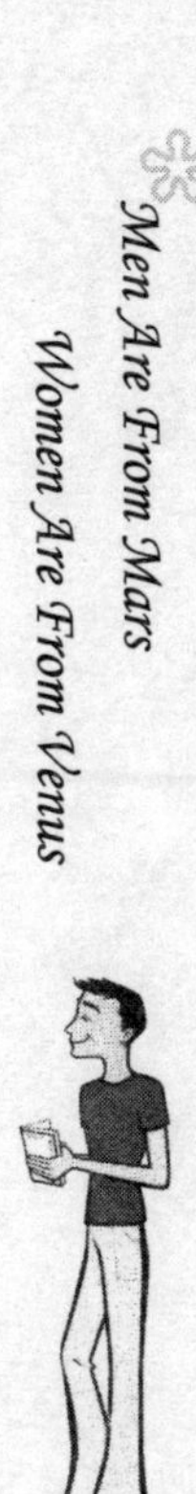

尽管她是在体谅他的难处，但他可能理解成同情和怜悯。

有时，男人真的搞不清“体谅”和“怜悯”的区别。他只知道，他痛恨女人无缘由的怜悯！君不见，女人真诚地对她的男人说：“我很抱歉！我好像伤害了你。”他却可能狞笑着回答：“这没什么大不了的！”接下来呢，他却不由分说，背过身去，坚决拒绝她真诚的帮助。相反，女人却喜欢男人对她说：“真抱歉，我好像伤害了你。”女人觉得，男人是在关心自己，她听了心情舒畅。在此我不妨总结一句：男人要展示他对女人的关心，而女人要表达她对男人的信任。

> 男人无力辨别“体谅”和“怜悯”。他只知道，他痛恨女人无缘由地同情他，怜悯他！

☆ 太多的关心让人窒息

我和邦妮结婚不久，就要离开家乡，到外地主持“情感关系周末研讨会”。动身前一天晚上，她问我准备何时启程，又问我的飞机何时起飞。接着，她在脑子里进行了一番盘算，胸有成竹地警告我：我没有留出足够多的时间，不能及时坐上飞机。她认为是在关心我，而我感觉到的，却是自尊受到了冒犯！我在世界各地授课，迄今为止，我乘坐飞机，飞行了整整 14 年。我从来没有错过航班，哪里用得着别人提醒？

次日早晨，在我出发之前，妻子不厌其烦，又问了我一大堆问题，诸如“你带上机票了吗？”、“钱包在身上吗？”、“你的钱够用吗？”、“你的袜子够吗？”、“你知道在哪里转机吗？”。她觉得这是爱我的表示，而我却认为她对我缺乏信任，这也不放心，那也不放心，我因此感到恼火。我对妻子做出暗示，我感激她的爱，但我不希望她以这样的方式，婆婆妈妈地指点我。

我和她深入交流，告诉她不该像凡事操心的母亲那样，为我提供过于细微而烦琐的照顾和保护。我渴望的爱，与她的信任离不开。所以，即使错过了飞机，她也不要对我说：“我都跟你说过了，你不该……”，诸如此类的话。她要相信，我可以从教训中总结经验，做出调整。假如我脑子发昏，忘记带牙刷或剃须刀什么的，那就让我自行解决好了，她也不必在电话里，对我絮叨起这件事。她应该知道，她渴望的爱的方式，不见得为我所接受。只有这样，她才能更好地支持我，帮助我。

☆　一个成功的“案例”

有一次，我到瑞典讲授“情感关系”课程。在旅途中，我从纽约打电话到加利福尼亚。我对妻子邦妮说，我把护照忘在家里了。说实话，她当时的表现棒极了，真是可圈可点！她的言语间充满了爱意。她丝毫没有责怪我的意思，也没有批评我粗心大意。她只是微笑着说：“啊，上帝！你真是个冒险家！打算怎么办呢？”

我让她把护照寄到瑞典领事馆，这样问题就可以解决。她按照我的要求做了，我的旅行相当顺利。说句老实话，我承认自己有时是个冒失鬼，不过，她没有对我说三道四，而是时时为我而骄傲，因为她越来越信任我，认为我总能摆脱困境，化险为夷。

做出小小的改变

过去，孩子请求我的帮助时，我每每脱口而出：“没问题！”这是我习惯的表达方式。终于有一天，我的继女朱丽叶问：“真奇怪，您为什么老是说‘没问题’呢？”一时间，我不知如何回答才好。过了一段时间，我慢慢地意识到，这是火星人根深蒂固的习惯性回答。我认识到这一点，于是改变了说法。我开始尝试说：“我很乐意做这件事！”这既能表达我真实的想法，又能使我的金星人女儿感受到更多的爱。

从上面的例子中，我们可以发现改善情感关系的一个秘密：在必要的时候，不妨做出小小的改变，却不必牺牲你的本来面目！这对于火星人和金星人而言，绝对是加深感情的“诀窍”。通常说来，你小心地捍卫着一向的需求和习惯，但在特定的情况下，不妨做出

某些“微调”，以满足伴侣的愿望。比如，只要创造或改变某些日常措辞，就可以使两个人感情更深厚，更巩固。

之所以“微调”，而不是大幅度调整，是因前者顺应你的本性，而后者却可能使你远离自我，“过犹不及”，显然远非上策。正因如此，男人打算“告别”女人，进入“洞穴”时，不妨给对方以必要的安慰和保证，减少女人的担忧和不安，而他也不致改变本性和需求。男人不理解自己和女人的差别，就永远无法懂得：为什么你突如其来的沉默，竟使她那样心烦意乱，那样忐忑不安？言简意赅地给她以宽慰，就可使局面改观，何乐而不为呢？

从另一方面说，女人因为男人独处而烦恼，他于心不忍，只好放弃进入“洞穴”，以此取悦她。这样做不可取，原因是他违背本性，可能变得烦躁、易怒，态度消极，敏感有加，凡事与她大唱反调！这只能使他们的关系开始恶化。而且，仿佛要使问题更为复杂，他甚至不明白，自己为何大乱章法，难以自控，一扫往日的君子之风？

当女人因男人进入“洞穴”而懊恼时，他不必放弃计划，只需做出小小的改变，就可使事态缓和。换句话说，他用不着排斥真实的需求，抗拒自己的本能。

怎样支持你的金星人

我在前面交待过，男人渴望独处，或变得沉默，其实是在暗示：“我需要时间考虑问题。请不要同我过多谈话，我很快就会‘返回’！”不过，男人不知道，女人极易误解他的意图。女人把他的话错误地听成：“我不再爱你了！我无法忍受你的唠叨和繁琐。我马上就要离开，也决不再回来了！”有鉴于此，男人必须传达正确的信息，消除女人的误解。他最好言之凿凿地告诉女人：“我会回来的！”这是得体而神奇的提醒，它措辞简短，却意义重大。

男人即将独处或“逃避”时，女人通常都很在意。这时候，你只要清晰而明确地说：“我需要一段时间，好好地考虑这件事。我很快就会回来的！”或者，“我需要一点儿时间，静静地独处。不过，我会回来的！”

这一句“我会回来的！”有着积极的意义，它可以带来奇迹。它是宽慰，是保证，使女人感激不尽。要是男人意识到，它对女人多么重要，就一定会把它说出来！

设想一下：一个女人在幼年和少年时期，可能有过不幸的情感经历。譬如说，她的生父对她态度冷漠，一向不管不问。她大有被抛弃的感觉。在她早年的记忆里，父亲对母亲也很恶劣，母女二人可谓同病相怜。男人的硬心肠，让她不寒而栗，几乎到了“风声鹤唳，草木皆兵”的程度。她情不自禁地做出假设或推测，想象被男人抛弃的情景。她对对方的沉默或独处相当敏感，也完全在情理之中。她最需要的，就是男人适时的安慰，必要的关心。同样，男人想与“洞穴”为伴，也是为了寻求心灵的安慰。

> 女人需要安慰和关心，她不应因此而受指责，正如男人进入“洞穴”，也无须因此而挨批评。

假如在女人的记忆里，未曾感受男人的伤害；假如女人懂得，男人突然渴望“逃避”，只是出于本能的需要——如此一来，她就会如释重负，也无须男人过多地宽慰，一再地保证。

我记得，在一次研讨会上，我谈到这一话题时，一位女士对我说，她对丈夫的沉默很是敏感。“可是，孩提时代的我，从未有过被抛弃、被排斥的经历。我的意思是，父亲对我态度很好，对母亲似乎也不错。即使是在他们离婚时，也没发生过任何争吵，仍然心气平和，态度友好。难道这不是理想的情感关系吗？”

她微笑地讲述了这一切，接着，她开始哭泣了。她意识到，她其实一直在逃避真相、哄骗自己。她意识到，父亲从未真正地爱过她，爱过她的母亲。在感情上，父亲遗弃了她们，将她们拒之门外。父亲和母亲和平分手，掩盖不住母亲内心的痛苦。就像她的母亲一样，这位女士始终回避真实的感受。

在这个离婚现象越来越普遍的时代里，情感纽带弱不禁风，随

时都会断成两截。所以，男人能及时地给伴侣以安慰和保证，就显得尤为重要了。我前面说过，在关心爱人的方式和技巧上，做出微小的调整，就会带来理想的结果，女人也同样需要如此！

别让男人怀疑你的态度

女人消极的态度，容易让男人产生错觉，怀疑她是在抱怨他，责备他，把他贬损得一钱不值。尤其是在她情绪化、大吐苦水时，他极少想到，他和她大为不同。他无法理解女人渴望倾诉的本能。

他误以为你是将矛头指向他，指责他没有承担起男人的职责。其实，他完全没有想过：金星人乐于同火星人讲心里话，如此而已！当着爱人的面，将消极情绪表达出来，金星人心里就会舒服很多。

当然，女人也要了解女人和男人的差异，选择恰当的时机和方式，倾诉她的真情实感，而不必让她看上去，完全是在怨天尤人。她要让男人明白：她没有怨恨或者责怪对方之意，让他打消不必要的疑虑。譬如说，她滔滔不绝地倾诉了几分钟，就不妨稍作停顿，对她的男人说，他肯听她说心里话，她有多么感激！

女人可以做类似下面的陈述：

◎“说真的，能和你谈谈这件事，我觉得很高兴！”
◎“把这件事说出来，我感到很舒服！”
◎“你耐心地听我说话，我觉得非常好！”
◎“我说出了心里的不满，现在舒服多了！”
◎“我感觉好多了，亲爱的，谢谢你！”

类似的措辞，可使女人和男人沟通更为顺畅。

另外，女人表达抱怨和不满时，可以不失时机，感谢男人为她所做的一切，赞赏他的丰功伟绩。她要向男人暗示：对方给她带来无尽的快乐，让她拥有满足的感觉——这会使男人鼓舞和振奋。比如，女人原本抱怨工作多么辛苦，突然，她口气一转，说他不管工作多忙，总能按时回家，这是多么好、多值得称道的举动！又如，女人抱怨房子的缺陷，却不失时机，高度评价他的表现——她感激他刚刚修好了院落的围栏。她抱怨收入低廉，就可以顺便说起：他工作得那样辛苦卖力，她是多么感激！她抱怨做母亲的不易，同时可以暗示：有了男人的帮助，她才顺利地渡过难关，诸如此类。

☆ 情感之责：你一半，我一半

良好的交流，需要彼此理解，共同参与。男人应当记住：抱怨，不意味着指责。抱怨归抱怨。女人的最终目的，只是为“骨鲠在喉，一吐为快”。女人也要让男人意识到，虽然她牢骚满腹，怨辞连篇，但始终深爱着她的男人。

我还可以举出例子——本书写到此处，我的妻子走进房间，劈头就问：“你这一章写完了没有？”我回答说：“就快写完了！你今天过得怎样？”

邦妮说：“别提了，事情一大堆！你好像也忙得要命！我们到底几时有机会，好好地相处呀？”换成在过去，她的抱怨，一定会让我产生抵触。我必然会提醒她：“我们不是一直呆在一起吗？”我也可能对她说：“按时完成创作任务，对我多么重要，你应该清楚才对！截稿日期就快到了，别再给我添乱了！”——如果真是这样，只可能带来紧张气氛！

而眼下的我，早就知道彼此的差异，各自的需求。我心里很清楚，妻子是在寻求安慰，渴望温情。她需要我的关心和理解，而不是辩解和反驳。所以，我温柔地说：“你说得对，我们的确是太忙了！亲爱的，到我这里来！坐到我的腿上，让我抱抱你！”

“你真好，”妻子说，“你让我感觉好多了！”她的感激，正是我渴望的，我受到鼓励，再次紧紧地拥抱她。妻子抱怨白天的忙碌，诉说自己何等疲劳。几分钟后，她就不再说什么了，接着，我对她说：“过一会儿，我去把保姆送回去，这样，你就可以在晚饭前，好好休息一下了！”

她说：“真的吗？谢谢你，亲爱的，真是太好了！”她又一次表示感激，让我也感到得意，觉得自己是名合格的伴侣。虽然此时身心疲倦，我还是愿意为妻子尽些力量。

有时，女人会忽略给男人的感激。她以为男人心知肚明，不说也罢。她也可能认为，男人洞察她的感受和需要，甘愿当她的倾听者，而且在倾听过程中，他不会有任何怨言。实际上，女人忽略了一个显著的事实：她越是倾吐，越是抱怨，男人就越是坐立不安。他需要她的暗示和提醒，也就是说，男人无法离开她的爱的表达，她的重视和感激，这可以减少他的心理压力。

相反，她的滔天的倾诉，将使他垂头丧气，不自觉地和个人能力联系在一起——他不想她认为他没本事，不能带给她足够的快乐。她流露出感激之意，就可以让男人发觉：只要他耐心地倾听，就是在帮助她！

女人不需要压抑、改变真实的感受，或故意自我“牺牲”，以讨好男人。不过，即便她想“一吐为快”，也要找到恰当的方式，不要给他造成错觉，以为她是在以“春秋笔法”，婉转地对他实施“人身攻击”。不要忘记：做出小小的改变，就可以产生不同的结果！使用几种神奇的表白，就会消除男人的戒备心。

☆ 一句神奇的话

“这不是你的错!”——当着男人的面，只要暗示这一结论，他就不会受到伤害。不要小看这句话的威力！换句话说，在倾诉内心的感受时，不妨随时停顿，以体贴的、理解性的表白，给男人以支持和激励，例如：“我感激你的倾听。假如你感觉我的抱怨似乎是在批评你，那也绝不是我的本意。你应该明白，这不是你的错!”

女人应当观察倾听者的反应，防止自己情绪过激，言辞过甚。否则，男人就会把自己想象成失败者，情绪消沉而低落。

就在几天前，我的姐姐打来电话。她对我说起面临的麻烦。在倾听过程中，我不断提醒自己：没必要给她任何建议。惟有倾听本身，才是最大的安慰。姐姐只需要有人倾听！在 10 分钟通话时间里，我一边听姐姐埋怨，一边不时发出“喔”、“唔”、“嗯”、“啊”之类的声音，或者是，“真的吗?”“的确如此!”“我理解你的心情!”她如释重负地对我说：“谢谢你，约翰！我现在觉得好多了!”

你看，在电话里听姐姐发牢骚，是如此容易的事，双方皆大欢喜。我知道，她不是对我发牢骚。她抱怨的对象，是别的人、别的事。我尽己所能，给了姐姐必要的支持和配合！话又说回来，假如我觉得姐姐的抱怨是冲我而来，那我无论如何也高兴不起来，要做个好听众可就难了！倾听她的“数落”，也将变得步履维艰。但姐姐的感谢，给了我更大的动力，使我乐于竖起耳朵，成为理想的倾听者！

☆ 别让男人误会你

女人要让男人确信：“这不是你的错，我不是在责备你！”其话语之间，就不可流露出“错误完全在你”的意味。假设她对他感到不满，想通过对话，好好地“调教”一番，就不能心直口快，不加掩饰，直抒胸臆！我的建议是：一开始，同别的好友谈谈心里话，先让自己消消气再说！等待时机，攒一些精力，多一些爱意，再和男人交谈，就能够心平气和，态度客观而公正。我主张女人先同别人交流的原因是，如果对方不是她抱怨的对象，他们就更可能保持冷静，为她提供精神支持。在此之后，她会变得更为宽容，富有爱心。她的心境既已大为好转，更容易实现和伴侣的沟通（在第十一章里，我将谈谈金星人，如何当着伴侣的面，发泄她的抱怨和不满）。

☆ 怎样倾听最安全

女人随心所欲，大发牢骚，就会对男人造成伤害。他觉得她心存怨恨，拿他“开涮”，仿佛一切问题，皆由他而起，这就可能使他们的关系徒然紧张，而且迅速恶化！所谓的沟通和交流，也就无从谈起。

设想女人这样抱怨：“我们每天的事情，只是工作，工作，工作！一点儿快乐也没有！我不明白，你脑子里为什么只有工作？我尤其不能理解，你为什么天天板着面孔，神情严肃？”

女人的这番话，可能让男人大为恼火。他认为，她只知道抱怨，根本不理解他的苦衷！在大多数情况下，他会不留情面，劈头

盖脸地予以反击，指责对方不讲道理，危言耸听！

但是，我建议男人应尽可能保持平静，对女人说：“你觉得我太严肃，并且只想着工作，我听了真不舒服。你的意思是不是，我们的快乐比以前少得多，完全是我一个人的过错？”

或者说，“你认为我太严肃，脑子里只有工作，所以，我们才没有任何快乐？你的话让我伤心！你真的认为，这全是我的过错吗？”

在语气上，他还应给她个台阶下，以改善沟通效果：“我们整天忙于工作，你认为这都是我的错，我说得对吗？”

或者说，“你说我们毫无快乐，而且我太严肃，你想说，这都是我的问题，你是这个意思吗？”

这体现出他对对方的尊重，不至于让她下不了台。女人听了这些话，就可能调整思路，放弃一切可能的批评或指责，比如，接下去，她可能回答：“不，我不是说，这是你的错。我只是想让你懂得……”这时，男人就会舒服许多。

另一个最有效的做法，就是记住：女人有权利生气和发火，将胸中郁结的块垒悉数化解，这可让她感觉好得多。更何况，这不正是男人的愿望和责任所在吗？既然如此，何不让她尽情倾吐想法和心声？男人意识到她有这样的需要，在感觉上，她就会更加轻松和释然，不至于对她的抱怨耿耿于怀，以为字里行间，无不是冲他而来。他转而专注地倾听，态度让她充满感激。即使她的确是在责备他，也会“点到为止”，见好就收。

☆ 倾听的艺术

只要男人学会倾听，理解女人的感受和需求，沟通和交流的过程，就不再如履薄冰，而是水到渠成！如同其他艺术类型一样，“倾听”这门艺术，也要经常练习和实践。以我本人为例，每天下班回家，我都会拥抱邦妮，询问她当天的经历和感受，以此训练倾听技巧。

假如心情糟糕，工作压力大，她就可能没好气。而我必须正视这一切，尽量为她着想。即使她抱怨的是我本人，我也会控制情绪，决不轻易发火。对我来说，最大的挑战之一，就是能站在妻子的立场上，体会她的心情，从她的感受出发，将问题里里外外弄清楚，搞明白。我不能容许自己误解她的本意，想当然地展开想象，以为自己必然是她怨恨的对象。为此，我提醒自己：我和妻子说的是不同的语言。我也不断地询问妻子：她究竟发生了哪些事？为何情绪消沉，闷闷不乐？我发现，她常常因其他事情困扰和烦恼。这就是说，我未必是所有问题的“罪魁祸首”。我无须为她的感觉始终如一地负责。就这样，我训练了一段时间以后，她开始感激我的倾听。即使对于她的“不幸”，我难逃其咎，她也不会穷追猛打，大肆批驳。相反，她的言语之间，始终“爱”字当头！

倾听，是沟通感情的重要手段，有时候，男人却需要放弃倾听。为什么这样说？因为他可能太过敏感，或身心正在承受某种压力。此时，他就会失去常态，不可能精确地“翻译”出女人的语言，无法理解她的本意和心情，甚至常常造成曲解和误解。此时此刻，男人就不该担当女人的听众。他不妨态度温和地说：“对不起，现在，不是我听你说话的最佳时间。我们以后再谈，好不好？”

有时候，只有女人开口讲话时，男人才会感觉到：他的心情，他的状态，无法保证他成为合格的、理想的倾听者！他耐着性子，想坚持下去，结果却越来越糟，他本人也越来越烦恼，简直是心浮气躁！这对于他和伴侣都没有好处。为避免事态弱化，他应该得体地告诉女人：“我确实想听你把话说完。不过，恐怕我无法做到这一点。我想我需要时间，让自己静一静，想一想你提到的事情。”

以我和邦妮为例，我们的沟通和交流，之所以一贯顺畅，在于尊重彼此的差异，理解对方的需要，这使我们的婚姻更加巩固。我曾亲眼目睹，千百万情感中人，都以尊重“男女的不同”为前提，实现了最好的沟通和交流，由此获得甜蜜的爱情，美满的婚姻。

因此，假如你和伴侣产生误解，发生冲突，就一定要提醒自己：你们所说的，乃是不同的语言！你必须花上一段时间，准确地“译出”对方的语言和心声。毫无疑问，你要大量地练习，反复地实践，因为这毕竟是物有所值的事情！

第6章

Men Are From Mars

Women Are From Venus

男人就像橡皮筋

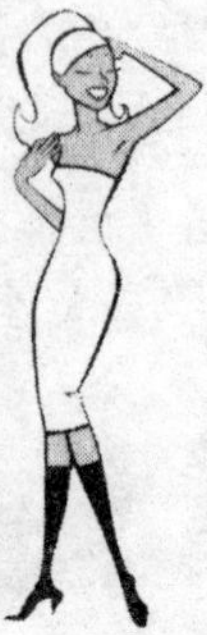

男人就像橡皮筋。将橡皮筋延长，只要没超过弹性限度，一松手，立刻就会反弹回来——对于理解男人的“亲密周期”，这是个完美的比喻。男人“亲密周期”的过程是：亲密—疏远—亲密。

女人常常惊奇地发觉，即便男人深爱她，也会周期性地选择“逃避”。在此之后，他才对女人更为亲近。这是男人的本能使然。他不时产生逃避的冲动，不是一种决定，不是蓄谋已久的抉择。它只是偶然发生的“情感事件”。男人的逃避，不是他的错，也不是女人的错！它从属于一种天然的循环或周期。

> 即便男人深爱女人，也会周期性地选择“逃避”。在此之后，他才对女人更为亲近。

男人的疏远和逃避，经常让女人产生误解。对于女人而言，有了逃避之念，通常缘于下列情形：她不信任男人，觉得男人不了解她的感受；她受到男人的伤害，害怕再次受到伤害；男人做了错事，她极度失望。

毋庸置疑，男人也可能因同样的原因而疏远女人，但问题在于：即使女人表现正常，无懈可击，他也可能企图逃避。典型而常见的情形是：起初他对她爱意绵绵，对她信任有加。忽然间，男人显得烦躁不安，六神无主。他开始疏远她——此时，橡皮筋正在拉长！他不愿与她聊天，甚至不理不睬。一段时间以后，他才恢复常态，再次对她亲热起来——此时，橡皮筋自动反弹回来了！

男人之所以逃避，是要满足“独处”和“反省”的需要。如同橡皮筋一样，先是彻底地延伸出去，眨眼之间，就会猛然反弹回来，同样，一段时间的逃避之后，男人就会强烈地渴望爱，留恋亲密的感觉！他的内心深处会产生更大的激情和冲动；他要给他的女人更多的爱。他要再次得到梦寐以求的爱。此时，他对女人更为亲密，没有任何生疏的感觉，也无须由疏远到亲近、重新熟悉的“过渡期”。

女人应当了解男人什么

了解男性的“亲密周期”，能使两个人感情更深厚，更巩固。不过，这种周期也可能被女人误解，产生不必要的困扰。不妨看一个例子——

玛丽女士焦虑、苦恼、生气。她和男友杰夫约会了6个月，一切那样顺利、浪漫而美好，没有任何迹象显示，杰夫的态度会突然改变。然而，有一天，玛丽发觉，不知为什么，杰夫在感情上变得疏远起来，像换了一个人，恨不能离开她似的！玛丽对我说：“1分钟前，他对我还那样痴情，1分钟后，他甚至连话都不想对我说！我想尽了办法，试图让他回心转意，却使情况更糟。他看上去那样陌生，我不清楚，我究竟做错了什么？难道我变得可怕了么？我是妖魔鬼怪吗？不然的话，他怎么无缘无故地疏远我呢？”

玛丽觉得，一定是她自己出了问题，才使得杰夫越来越冷淡，越来越疏远。女人很容易产生类似的心理，以为自己表现不佳，才导致不利局面的出现，并由此自责，玛丽就是如此。她想让杰夫恢复“原状”，让爱情继续开花、结果，可她越是接近杰夫，杰夫就越是疏远她。

参加了我主持的研讨会后，玛丽才恍然大悟，明白了事情的真相。她的心情开始变得轻松和舒畅，她的焦虑和迷惑顷刻间烟消云散。她不再将责任归咎于自己，因为她意识到，杰夫突然的疏远，不是她的错，而是男人的本能和需要，她用不着庸人自扰。就这样，他们的关系，很快就出现了转机。几个月后，在我主持的另一次研讨会上，杰夫向我表示感谢。他告诉我，研讨会让玛丽学到了很多很多！从杰夫口中，我也欣喜地得知：他们已经办理了结婚手续。

由此可知，玛丽后来能够如愿以偿，在于她懂得了一个秘密，一个有关男人的秘密，而这个秘密，却让大多数女人感到陌生。实际上，杰夫渴望逃避，玛丽却不顾一切地阻止，显然违背杰夫的意

愿。就像橡皮筋那样，杰夫需要“延长”足够的距离，才能获得“反弹”的力量。经过从疏远到逃避的过程，杰夫才会再次产生足够的动力，对玛丽变得更为亲密。不过，一直以来，对于这个秘密玛丽完全一无所知。她无法理解杰夫原本好好的，为何眨眼间态度就冷淡起来。她不了解原因，只是拼命让杰夫改变态度，“迷途知返”，却没有任何效果。

☆　男人的“橡皮筋”

道理很简单，男人只有适度地逃避，才有再度亲密的动力——懂得这个事实，对女人至关重要。与此相反，女人时刻要求亲密，如影随形地与男人为伴，不许他离开半步，就使他更急于逃避！其愿望之强烈，就如箭在弦上，蓄势待发！因此，我要奉劝所有女人——你要明事理，识大体，懂得“失去就是得到”，索性给男人机会，让他在逃避或独处期间，再次积聚起爱的力量！

在研讨会上，我用橡皮筋例证了这一点。我的做法是：两只手拉起一条橡皮筋，尽量把它向身体左侧拉长。这条特制的橡皮筋，可以拉长至 12 英寸。换句话说，在拉力的作用下，当长度达到 12 英寸时，就意味着到了弹性极限。这时，我立刻松开左手，橡皮筋随即反弹回来！在此过程中，它具备相当大的弹性和力量！

逃避的男人也是如此！他独处相当长的时间，渴望返回之际，必然带有显著的“弹性”和力量。那是他对于爱的渴望，对于亲密的向往。也就是说，到了“弹性极限”，他整个人的态度，就会大幅度转变。这和逃避时的情形判若天渊！当初，他只想着离开，不管女人如何亲近，他都无动于衷，他根本不会顾及女人的感受。毕竟，他本人早已形同“困兽”。与女人疏远一段时间后，他再次意识到：没有心爱的女人，他恐怕难以活下去！他的脑海里，再次浮现出昔日快乐的时光，美好的景象。他再度集聚起爱的力量，只想即刻返回，而非继续逃避！此时的他渴望爱，也渴望被爱的感觉。原始的欲望和激情，再次苏醒过来。

通常说来，这让绝大多数女人难以理解。在女人的经验里，由逃避而回归，由疏远而亲密，至少需要一段时间的熟悉过程，也就是“过渡期”。否则，对方在情感上由冷而热的骤变，就如“不速之客”的到来，让她措手不及，感觉不适！可是，女人必须知道，在这一点上，男人有其自己的特色。女人要以宽容的态度，接纳男人的回归。她要打消所有的疑虑，信任他的真情。如果将他的爱拒之门外，他就会掉转头去，再次“逃逸”。

男人也要明白，对于自己再次表示亲密，女人不见得马上就能适应。他要有足够的耐心，与对方深入交流。渐渐地，女人也会再度充满爱意，张开双臂，全身心地迎接他的归来！和男人相比，女人的心理适应过程，通常需要更长的时间。他要有充分的心理准备。这样的话，他的亲密的举动，就不至于被迎头浇上冷水——尤其在她因为他的离开，感到受伤的情况下。不了解实情，他就会大为生气：他能迅速找回昔日的感觉，她却寡情薄义，真是岂有此理！他会为此愤愤不平，甚至缺乏耐心，再次产生逃避的冲动！

☆ 男人为何选择逃避

陷入亲密关系的男人，时不时地幻想独处的快乐，自由的美好。他满足了独处和自由的需要，就会不可遏止地向往亲密。男人就在“亲密”和“独处”之间，不停地进行变换！这是男人的本性所致。

还以杰夫和玛丽的情形为例。二人相恋之初，玛丽的爱就是“温柔乡”，让杰夫不胜陶醉——橡皮筋渐渐拉长。他要让爱情之火燃烧得更旺！他和玛丽时刻为伴，他不停地讨好，频繁地取悦，而玛丽同样以爱回馈，这也是玛丽渴望的结果。最终，玛丽完全敞开爱情的心扉，而杰夫也充满柔情蜜意，强烈的幸福感主宰了他的感觉。恰恰在这个时刻，情况发生了变化。

> 男人在“亲密”和“独处”之间，不停地变换！

请想象一下，橡皮筋出现怎样的变化呢？——它达到了弹的性极限，开始变得疲软。它的弹性没有了。它的力量消失了。它的伸缩性能，几乎荡然无存。同样，获得足够的亲密感后，男人也会发

生类似的情形。

带着满足与惬意，他情不自禁地开始反省。他感受到逃避的冲动。他不再因缺少爱而饥渴。他有了新的需求，新的希冀——他怀念独处的感觉，他要拥有一个人的天地，无须别人的陪伴。他抱怨自己太过依赖，他想找回独来独往、天马行空的感受。表面上，这一切，更像男人为逃避觅得的借口，因为他很少说得清楚，突然的冲动和向往之心，究竟从何而来？

☆ 女人为何惊惶不安

杰夫就是如此。他不愿向玛丽解释原因，心里只想着“三十六计，走为上策”。但留给玛丽的，却只有忧虑和恐慌。与此同时，她却不免自责，以为自己做错了什么，杰夫才对她变得疏远。她急于“重修旧好”，回归以前的卿卿我我。她担心杰夫一“去”不返。

然而，玛丽感觉无力让杰夫回到身边，因为她不知道，自己哪里出了问题？玛丽没有意识到，这不过是杰夫“亲密周期”的一部分。她询问乃至质问杰夫：这究竟是为什么？杰夫却含糊其辞，因为他也说不出个所以然。他的心里同样懊恼不堪。他拒绝谈论这个问题，只是逐步地“远离”玛丽，就像被一种奇怪的力量牵引着，让他身不由己！局面似乎更糟了！

☆ 他们为何怀疑爱情

对于“亲密周期”，倘若男人女人都一无所知，所谓的“爱情”，就会让他们产生怀疑。厌倦了与玛丽厮守的日子，杰夫渴望另一种激情，而玛丽毫无察觉。她下意识地做出假定，认为杰夫不在乎自己，甚至可能是见异思迁。杰夫当然是无辜的。既然没有机会逃避，也就难以重现对玛丽的激情。他的表现，让玛丽大失所望！她随即再次“盖棺论定”：杰夫不再爱她了！她是多么懊丧，她把自己当成了“失恋者”。

在我的指导和授意下，玛丽“变得”慷慨而大度，容许杰夫与她保持一定的距离，让他拥有私人的时间和空间（这就仿佛是“欲擒故纵”）。结果，杰夫对玛丽的思念之意、怜爱之情油然再起，虽然几度逃避，但最终产生更大的激情，于是他很快回到玛丽身边。

玛丽先前的恐慌不见了，为积聚起的信任所代替。她不停地练习和实践，确保在杰夫逃避时，决不亦步亦趋地尾随其后！她的心中愈来愈自信，她相信一切都会好起来！她越是信任杰夫，杰夫就越是渴望与她亲近。杰夫的变化也很大，不再为逃避而愧疚，他接受了不可避免的“亲密周期”。他意识到，这是男人正常的心理反应，是正常的情感变化。他也不再怀疑和玛丽的爱情前景。他越来越信守承诺，使玛丽对他给予的爱坚信不移。他们的爱情，最终结出了丰硕的果实。他们成功的秘密，在于懂得一个道理：男人的感情就像是橡皮筋。

女人为何误解男人

从女人的角度来说，了解“男人的感情，就像是橡皮筋”这一道理，似乎更为重要。它可以避免女人对男人的反应产生误解。譬如说，某一天，女人对态度越来越疏远的男人说：“我们谈一谈好吗，你好像有点不对劲儿？”她的语气和姿态，让男人愈发诚惶诚恐，对她更加疏远。这使她格外困惑和惶恐，她不明白：“为什么我越是渴望亲近，敞开心灵，他就越是想溜走呢？”难怪我常听女人抱怨：“每次我想和他谈心，他就一再回避。我觉得，他不把我放在心上！”其实，她的结论往往是错误的。

“橡皮筋理论”可以解释：为什么男人很在乎他的伴侣，可是突然间，他就莫名其妙地冷淡而疏远？女人要了解男人的苦衷——他只是暂时性地逃避——此时，他的愿望和目的，不是想与她交流或者亲近，而是渴望安静地独处。男人天生是“思考型”动物，他时不时地需要自我反省。一旦产生了这种愿望，在或长或短的时间内，他不会想到为任何人的感受负责。在这期间，他完全能照顾好自己，对他人的依赖性降到最低。等他再回到女人身边时，他便会乐于谈话，他的爱，他的激情甚至升至顶峰！

在某种程度上，因和伴侣太过亲近，男人害怕失去自我。与女人朝夕相伴，形影不离，卿卿我我，耳鬓厮磨，在体验到欢乐与幸

福的同时，男人也会惊慌地意识到，他的部分“自我”，就像一缕青烟，袅袅地飞离他的身体。他觉得整个的灵魂，都被对方的问题、需求、渴望、情感团团围裹。而他的“自我”感觉，却差不多消失殆尽。阶段性的逃避，有助于他重新找回自己，满足自由和独处的渴望。

有时候，男人以特有的方式，描述他不得已而为之的“逃避”：“我需要私人的空间。”“我渴望独处，渴望反省。它就是我的需要，我的宿命！”女人要理解男人的想法和心情，他需要在一段时间内，自我照顾和反省。

> 在某种程度上，男人和伴侣太过亲近，由此会失去“自我意识”。

就像女人不会轻率地下达指令，让自己忍饥挨饿一样，男人也不会无事生非地做出决定，让自己离开女人，逃之夭夭。逃避，只是本能的、下意识的冲动，只是在过于亲密的时刻，他惟恐失去自我，会天然地萌生出自由的渴望。逃避，是他所能选择的惟一途径。只要了解了这一点，女人就可正视男人的转变。

☆ 为什么女人越是亲近，男人就越是逃避

让女人难以接受的是，男人的逃避，每每发生在她渴望交谈、想往亲密的时刻。这对女人不啻是当头一棒！出现这种“巧合”，通常有两个原因：

1. 女人不自觉地选择了错误的时间。她没有注意到男人逃避的迹象。她注意到的，只是自己有了倾诉的渴望。所以，她不假思索地说：“让我们好好谈一谈，可以吗?”这使得男人逃避的愿望越发强烈！见此情形，她会毫不犹豫地做出结论：“他居然不想和我谈话！他根本不在乎我！”

2. 女人想说心里话，想和男人更为亲密时，他对爱的感受力、承受力，恰恰陷入低谷。这时候，他随时都会产生逃避的冲动。他能够听见内心深处警铃大作。这是在提醒他马上逃避！换句话说，

恰是在最亲密的时刻，男人不自觉地怀念起昔日的独处和自由。

他留恋独来独往的日子，逃避的愿望占了上风！这时候，女人的一句话，一个举动，都会促使他即刻逃避，毫不犹豫。女人颇为迷惑和自责，不明白究竟。她往往认定是她的问题，才使得男人变得疏远，这当然是她的误解。

男人突然不理不睬，不愿与女人亲近，不想听她倾诉，其实只是暂时的情形。假如是在“亲密周期”另一个阶段，就是在他渴望亲密时，女人的一颦一笑，一言一行，都会让男人欢天喜地，手舞足蹈，正所谓“此一时，彼一时”。由此可见，女人加速男人逃避的原因，不是谈话的内容，而是倾诉的时机。

怎样选择谈话的时机

男人正要逃避，女人却要和他剪烛西窗，“坐而论道”，不等于撞在枪口上吗？须知此时此刻，连交谈都成为他的负担，更不要说与之亲近了！既然如此，就不妨让男人选择逃避，用不了多久，他就会带着更多的爱意，更大的支持，回到她的身边。到时候，他显得若无其事，满脑子只有她的影子。她尽可滔滔不绝地倾诉，酣畅淋漓地与之亲密，这才是最好的结果，最佳的时机。

的确，男人这时愿意听女人交谈，渴望和她亲近。不过，女人却未必愿意开启朱唇，打破沉默。出现这样的情形，通常有如下原因：

1. 她之所以害怕交谈，是她上次本想和男人说话时，他却满脸不耐烦地抽身而退。她误以为他不关心她，不想倾听她的感受，这使她一直心有余悸。

2. 她担心男人还在气头上，所以不敢贸然开口，而是等待他主动说话。她记得，男人上次的态度，让她颇为不满，她当时先发制人，首先做出冷淡之态。如今，他们固然可以和好如初，而她还是指望他主动开口，给她个台阶下，一起回顾往日的变故。只有这样，她才能度过“过渡期”，找到过去亲密的感觉。另外，她也很

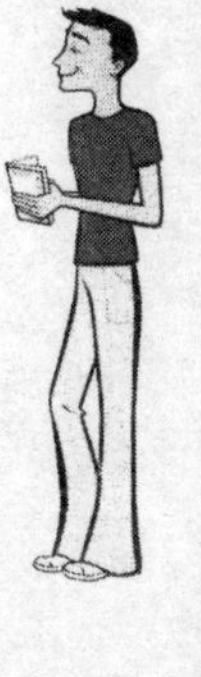

想知道，他日前情绪突变，究竟是什么原因。遗憾的是，在这一点上，男人显然无能为力。情绪突然变得低落，他也不明就里。他不知道，他遭遇的是“亲密周期”的“逃避阶段”。

3. 她有一肚子要说的话，可越是急于说出来，就越是变得保守和含蓄。思忖再三，她不想率先“发难”。仿佛为礼貌起见，她没有一张嘴就大谈自己，而是首先问起对方的想法和感受。结果，她发现男人“无话可说”。她再次痛下结论：“他还是不想和我说话！”

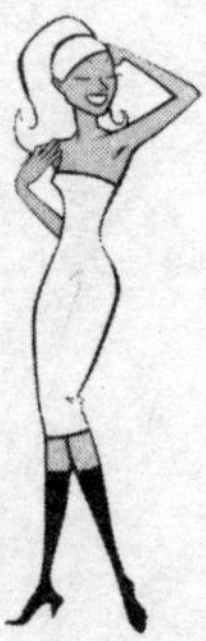

女人动辄误解男人的沉默，留给她自己的，当然是沮丧和懊恼。

怎样让男人开口

毋庸置疑，女人渴望倾诉与亲密时，男人应该予以积极支持和配合。不过，在相当多的情况下，要让男人主动打开话匣子，仿佛比登天还难，因此，女人不妨将主动权抓到自己手里，而不是被动地等待。这可以避免双方陷入尴尬。

需要指出的是，一开始，男人可能惜字如金，要是女人感激他的倾听，他就会大受鼓舞，与她侃侃而谈，甚至一说就是半天。女人很少知道，男人有一个典型特征：谈话要有明确的理由。男人极少像女人那样，而是要有人倾听才愿意谈话。不过，女人有了说话的兴致，男人也会受到感染。他一面倾听她的感受，一面阐述他的见解。

譬如，她讲述白天的事情，他会说起当天的经历，他们彼此也更加理解对方。同样，她谈论起孩子，男人也会以孩子为中心，他们由此获得更亲近的感觉。在倾听的过程中，假若没有感受到她的抱怨和责备，没有产生任何心理压力，他就会放下一切包袱，尽情地说出心里话。

☆ 不要制造“压迫感”

渴望倾吐想法和感受的女人，可以采取这样或那样的方式，鼓励男人开口讲话。然而，一旦她采取的方式不得体，男人就会感受到压力。他的大脑可能一片空白，他会张口结舌，成了“哑炮”。

即便原本有话要说，他也会下意识地抑制住内心的冲动。他仿佛在硬着头皮“奉命行事”。换言之，如果女人以强迫性的态度，下达“讲话”的命令，他就避之惟恐不及！

不经意间，女人的腔调和语气可能流露出质问、讯问的意味，更易使男人产生抗拒、排斥心理，但女人却无所察觉。她一向认为：“既然他是男人，就应当更主动、更大方，打破沉默，与我做倾心之谈！何必吞吞吐吐、支支吾吾、欲说还休？”女人常常忘记：男人来自火星。相对而言，火星人不主张过多谈话。谈话，不是人生的主流，脚踏实地地做事，才是人生的关键——这是火星人的价值观。

但女人想的却是：“除非你愿意和我说心里话，否则就证明你不爱我！”男人呆子似的沉默之态，常让女人不胜恼火。女人的怨恨和反感写在脸上，让男人更加怯于说话，难于开口，羞于交流。男人的初衷是：“不管说与不说，我目前的面目和状态，你都应当接受！”的确，他需要认可和接纳！只有这样，他才能鼓足勇气，坚定信心，与女人尽情交谈。与之相反，女人要是强迫男人开口，或因他的沉默而怨恨，男人就会失落和懊丧，急于逃避。在他看来，女人对他既不接纳，又不认可，更无所谓信任！

假如你是男人，女人希望你开口说话，而你偏偏不幸赶上“逃避期”，那么，即便你不想多说什么，也要学会倾听。对女人而言，这可以带来极大的安慰。假如你是女人，就要不失时机，对男人的倾听表示感激。这会给男人莫大的激励。他会不自觉地从倾听者转变为倾诉者。

☆　怎样实施“谈话工程”

如前所述，假如方式不当，女人越想让男人开口，他就越是抵抗得强烈。尤其当他准备逃避时，让他推心置腹地与她倾心交谈，想必不是个好主意！这简直就是一项艰巨的“工程”！女人可能疑惑地问：“两个人之间缺少对话，就无所谓交流，也谈不上理解，又怎能情投意合、心心相印呢？”这是个不错的问题，其实，只要女人积极一些，主动一些，它就很容易解决。

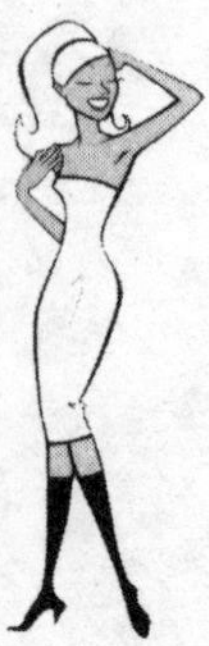

在和男人的交往中，女人想与之深入交谈（大多数女人都是如此），可以首先打破沉默。她要接受一个前提——有时候，男人乐于交谈；有时候，他却选择逃避。

她和他面对面地坐下来，准备像样地谈上一回，这时她要记住：不要提出大量怀疑性的问题，逼迫男人作答，更不要流露出命令的口吻，强使男人说话。她要让男人知道，哪怕他坐在那里，只是眨巴着眼睛，聚精会神地倾听，她也会心存感激。必要的时候，她可以提醒他："你不需要多说什么，做个规矩的倾听者，我就心满意足了！"

譬如，玛丽可以对杰夫说："杰夫，你想听我说话吗？我心里有些不舒服。我想告诉你是怎么回事。我把它说出来，感觉就会好得多！"几分钟后，玛丽突然中断叙述，说："你能听我说话，我真是很感谢你。你是一个出色的听众！对我来说，你的倾听，比金子宝贵一千倍、一万倍！"这种感激让男人振奋，他会以更大的兴趣倾听。

没有感受到女人的鼓励和感激，男人就不会把倾听当一回事。他甚至会觉得，对她而言，他的倾听全无价值，完全是浪费时间，也是浪费他的热情！和男人不同的是，女人大都懂得：倾听的意义何其重大！相反，经由大量的提醒，反复的实践，男人才会明白：倾听的作用和价值，实在是不可低估的。而且，女人感恩的态度，让他更乐于倾听。

当男人选择沉默时

桑德拉和劳瑞结婚20余年。有一天，桑德拉女士动了离婚之念，而劳瑞却希望将婚姻进行到底。桑德拉说："他口口声声，说要一辈子和我在一起。可是他根本不爱我，他对我没感觉。一直以来，我都想和他说说心里话，可他总是很不耐烦，甚至掉头走开。我看到的只是他的冷酷！他是个没心没肺的人！20年来，他隐藏真实的感受，一贯讳莫如深。我无法原谅他，原谅过去的一切。除了分手，我没有别的选择！我不是没做过努力，我甚至疲于奔命！

为了‘撬开’他的嘴巴，同他交流真实的感受，我费尽九牛二虎之力，却事与愿违！我不想继续承受伤害了！我何必活得那样辛苦，那样疲惫呢?”

但是，桑德拉没有意识到，她的婚姻存在不幸，不见得完全是男人的过错。她本人也负有责任，但她却完全归咎于丈夫身上。为和丈夫更好地沟通和交流，她想尽了办法，无奈丈夫我行我素，毫无悔改之意，致使她心灰意冷。想到自己仁至义尽，一味付出而无回报，桑德拉决意分手，远离劳瑞的冷漠和无情。她对我说，20多年的婚姻生活，对她而言完全是个败笔，“罪魁祸首”正是劳瑞!

但是，她的心态和想法最后还是发生了转变。在研讨会上，我分析了男人的特征，阐述了“橡皮筋理论”，她听得流下了眼泪。就在那一刻，她原谅了丈夫。她意识到，他们面临的问题，乃是他们（她和丈夫劳瑞）共有的问题；她的不幸，乃是他们共同的不幸。在所有问题和不幸中，他们均负有不可推卸的责任。从桑德拉的角度说，她甚至更应好好地检讨自己。

正如桑德拉本人所言：“我记得刚结婚那一年，我每天都在说来说去，似乎要把积压多年的想法和感受说尽，一股脑儿地倒空。劳瑞却不肯当我的听众。我一开口，他就有意无意地走开。我一边观察，一边得出结论：‘这个人不可救药了。他对我的爱，在一点一滴地消失!’久而久之，我不再对他抱有希望，对婚姻也开始厌倦。我只想脱离婚姻的‘苦海’。我始终都没有想过，要是选择恰当的时机和方式，他就不至于逃避，而会耐心地听我说话。但我却没有给他这样的机会。为避免受伤害，我甚至一句话也不再多说，两个人愈发形同陌路。那时我一直想不通，为什么男人不能主动一点儿，首先开口说话，打破僵局呢?”

☆ 倾心交谈 vs 唱“独角戏”

通过细致的调查和了解，我发现桑德拉与丈夫谈话时，很像是在唱“独角戏”。她一再地提出问题，煞费苦心地引导丈夫开口，以便深入地、彻底地交谈，将积压的感受倾泻出来！结果劳瑞的反

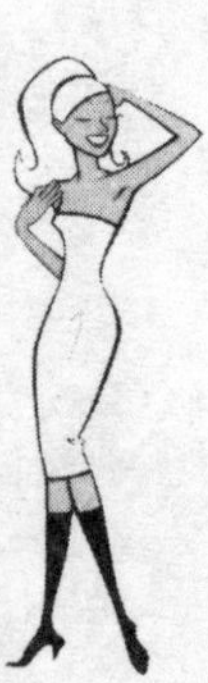

应，让她始料不及，大失所望——他的答话含含糊糊，简短而仓促。桑德拉异常气愤，但她仍耐着性子，不管不顾地兀自倾诉，劳瑞却“不哼不哈”，不置可否。桑德拉忍无可忍，她认为丈夫的心灵上了锁，还扔掉了钥匙呢！她觉得丈夫既不浪漫，也缺乏爱意，他们之间没有共同语言。

这种“独角戏”一样的单向对话，就像下面的情形——

桑德拉：“你今天过得怎样？”

劳瑞：“很好。”

桑德拉：“发生了什么没有？”

劳瑞：“和以前一样。”

桑德拉：“周末你打算做什么？”

劳瑞：“我不知道，你呢？”

桑德拉：“邀请我们的朋友过来做客，你看好吗？”

劳瑞：“我无所谓……你知道电视节目单放哪儿了吗？”

桑德拉（恼火）：“你为什么不同我谈话？”

劳瑞：（不知所措，一言不发。）

桑德拉：“你爱我吗？”

劳瑞：“那还用说！我爱你，才娶你做我妻子的。”

桑德拉：“你怎么可能爱我？我们甚至很少像样地谈过话。我不明白，你怎能光是坐在那里，一句话也不肯多说？我问你，你在乎过我吗？”

这时候，劳瑞忍不住起身，到外面散步去了。他回来时，完全是若无其事的模样。桑德拉也不动声色，不过在内心深处，她对爱的渴望，她对柔情的需求，似乎被慢慢地掏空了。她试图让自己多一点爱，但毫无效果。积怨不可阻挡地蹿升起来；丈夫的“铁石心肠”，让她既惊愕，又愤怒。爱，似乎成了一个谜，一个只能给她带来痛苦的谜！她用了20年的时间，去破解这个让她爱恨交加的谜，结果最终得出结论：劳瑞，她的丈夫，再无任何资格与她在一起！无论如何，她都不该再给他哪怕是点滴的爱！

☆ 彼此支持，胜于强行改变

在研讨会上，桑德拉说：“我用了20年的时间，让劳瑞开口讲话。我让他敞开心灵，展示真实、脆弱的一面。我没有意识到，那样做的结果，就是渐渐地失去他。我只求满足倾诉的需要，却忽视了劳瑞的感受。就在上周末，我以全新的姿态，得体的方式，和他做了深入交流，倾听彼此的感受。那一天，我们互相了解的程度，似乎比20年的总和还要多！我第一次发现，他始终深爱着我！我第一次体验到了被爱的感觉，而这正是我失去已久的东西。我原以为，他必须做出改变，如今我才明白，我们的本性，都没有任何过错。我们欠缺的，就是互相激励，彼此支持。”

过去，桑德拉抱怨劳瑞过于沉默。现在，她终于意识到，劳瑞的沉默只是“亲密周期”的“逃避”的结果。只要正确对待“亲密周期”，婚姻和爱情就不会受到任何影响！在我的指导下，她开始接受训练，开始学习以别的方式倾吐内心的感受，而不再强迫劳瑞改变，集中精神做她的听众。她不再排斥劳瑞的沉默，而是尊重他的选择。

这样一来，劳瑞很快转变为忠诚、出色的倾听者。他学会了倾听的艺术。在倾听的过程中，他也不会自作主张，想当然地为妻子出谋划策，提供建议和意见。事实上，对于女人而言，让男人学会倾听，比让他开口说话更有意义。

如果男人因倾听而受到感激，也会迅速敞开心灵，展示真实的自我（劳瑞就是这样）。当然，有时候，男人可能“惜字如金”。他说着说着就“卡壳”了，接着再度沉默起来，于是女人又一次感到沮丧和困惑。其实，女人大可不必如此惶惑。她应该想到：男人来自火星，女人来自金星，决不应该一视同仁，等量齐观。

男人为何“困兽犹斗”

丽莎和吉姆结婚两年了。他们家里家外，时刻共事，可以说是“如胶似漆”，形影不离。终于有一天，吉姆的状态发生了变化——

他越来越烦躁，越来越消沉，还动不动对丽莎发火，显得十分情绪化，形同“困兽”。

前来咨询的丽莎对我说：“和他在一起，我觉得不再有乐趣了。我想尽一切办法，让他高兴和快乐起来，我的好心全泡汤了！我想和他一道，做有意思的事——外出就餐、购物、旅行、玩游戏、参加聚会、跳舞……但他的反应太叫我失望了。他以各种借口推脱，甚至直截了当地拒绝，让我深受打击！我懒得再和他做任何事了。我们的生活，变得出奇的简单——吃饭、工作、看电视、睡觉。我试图爱他，也想唤醒他当年对我的爱。可忙碌了半天，我总是一无所获，还会惹来一肚子火。我真不知道，过去的那个‘他’，究竟到哪里去了？那时候，他浪漫而可爱，而今天却慵懒不堪，也没有情趣可言！难道，我要一辈子同他这样生活下去吗？我该如何改变现状呢？他好像是破罐子破摔了，看不出一点儿要改变的意思！”

在了解了“亲密周期”，也就是“橡皮筋理论”后，丽莎和吉姆恍然大悟，意识到婚姻危机的原因所在——他们太长久地“腻”在一起，而没有适度地“分离”。

两个人的关系过于亲近，让吉姆觉得难以脱身，一切常见的症状接踵而来：越来越多的抱怨，显而易见的情绪化，莫名其妙地发火，凡事消极的态度，动辄喜欢拌嘴的心态……这一切让吉姆倍感苦恼，不知如何找回昔日的自己。他渴望反思和独处，却将之视为罪过。他不恰当地认为，独处是自私自利的行为。为什么不同妻子时刻相处、同甘共苦呢？一个有妻室的男人，还要单枪匹马、独来独往，算是怎么回事？——想到这些，吉姆格外不安，进退两难。

在接受他们的咨询时，我询问丽莎，为什么时刻想和吉姆在一起？丽莎告诉我，不管做什么，她都不能撇下他，而单独去做自己开心的事。

她说：“那不仅让我有负疚感，而且心存恐惧。我怕吉姆生气，觉得我无情无义，对他不管不顾，却一个人逍遥自在，寻欢作乐。我记得有一天，我一个人外出购物，当时他看上去十分恼火！”

“我也记得那一次，”吉姆说，“不过，我当时情绪不好，绝不是因为你的缘故。我的一笔业务损失了不少，我觉得很懊恼。其实，那天你单独购物，我一点儿也不介意。我宁可你把我留在家里，因为我可以独享整个房间！这让我畅快而自在。当然，我怎么可以把这种感觉告诉你呢？我担心对你说实话，定会伤害你的感情！”

丽莎怔了一下，惊奇地说：“我当时还以为，我一个人出去，没有拽上你，你会心烦意乱呢！我见你那样冷淡，还以为我犯了大错呢！”

☆　他若独处，她则自由

丽莎终于知道，她没必要为吉姆过多操心。在一定的时期内，吉姆处于独处状态，可以让丽莎更为自由，更加独立地做她喜欢的事。吉姆完全能“料理”好自己，而丽莎也可从她闺中密友那里，得到更多的支持和安慰。“我又能和狐朋狗友们在一起了！我们推心置腹地交流，快乐的感觉难以言喻！”丽莎说。

她也意识到，一直以来，她对吉姆要求得太多。她有了不满，有了愤怒，就会发泄到吉姆身上。她把丈夫当成惟一的精神“靠山”，这让吉姆不堪重负，也使丽莎“掐灭”了同其他朋友交流的愿望。丽莎意识到，对于她和吉姆的问题，她负有不可推卸的责任。她坚持同他朝夕相伴，甚至不惜牺牲自己的自由。她还破坏了吉姆的“亲密周期”，使他无法像橡皮筋那样，先是“延伸”出去，接着“反弹”回来，真是一举两“失”。

考虑到过度的依赖，让吉姆喘不过气来，丽莎走出了往日的羁绊，着手重温旧日想做的一切。她和女友们外出就餐，或到远郊游玩。她参加朋友的生日宴会，和朋友一起打保龄球。

☆　唾手可得的奇迹

让丽莎不胜惊奇的是，她和吉姆的关系大为改善，产生了质的飞跃。吉姆越来越关心她，留意她的一举一动。对于妻子的变化，他感到新奇，兴趣大增。几个星期过后，吉姆又恢复了原来的模样——他浪漫而可爱，渴望同丽莎在一起，做各种快乐的事。他安排时间和丽莎约会，又恢复了当年追求丽莎时，他充沛的精力和活

力。他越发珍惜同丽莎共处的时光。

在咨询期间，他说："我的感觉好极了！我觉得，丽莎非常非常爱我！每天回到家里，她一见到我就满脸幸福。当她离开家门时，我就不由自主地想念她。说真的，这一切带给我的感受，只有四个字——妙不可言！如同刚刚恋爱，我喜悦而激动。这是一种久违的感觉！此前我的感觉却很麻木，什么都无法让我提起兴趣。丽莎老让我陪她做各种事，仿佛我是个不懂事的娃娃。她甚至手把手地告诉我做这做那，我能不又羞又恼吗？她还一个劲地向我提出问题，我的耳朵都快塞不下了！"

丽莎说："我也意识到，在很长的时间里，我把不快乐的原因归咎于他，这显然是不公平的。于是，我开始为自己的快乐而负责了！我这样做，竟让吉姆跟着变化，重现了原有的动人的魅力！这简直就是一个奇迹！"

阻碍"亲密周期"

通常说来，女人以两种典型的方式，阻碍男人完成他的"亲密周期"：1. 男人逃避时，女人紧追不舍；2. 女人因男人逃避而实施处罚。

下面的清单，列举出女人"追踪"男人，阻止男人逃避时，发生的最常见的情形。

☆　**女人的"追踪"模式**

1. 身体

男人渴望独处和逃避，女人就亦步亦趋，尾随其后，就像男人的影子。男人进入"洞穴"，女人就会跟进去。丽莎和吉姆就属于这种情况。女人宁可放下手里的一切事情，只为了和男人在一起。

2. 情感

女人常用情感的"锁链"拴牢对方。不管男人做什么，女人都一万个不放心。在女人的眼里，男人就像淘气的、不懂事的孩子，随时都会惹祸和出错。女人将自己想象成心理医生，意在帮助男人摆脱消极感受，成为积极而快乐的人。她也时不时地自责，以为没有履行好妻子的责任，因此心怀歉意，决心做出补偿。她过于关注男人的反应和表现，不放过任何细节，甚至处心积虑地取悦对方。她就像一张大网，紧紧地缠住男人，让男人感到窒息。

另外，女人常常无视男人独处的需要，误以为男人对她的感情正在疏远，所以，她表明自己反对的态度，极力使男人“迷途知返”。

她也会不惜施展“苦肉计”——在男人面前，她一脸哀怨，似乎受伤很深。她的目光里流露出无限渴望，渴望男人的亲昵和爱抚：“亲爱的，你为什么不关心我，不体贴我，不亲近我呢？”女人的一举一动，无不做出这样的暗示。男人被迫无奈，只有放弃逃避的念头。可他的内心并不平衡，觉得自己被牢牢拴住。

3. 思维

女人阻止男人逃避的另一种方式，就是绞尽脑汁，罗织“罪状”，“有预谋”地表达她的委屈，让男人感到内疚和惭愧。比如，“你怎么可以这样待我？”、“你到底是怎么啦，为什么像变了一个人似的？”、“你可知道，你的态度和行为，对我有多么大的伤害？”

为阻止男人逃避，女人也可能想方设法取悦男人，态度殷勤得过分，让男人受之有愧。她的服务那样体贴，那样周到，男人就更加感觉到，他不该图谋逃避，和女人“兵分两路”，实施“单边”行动。而女人也不断地改变自己，竭力符合男人的期待。

与此同时，不知不觉地，女人削足适履地放弃了自我，隐藏起真实的感受。她苦心孤诣，谨慎而精心地“伺候”男人，惟恐有个闪失，让男人怨恨或者懊丧。

女人阻碍男人“亲密周期”的另一方式，就是男人胆敢逃避，她就要实施处罚。这是她对付男人的常见手段。走出“洞穴”、再次归来的男人，极想亲近他的女人。女人却满脸冰霜，敬而远之！她拒绝男人的爱抚，阻止男人的亲近。

☆ 女人惩罚男人的手段

1. 身体

男人渴望和她“燕好”，享受床榻之欢、云雨之乐，而她却坚

辞不受，和对方保持距离。男人不甘心，继续示爱，她大声呵斥，让男人的热情顿时消失得无影无踪。在必要时，她还摔打家里的物件，发泄心中的不满。

遭受惩罚的男人惊恐不已，不寒而栗，哪里还敢“造次”地求欢？男人抑制住满腔激情，乖乖等待女人回心转意。他尽可能打消再次逃避的念头，将独处视为非分之想。就这样，男人天然的“亲密周期”被打乱了，沮丧与愤慨之情，在心中不断积聚。他也逐渐打消了和女人亲密的愿望。此时，假若他鼓足勇气，再次逃避，那么，在很长的时间内，都不会“回到”女人的身边。他害怕离开“洞穴”，不敢面对女人冰冷的表情。由于曾经的忽略和疏远，他难以得到女人的原谅和宽恕。他的心中更加惭愧，认为自己无力让对方快乐。既然不能满足女人，他宁可拒绝亲近，放弃爱情。

2. 情感

据我所知，男人走出“洞穴”后，女人都会闷闷不乐，只想怪罪男人。她不能原谅男人曾经对她的冷落。不管男人做什么，都无法取悦她，让她快乐。男人无力满足她，只好放弃。

男人返回时，不论在声音还是在言语上，她无不流露出不赞同的意思，她以大受伤害的姿态，面对她的男人。

3. 思维

男人从“洞穴”返回时，她有意拒绝讲话，倾诉感受。她从冷淡走向冷酷，怨恨之情激增。她不能原谅男人此前的表现。

与此同时，由于男人的沉默，她的信任也越来越少。她不再相信，男人会一如既往地关心自己。为求得心理平衡，她下意识地惩罚男人，不给他亲近的机会，拒绝他的关心和帮助。“回归”的男人想与她亲热，她却毫不犹豫地将他推离。她的疏远和冷漠，她的不屑一顾，让男人不知所措，仿佛深陷牢笼！

惊惶与懊丧之下，男人宁可压抑本性，不再进入“洞穴”。他不想让女人变本加厉地惩罚他，不再给他丝毫的爱。他因回归“洞穴”而内疚，自忖不配得到、甚至害怕面对女人的爱！他考虑到既已造成伤害，剩下的只有惭愧，哪里还敢接受女人的爱呢？他尤其害怕女人的拒绝，为此，他宁可继续呆在“洞穴”里，索性“眼不见，心不烦”。

他的过去如何影响“亲密周期”

男人逃避的心理可能源自童年记忆。当时，他大概亲眼看到了母亲“扼杀”了父亲独处的需要。另外，他根本不知道：在一定的时间内，男人必须在“隐蔽所”里反省，以便恢复应有的活力。由于无知，他极力压制内心的冲动和渴望。

结果，天长日久，他不知不觉地培养起女性阴柔的特征，逐渐地封存起男性的力量。他变得过分敏感而细腻，温柔而被动，不再像男人应该表现的那样，善于积极而主动地示爱，由此失去男性的“自我”。他只好选择逃避，但此举又让他内疚和惭愧。他也说不清楚：为何自己没了以往的力量和激情，整个人变得消极、保守、依赖？

他不想失去女人的爱，他渐渐地害怕独处，对“洞穴”开始生畏。孩童时期，他目睹过母亲拒绝父亲的情形。他本人也被人拒绝过，所有这些，他每次想起，就心有余悸！

遗憾的是，多数男人不知道，他们需要逃避！即便重新回归女人的身边，他们也不知道，究竟如何亲近？作为男人，你是否有这样的感受呢？你可能颇为“男子气”，一旦想独处的话，不会有半点儿迟疑。进入“洞穴”以后，你却不思“返回”。这意味着面对女人，你不愿倾诉衷肠，敞开心扉。因此，你提心吊胆，以为“罪孽深重”，不值得为女人所爱。你拒绝亲近，远离女人的关心和体贴。你对女人心存愧疚，不敢保证她还像过去那样，满心欢迎你的回归。不管是“温柔型”的男人，还是“硬汉型”的男人，都有可能不了解男人的“亲密周期”。

理解男人的“亲密周期”，对于男人和女人同样重要。否则，会给情感关系带来意想不到的伤害。男人在“洞穴”里时间过久，势必感到厌倦，于是返回女人身边。然而，女人的反应相当冷漠，这让他再度碰壁，进退维谷。他既不了解自己的需求，也不懂得女人的感受。在婚姻的“围城”里，他跌跌撞撞，难以找到出路。只有看到问题的这些真相，男人和女人才能感到轻松和释然。

明智的男人与机灵的女人

男人通常没有意识到：当初，他的忽略和冷落，让女人吃不消，而今，若无其事地突然返回，对方在心理上必难以接受。此时此刻，他应该充分地意识到，一心一意地倾听女人的感受，对她是多么大的安慰！她需要宽慰和体贴，尤其在他一度疏远、继而突然示爱之时。他万不可忽视女人此时的感受，应当态度虔诚，前所未有地给予关心和爱护，决不可等闲视之。

当然，男人逐渐意识到，他需要完成“亲密周期”。在某种意义上，他给女人带来的伤害，恐怕在所难免。所以，准备进入“洞穴”时，最好向她做出保证：他会尽可能早日“回归”，以更大的激情再次拥抱她——他的女人！他言之凿凿地说：“亲爱的，我渴望一段时间的独处。在此之后，我才会找到昔日的自我。我们将继续共度美好的时光。到时候，一切都不会阻碍我对你的爱！”女人想说心里话，而他却想逃避时，就会这样承诺：“你给我一点时间吧，我先把它考虑清楚再说！我一定给你满意的答案！”

从女人的角度说，她可以稍后试探性地请教男人：他当初为什么选择逃避？假如男人不愿回答，也不必穷追猛打，非要弄个水落石出。男人未必了解逃避的动机和缘故。他顶多笼统地说：“说实话，我也说不出个所以然。我当时只想一个人静静。不过现在好了，你原来想说什么，就接着说下去吧！我一定会耐心地听你说完！”

> 男人逐渐了解他的“亲密周期”。他在准备逃避或独处时，就会对女人好言宽慰，并做出保证：“我一定回来！”

此时，男人更加清楚，受过伤害的女人，更渴望他的倾听。她尽情诉说所思所想，在此过程中自会灵光闪现，梳理感受和想法的脉络，找到问题的症结，获得一吐为快的畅快。

和男人交流，聪明的女人不会发号施令，强迫男人开口。她只要求男人竖起耳朵，倾听她的肺腑之言。女人关注的焦点发生变化，让男人如释重负！他会卸下思想的包袱，洗耳恭听。女人无保留地直抒胸臆，而男人扮演的角色，只是耐心而认真的听众——男女之间水乳交融，相得益彰！

女人的信任，让男人不胜感激，他不再有所顾虑，便开始对女人坦诚相见，侃侃而谈。聪明的女人还有一个特征，就是男人由疏远而亲近时，她不会想当然地惩罚男人。男人进入“洞穴”，她不会穷追不舍，步步紧逼！她心里很清楚，如果整天和男人卿卿我我，“腻”在一起，时刻渴求亲密，他会不堪重负，必将迈开步子，“落荒而逃”！所以，不如索性让男人享受独处，在“洞穴”里“修炼”上一段时间。在此之后，他定会精力充沛，意气风发，乐于倾听她的感受。

对于时不时想独处的男人，聪明的女人不会恼羞成怒，更不会放弃爱情。她知道，应该给他时间做自我调整。作为女人，只要有足够的信心，只要懂得自我释放，只要对爱情矢志不渝，就必然能成为男人眼中最可爱的女人。一言以蔽之，“聪明的女人，是真正了解男人的女人”，这是其他女人所望尘莫及的。

第7章

Men Are From Mars

Women Are From Venus

女人就像波浪

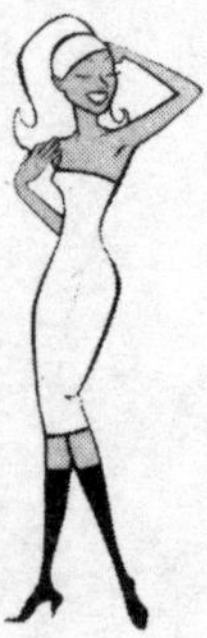

女人就像波浪。确切地说，她的情感犹如波浪。对于恋爱中的女人来说，她的激情，她的梦想，她的渴望，像波浪一样或升或降，此起彼伏（可以简称为“女人的波浪”）。如果诸事顺遂，她会很快到达“波峰”；倘若遭遇挫折，她会迅速降至“波谷”。当然，这种由高而低的过程，不会持续过久。总体说来，她的波浪降至波谷时，情绪即刻发生逆转。她的心情豁然开朗，峰回路转，柳暗花明，此时，她的波浪开始由底部向高处升起。

在波浪上升过程中，她的心中洋溢着爱。她对男人有着无限的柔情。由波峰降至波谷，她的情绪和感觉，就是另外一番景象——她彷徨而忧郁，内心极度空虚，渴望有男人的爱来填充。到达波浪的谷底时，她的情感才趋于平稳——这是情感梳理的最佳时间。

如果在波浪上升阶段，缺少爱的滋润，女人就会压抑消极感受，隐藏真实的情绪。由此带来的，就是在波浪下降时，她要经受悲哀和沮丧，以及未被满足的需要而带来心灵的痛楚。在这不幸的阶段，她尤其需要谈论问题，得到倾听和理解。

对于“下降”的经历，我的妻子邦妮感受很深，将其形容为仿佛“进入一口黑暗的深井”。女人进入“深井”时，就会清醒地意识到，她正在进入无意识的“自我”。四周漆黑而混沌，无限的迷茫和彷徨，让她不知所措。她孤独而无助，似乎没有谁能给她安慰。

在此关键的时刻，倘若男人及时伸出援手，张开爱的羽翼，她的感觉就会大为不同。她的伤口会慢慢愈合，心灵的痛楚将慢慢退去。有了爱人的爱，不管情绪多么低落，女人的波浪都会迅速“反弹”，从波谷直达波峰。眨眼间，她的情绪和感觉彻底“康复”，也会给他更多的爱作为回报。

> 女人的“自我意识”，就像波浪那样起起落落。当她的波浪达到波谷时，便是情感清理的最佳时机。

给予爱与接受爱的能力，能如实地反映出女人的状态和感觉。感觉糟糕的女人不可能对男人爱意绵绵，相反会将男人的关爱不屑一顾。在她的记忆里，当初正是你的忽略和冷落，才使她陷入痛苦的旋涡。她的波浪下降时，就会感觉沮丧和懊恼。当她到达波谷时，就显得弱不禁风，极易受到伤害。与此同时，她却渴望更多的关怀，更多的爱。聪明的男人，须理解她此时的需要，万不可等闲视之。假如男人粗枝大叶，不恰当地提出请求，就会使她的积怨突然爆发，后果不堪设想。

男人对于“波浪”的反应

男人不失时机、虔诚地献上他的爱，女人就会心花怒放，容光焕发，抹去一脸愁云。这时他容易天真地以为：他的女人阴霾散尽，剩下的，惟有她的光彩、她的风华。她会一如既往地永远爱他！实际上，这只是他的一厢情愿罢了！期待女人的爱像“不老松”，有着持久的生命力，这是不现实的想法。这就如同指望天气从不变化，太阳时刻光照人间一样，须知生活充满韵律和节奏，白天和黑夜循环更替；有炎热，亦有寒冷；有冬天，亦有秋天；有乌云密布，亦有晴空万里——这是人生的本质，宇宙的真理，人类的情感也是如此。不管是男人还是女人，他们的爱都有“周期性”——男人首先逃避，随即渴望亲近。对女人而言，接受爱与给予爱的情形，同样起起落落，变化无常，让人捉摸不定。

男人常常误以为，女人情绪的变化，是他造成的结果。她快乐而幸福，他就洋洋自得，自认“居功至伟”；她意气消沉，他就自惭形秽，以为责任完全在他：他能力不济，本事不够，所以不能让她快乐。他清楚地记得，1分钟前，她对他还是和颜悦色，1分钟后，她就变了脸色，“横眉立目”。女人风云突变，反复无常，让男人震惊而惶惑。他惭愧而自责，自认为“罪责”难逃。

> 在情感关系中，男人首先逃避，随即渴望亲近。对女人而言，接受爱与给予爱的情形，同样变化无常，捉摸不定。

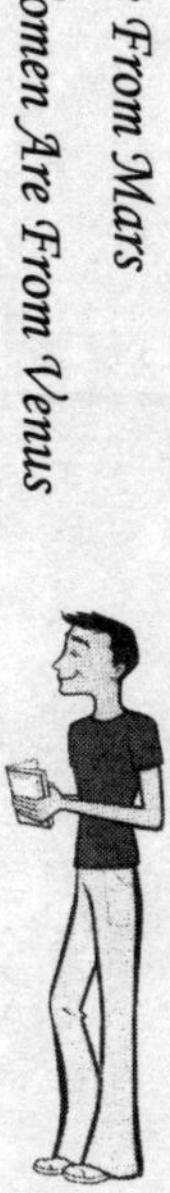

☆ 别去修理它

比尔和玛丽结婚6年了，比尔领教过玛丽的“波浪模式”。起初他对此一无所知，所以横加阻拦，结果弄巧成拙。比尔不明白，玛丽为什么忽冷忽热，时悲时喜？他觉得，玛丽不是庸人自扰，就是小题大做。他好言劝说妻子：“你还是放宽心，问题没你说得那样严重！你这是杞人忧天，危言耸听。你的沮丧和不满，实在没道理可言，经不起推敲！”如此一来，他等于捅了“马蜂窝”，玛丽更加难过，乃至痛心疾首。她觉得，丈夫根本不了解自己，她的苦恼和悲伤无处倾诉！

比尔固然好心好意，认为自己正在“修理”，却适得其反地“帮倒忙”。正所谓，男人有他的“洞穴”，女人也有情感的“深井”。她进入“深井”时，不恰当地劝解和宽慰，只会使她徒增烦恼。她需要男人的爱，渴望关心和支持。不过，她对他的爱的方式，此时却格外挑剔。他应当小心翼翼，决不可贸然行事。

> 比尔抱怨说：“我真是无法理解她。几个星期以来，她的情绪一直很好。她的爱就像雨露，滋润着我和她周围的人。但几乎是眨眼之间，她的爱，她的付出，就让她心态失衡，仿佛我做了什么错事似的。她对我横竖挑剔，让我感到气愤。她一下子变了模样，难道这是我的错吗？我试图做出解释，她更加恼怒起来，我们的争吵迅速升级。”

类似的情形，在实际生活中不乏其见，就像比尔和玛丽那样。女人的波浪下降，男人就会像“绊脚石”、“拦路虎”，试图阻止女人，让她“迷途知返”，为她指明方向。男人不知道，女人的波浪下降时，只有到达波谷，才能再次回升。

另外，她需要下降时，就会展示出明显“症状”。以玛丽而言，比尔看到，有一天，她突然手足无措，敏感而易怒。这时候，她渴望温情和安慰，但比尔没有这样做。他急于把妻子从“深井”拉上来。他无法忍受玛丽进入其中。他使劲地向妻子证明：“一切都还好好的呢，你无须苦恼和沮丧，事情没你想得那么严重！”

女人最难接受的，就是波浪下落时，她需要深入“井”中，但男人却告诉她，她不应该“下降”。男人的阻拦，只会“落井下石”，徒乱人意。此时此刻，女人只需要理解和安慰以及彼此情感的共鸣，她无法忍受男人的懵懂和偏见。相反，男人却以为女人一意孤行，不可救药。这实在是大谬不然了。其实，男人不必急着弄清真相，他应该适时、适当地采取行动，给予女人有力的支持。重要的是，要有足够的耐心。

☆ 男人为何感到迷惑

以比尔为例，让他困惑而恼火的是，妻子的情绪变化无常，时好时坏，怎么劝说，都无济于事，让他非常别扭。痛定思痛，他索性保持沉默，耐着性子，听妻子表达不满和抱怨。他希望这可以带来转机。20 分钟过去了，比尔越来越恼火，因为玛丽似无任何好转的迹象。

失望至极的比尔对我说：“我起初认真地倾听，而她也愿意推心置腹，讲出更多心里话。接着，她的情绪发生了变化！我越是听她讲话，她的情绪就越是低落。你真的不该这样——我对她说——有什么大不了的，你何必如此激动！而她居然和我争吵起来！”

比尔的错误，不在于“倾听”，而在于“矫正”。他指责妻子的不是，矫正她的错误，只会为她的不良情绪“煽风点火”，导致不幸的局面愈演愈烈。他诚然希望妻子迅速好转，却不了解女人的本性。假如女人身在“井”中，即便有他的安慰，她也未必能马上摆脱沮丧，恢复往日的欢颜。他的安慰，或许是一剂良药，但在短时间内，女人的情绪，可能愈发糟糕。不过，这却是一个信号。它表明，男人的“良药”正在见效，让女人的波浪更快地运动，首先由波峰降至波谷，为再次回升做好了准备。

比尔感到迷惑，是在他倾听时，对方似乎并未得到安慰。男人常常以为，女人辜负了他的好意。譬如说，表面上，比尔的倾听，没给玛丽带来任何好处，实则不然。尽管玛丽情绪越来越坏，接近危急时刻，但这恰恰意味着转机。男人要记住，他以倾听给伴侣支

持，对方可能格外暴躁和懊恼。这是必经的过程，就像我说过的，波浪回升之前，首先需要降至波谷。只有理解了这一点，男人才可以心平气和，等待女人情绪的好转。

于是，比尔变得更加善解人意，成为更好的倾听者。他充分意识到，有时候，女人的烦恼突如其来，难以把握；有时候，女人的“深井”深不可测。男人守在“井口”，终于等到她上来，只见她一脸喜色，笑逐颜开，若无其事——这足以让男人大跌眼镜，惊讶莫名。

> 尽管男人可以耐心倾听，努力地给伴侣以支持，女人却可能“并不领情”，而且会变得格外暴躁和懊恼。

“循环式”交谈与争吵

女人从“深井”出来时，又恢复了昔日的自我。男人也极易产生误解，以为女人“大病痊愈”，一切烦恼从此烟消云散。女人态度的转变，让他欢喜不已，以为从此风平浪静。其实不见得，这可能只是个假象。

果然，当波浪再次下降，女人再次返回“深井”，情绪又出现了 180 度大转弯时，致使男人大为懊丧和反感，他的耐心几乎荡然无存。他不明白，女人何以“故伎重演”，反复折腾？男人不是女人，难以对后者的感觉产生共鸣。在男人眼里，女人的“波浪模式”，简直是匪夷所思。所以，他懒得再去关心对方，给她无微不至的爱。男人可能做出不恰当地反应。他会实施回击，与女人“针尖对麦芒”地对抗。

☆ 女人“故态复萌”时，男人不恰当的反应

1. “这种把戏，你究竟要重复多少次？”
2. “你不必说得太多，我已经懂你的意思了。”
3. “上次的事情过去了，你何必再提？”

4.“过去的就让它过去好，你为什么还要纠缠不休？”

5.“我不想再管这件事了！”

6.“真要命，我们又在为上次的事争论！”

7.“你为什么总是牢骚满腹，喋喋不休？”

一旦女人到达井底，沉在下面的问题，就会浮上表面。这些问题与她的情感经历有关。它们既能反映当前所受的伤害，也可能是女人早年记忆的结果。进入“深井”时，她会产生不同的感觉，言语上也有相应的反应。

☆　女人渴望进入深井时或者最需要男人的爱时的信号

1. 手足无措——“要做的事情太多了！”
2. 缺乏安全感——“我的需要，比现在多得多！”
3. 心怀积怨——“所有的事都得我来做！”
4. 过分担忧——“可是，该怎么办才好呢？”
5. 茫然不解——“我真的不理解，为什么……”
6. 身心俱疲——“我什么也不能再做了！”
7. 感到绝望——“我不知道该做什么！”
8. 态度消极——“我才不管呢，爱怎么样就怎么样吧！”
9. 发号施令——“你应当……”
10. 有意逃避——“我不想……”
11. 缺乏信任——“你这话是什么意思？”
12. 控制欲强——“听着，你能否……”
13. 不予赞成——“你怎么可以忘记……”

面临上述困境，如能得到及时而有力的支持，女人就会信任自己的感觉，自如地进出于“深井”内外。她和男人也不致产生冲突，现实生活不会给她带来折磨感。此时，她拥有的，是浪漫而美好的人生祝福。

女人处于“深井”中，尤其看重所能得到的支持。此时的支持，被她视为最珍贵的礼物之一，会使她充满感激之情。她会产生

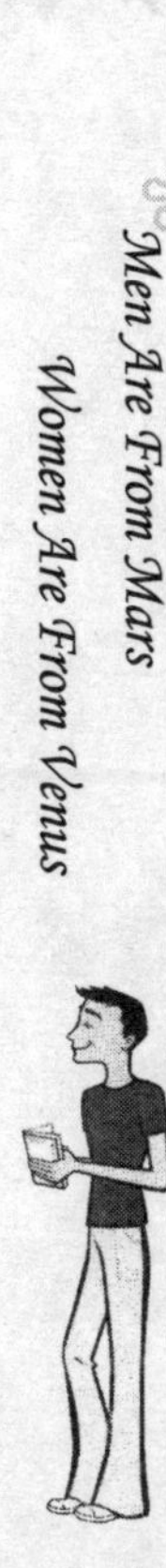

更大的动力，逐渐走出记忆的阴影。尽管仍会经历从波峰到波谷的情形，但她的心境越来越平稳，受到的伤害越来越小。她的情感世界，也不因挫折而崩溃。

理解女人的需要

在我主持的“情感关系研讨会”上，汤姆抱怨说：“我们刚刚交往时，苏珊似乎相当坚强。可是，渐渐地，她整个人越来越脆弱了！我一直在安慰她，我对她说，我真的很爱她，她对我非常重要。我们不停地交谈，克服了困难，减少了冲突。不过，仅仅过了1个月，她又恢复了老样子。她被强烈的不安全感所笼罩。我对她的安慰，向她做出的保证，她好像都忘得一干二净，我能不沮丧吗？我们争吵得越来越厉害，简直到了难以收场的地步！”

经过我的解释和证实，汤姆惊讶地发现，相当多的男人，其实和他有类似情形。当初，汤姆遇见苏珊时，苏珊的波浪正处在“上升期”。随着交往的深入，苏珊越来越爱汤姆，她的波浪到达了顶峰。但是，她很快就产生了无助的感觉，她不仅缺乏安全感，而且控制欲渐强。显而易见，她需要更多的关心和支持。

这意味着她正要进入“深井”。对于妻子的变化，汤姆缺乏心理准备。他们激烈地争吵了好几个小时，此后，苏珊的感觉大为好转。汤姆也再次向苏珊承诺：“我永远爱你，哪怕海枯石烂，也永不变心！”于是，苏珊的波浪再次上升，汤姆如释重负。

经历了这场变故，汤姆原以为风平浪静，妻子不会再节外生枝，他们的关系也将趋于稳固。不料1个月后，苏珊的情绪再次陷入低谷！这次汤姆真是糊涂了，他不明白苏珊为何反复无常。他实在难以接受，终于不耐烦起来。他甚至认为，自己正在遭受侮辱。毕竟1个月前，他真挚地宣告了他的爱意，可后来证明苏珊并不领情，而且故态复萌。“她到底想让我怎么样呢？”汤姆又羞又恼，他不想接二连三地多说什么，态度消极而恶劣。他们的怄气和争吵，也逐渐进入白热化。

☆ **如何安慰女人**

女人就像是波浪——研讨会后汤姆意识到，妻子的不安全感，并不是无病呻吟，空穴来风。她特殊的需求和感受，是自然而然、不可避免的结果。只要处理得当，她的消极感受就会迅速消退。一直以来，汤姆误解了苏珊的感受。他天真地以为，只要做出爱的承诺，就会一劳永逸地消除苏珊的烦恼和忧虑。

如今，面对困境中的苏珊，汤姆知道如何挺身而出，给妻子最有力的支持。他的爱，他的慰藉和体贴，有利于苏珊的自我治疗，也极大地避免了无谓的吵架。在我的安排和指导下，汤姆改变了过去的想法和做法，尤其让他深有体会的是——

1. 男人的爱和支持，虽然不能立刻消除女人的烦恼，却能确保她顺利地进入“深井”。还有，让女人始终充满爱意，这种想法幼稚可笑。他应该懂得，女人的烦恼可能一再出现，但绝不是“洪水猛兽”，应当对症下药，从容应对。

2. 女人进入“深井”，不见得是男人的错。他不必自责而沮丧，要坚持给她爱和支持。即使不会立刻“药到病除”，也可帮助她顺利地渡过难关。

3. 女人的波浪降至波谷后，就会自然而然地回升。这是女人与生俱来的特性。男人无须像医生那样，对她实施治疗。她只需要他的爱、耐心和理解。

“深井”中的女人缺乏安全感

恋爱中的女人，情感像波浪一样上升，而其心理承受力却逐渐减弱，需要安装“安全阀门”，以便积蓄力量。她的做法是：自我宽慰，假装一切顺利，压抑消极感受。

在“深井”中的女人，假如产生显著的不安全感，就会避免与男人亲近。她隐藏真实感觉，让情感冷却。她也可能采取极端的宣泄方式，比如酗酒、暴饮暴食、超负荷工作，或对男人过分关心。

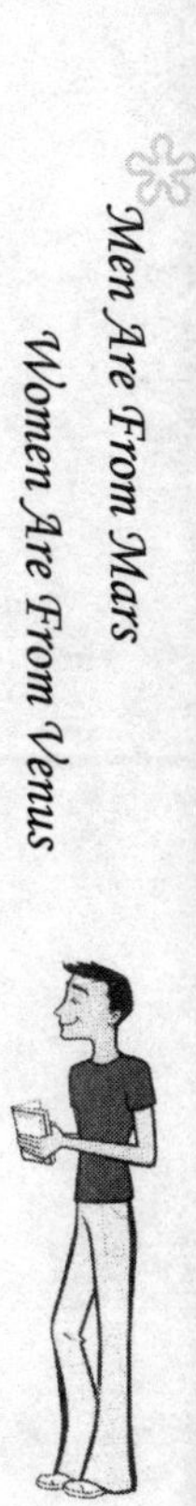

与此同时，她的情感波浪不可避免地下降，消极感受近乎失控。

想必你已知道，有些伴侣让人惊奇——他们从不吵架，似乎永远和谐，可突然之间，他们就决定分手，一点儿也不含糊。这种局面的出现，往往是女人过分压抑消极感觉的结果。女人长久地忍气吞声，只为避免同男人吵架。最终，她却让自己麻木起来，也失去了对爱的憧憬和渴望。

> 当消极感受被压抑时，积极感受跟着“惨遭厄运”，而爱情渐趋死亡。

当消极感受被压抑时，她的积极感受，她体内的激情和活力，跟着“惨遭厄运”，不断递减，爱情渐渐归于死亡。女人想避免吵架，其动机正当而合理，但不能以牺牲真情实感为代价（在本书第九章里，我会谈论，如何避免争吵，同时又不必压抑消极感觉）。

☆　女人的情感清理

女人的波浪开始下降，意味着需要平心静气，整理情感空间。缺少整理和净化，她会逐渐失去爱的能力，也难以在爱情中成长，最终不能走向成熟。压抑感情的时间过长，就会影响波浪的运动。长此以往，爱的感觉就会淡化，激情随之消退。

顺便说一下，有些女人有典型的“月经期综合症”。此时此刻，她们容易产生消极感受，也会本能地拼命压抑自己。当然，对于少数女人而言，“月经期综合症”不会带来太大影响，她们能够成功地处理好消极感受（在第十一章里，我会讲述各种技巧，如何成功地消除消极情感）。

男人需要进入“洞穴”，女人也要有私人空间——“深井”。即便是坚强、自信、成功的女人，也需要时不时地进入其中。有时候，她进出的次数极为频繁，这也是正常的情形。男人常常误以为，倘若她诸事顺利，情绪就不该起起落落，反复无常，事实上，这有些想得过于简单。

从事日常工作的女人，要经受程度不同的压力，她的情绪，必然不时地产生波动，她的情感空间，就需要整理和净化。这就好比男人在工作压力增大时，就不由自主地渴望独处和反思，渴望像橡皮筋那样，延伸到一定的程度。

研究表明，女人情感变化的周期大约是 21—25 天。当然，还没有确切的数字显示：男人突然间像橡皮筋那样，渴望即刻“逃避”，以多长时间为 1 个周期？从我个人的经验看，男人和女人的“波浪模式”周期相当接近。女人情感变化的周期未必和月经期完全一致，不过，总体而言，她的“波浪模式”大约每 28 天循环一次。

穿上工作装的女人，或许可以暂时忘记不快。她回到家里，就会无比渴望丈夫的爱。她感激男人的支持，而无法容忍他的忽视。男人应该铭记这一点。

女人不见得会感情用事，把消极感受带入工作中。但当着所爱男人的面，她就未必能控制得住。消极感受极可能影响她和男人的沟通。

☆ 男人怎样支持她

聪明的男人一定懂得，为使女人的波浪安全地升降，他必须助一臂之力。他会放弃自以为是的判断，也不会指手画脚地劝慰。他的支持及时而恰当。女人对他充满感激，就会以更多的爱、更大的激情，回报关心她、理解她的男人。

需要指出的是，男人和女人即便相濡以沫，感情和谐而顺利，也不意味着不会发生意外。风暴、干旱等恶劣天气，可能随时降临，让感情世界面临考验。如果克服困难，渡过难关，他们就会得到相应的回报。不过，面对异常天气，有的男人感到惊恐，束手无策。在所爱的女人进入“深井”时，他不知如何给予支持，由此导致的结果，就是爱情慢慢枯萎，成为“恶劣天气”的牺牲品。

她在“深井”里，他在“洞穴”中

哈里斯说：“在你的研讨会上，我学到了不少东西，并且加以实践。他们马上就见效了，我和妻子的关系开始变得非常亲密。我一度觉得，自己简直生活在天堂里。可是有一天，我的妻子凯茜对

我大肆抱怨。她说，我整天看电视，让她无法容忍。她像教训孩子那样，对我横加指责。我恼火极了，就和她大吵了一通。从此以后，我们的关系就变得紧张了。这让我心烦意乱，要知道，我们一向和睦，转眼间就风云突变。我究竟该怎么办？”

这个典型的例子，显示出女人的“波浪”和男人的“橡皮筋”的变化。在同一时间内，他们都强烈地渴望满足各自的需求，互不相让。结果发生了“撞车”。但参加研讨会后的哈里斯，给予妻子的支持，比以往任何时候都多，这让凯茜欢欣鼓舞。她惊喜地感受到丈夫的变化。于是，他们的关系前所未有地亲密起来。接下来，凯茜的波浪开始上升，持续了大约几周时间。一天晚上，哈里斯仿佛鬼使神差，一改往日决不拖延睡眠的习惯。他坐到电视机前，眯缝着眼睛，一直看到下半夜。此时，他无视妻子的感受——他的“橡皮筋”因长久未用，渐渐失去了活力，因此他渴望独处，进入他的“洞穴”。

这给凯茜带来了伤害，她的波浪开始下降。在她看来，丈夫的“逃避”，意味着亲密关系的终结。他们在不久前，好不容易有了融洽的感觉，转眼间又要成为历史，凯茜怎能接受呢？在过去的多日里，凯茜如愿以偿地得到梦想中的一切，而如今，她又将面临再次失去、一无所有的命运吗？在凯茜的记忆里，当她还是个小女孩的时候，就幻想成熟男子的呵护和关爱。因此，丈夫的举动，对她来说，不啻是突然而沉重的打击。在脑海里，那个易受伤害的女孩又出现了。凯茜不禁回想起，在孩童时期，她正在咿呀学语的阶段，不知是谁给了她一块糖果。她还没来得及打开糖纸，不幸的一幕就发生了——糖果又给那个人夺走了！她是多么难过，多么沮丧啊！她当时的痛苦，是无法用言语形容的。

☆ 火星人和金星人的逻辑

凯茜感觉她彻底地被人抛弃了，这种感觉是火星人难以体会到的。火星人的逻辑是：“在过去的两个星期里，我的表现可圈可点！既然如此，难道我不可以享受起码的权利，姑且暂时性地逃避一次吗？为了你，我付出了那么多，现在，就让我享受独处，这不是合情合理的吗？更何况我们相处了这么久，你应当感到放心。我对你的爱不会褪色，你应当深信不疑！”

作为女人，凯茜显然有自己的逻辑：“过去的两个星期，的确美妙绝伦。你让我无比快乐！和以前相比，我更是坦诚相见，对你毫无保留。可你的变化那样快，那样突然！失去了你的爱，你的关心和体贴，我经受的心灵创痛，比以往任何时候都剧烈。我本想给你更多的信任，更多的接纳，而你竟然开始疏远我！”

☆　昔日的阴影如何出现

凯茜没有完全信任丈夫，也没有真正敞开心扉。她宁可压抑真实的感受。在长达几年的时间里，她把受伤的感觉“锁入”灵魂深处，以避免受到更大的伤害。直到有一天，哈里斯给了她全部的爱，她浸润在爱的感觉里，足足有两个星期。她一边体验幸福的感受，一边释放昔日的自我，她的伤口慢慢愈合。

可是“好景不长”——哈里斯突然对她疏远了，这让她想到了童年，想到了当时的父亲。她记得，父亲当时过于忙碌，对她从不关心。凯茜孤独无比，郁郁寡欢。如今，痛苦的感觉难以释怀，她能清晰地体验到当时的感觉。“历史又在重演”，哈里斯的逃避之举，又撕裂了她的旧伤。她下意识地把昔日景象投射到丈夫身上。实际上，假如凯茜没有体会到记忆遗留的感觉，那么对于丈夫丢下自己，独自熬夜看电视的情形，她是完全可以接受的。

无奈，昔日的景象一经出现，她就格外敏感而脆弱，难以接受丈夫的冷落。如果凯茜偶有机会，向他人倾诉曾经受到的伤害，痛苦的感觉就会此起彼伏地在胸中涌动——这意味着她的波浪可以迅速降至波谷，接下来，她的心情就会大为好转。她的心里将再次充满柔情蜜意，她也毫不犹豫地会向丈夫张开双臂。对于哈里斯的疏远和冷落，她也不会过多计较。

☆　当她的感情受到伤害时

遗憾的是，哈里斯没给妻子倾诉的机会。他也弄不明白：凯茜

为何莫名其妙地受到伤害，而且如此严重？他态度严肃地指出："凯茜，你这个人太奇怪了！你难过的感觉，究竟是怎么一回事？你反复无常的变化，真是叫人费解？"——就这样，两个人话不投机，开始争执。其实，告诫女人不该感觉受伤，这是男人最愚蠢的做法之一。这相当于在女人的伤口上洒盐，让她越发痛苦难忍。

女人感觉受伤时，看上去似乎是在归罪于男人，但是，假如男人有所体会，能给以相应的支持和安慰，女人的懊恼、难过和沮丧，就会一点一点地消失。男人有时误以为，女人动不动就受到伤害，显然是自讨苦吃，因为局面没有她想象的严重。

男人的不屑和谴责，尤其让女人自惭形秽。她也自以为咎由自取，怨不得别人，这会格外加深她的痛苦。男人向伴侣解释，说她为什么不应觉得受伤，就会使其感觉更加糟糕。有时候，女人也会本能地认识到，她不该过于沮丧和懊恼，仿佛整个天空都会塌下来。她的理性在提醒她：问题的确没有想象中可怕，可尽管如此，她仍旧无法抑制住冲动。她清楚地感觉到，她心灵的伤口在滴血，在作痛。她不想从丈夫的话里，听出她不该有受伤的感觉的意思。她需要理解，只有理解才能平复她的伤痛。

☆ 男人和女人为什么会吵架

当初，哈里斯完全误解凯茜过激的反应。他以为凯茜只是"命令"他，从此不许他深更半夜看电视。他觉得凯茜的做法太过分，而且匪夷所思。事实上他显然想错了，凯茜不是带衔的将军，她并非为了让丈夫陪伴，就居高临下地发号施令，禁止他看电视。她只是想让丈夫明白，遭到丈夫的冷落，她的内心多么痛苦！

女人通常都会本能地感觉到，只要男人倾听，她的感觉就会好得多，也愿意适当让步，为男人做出牺牲或改变，凯茜就是这样。所以，她难过的时候，希望丈夫做她的听众。她也期待丈夫做出保证：要永远爱她，决不变心。她害怕哈里斯沉迷于电视不能自拔，丢下她不闻不问，在情感上不给她安慰和支持。想到这种可能性，她就不寒而栗。

毋庸置疑，哈里斯有权看电视，而凯茜也有权难过，有权让丈夫倾听她的肺腑之言，有权得到理解和宽慰。哈里斯想看电视没有错，凯茜突然心情沮丧，同样无可厚非。

哈里斯不了解女人的“波浪模式”。他觉得，妻子的反应，纯粹是小题大做，这对他不公平。在他看来，既然坐到电视跟前，“斯事体大”，就只能将妻子晾在一边。进一步说，在当时，对于妻子的感觉，他的确“爱莫能助”。妻子的反应，让他火气越来越大。他辩解的理由很简单：“我不可能时时刻刻陪着你！我不可能从早到晚充满温情！有时候，我也需要独立的空间去自我反省，释放心情。”

> 男人渴望获得其自由的机会，女人捍卫宣泄其懊恼的权利。男人向往独立的空间，女人需要他人的理解。

哈里斯认为，他不可能始终顾及妻子的感觉，否则他哪里还能集中精力，欣赏电视节目或从事其他活动呢？因此，尽管凯茜渴望丈夫的倾听，他却不肯放弃看电视的权利，两个人的矛盾由此产生。

以理解消除冲突

哈里斯天真地以为，结婚 12 年来，他固然有对不住妻子之处(因为一度忽略了对方的感受，致使凯茜的积怨越来越多)，但不管怎样，他已尽其所能地做出补偿，这就足够了。譬如，他用了两周的时间，和凯茜深入地交流，快乐地相处。但当他想短暂地独处，与电视为伴时，凯茜却不允许，这难道公平吗？哈里斯陷入深深的苦恼。但是，哈里斯没有意识到，两周的爱和温存，不可能让凯茜的伤口完全愈合。

凯茜也同样天真地认为，丈夫应该把全部精力用于她和家庭，感激她多年来无私的付出。所以，丈夫不该有任何逃避的念头。

哈里斯的态度一旦疏远，她的波浪就迅速下降，压抑许久、未得释放的感觉，像喷泉那样迸射而出！表面上看，她情绪过激，是因为那天晚上，哈里斯抛下她，独自在客厅里看电视，实际上，她

心中感受到的，是多年来被人忽视的痛楚。因此，她开始和丈夫吵架，彼此互不相容。他们唇枪舌剑，完成了两个多小时的交锋。之后，两个人形同陌路，不肯多说一句话。

当他们意识到真相时，才开始坦诚相见，言归于好。哈里斯知道，他的逃避，加速了凯茜整理情感的过程。凯茜需要讲述内心的感受，这没有任何错误。她孜孜以求的幸福之一，就是同爱人分享肺腑之情。凯茜对于有人倾听的渴望，哈里斯对于进入“洞穴”的需求，二者在本质上没有任何差别。只要哈里斯满足凯茜倾诉的愿望，凯茜也能满足他独处的需求，让他感到自由，那么双方就不存在任何冲突了。

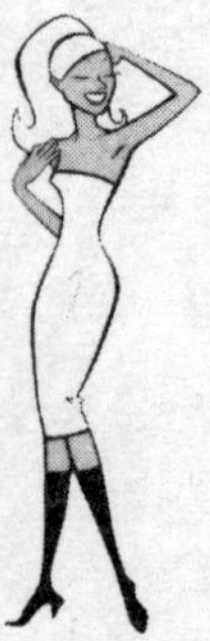

只要男人给予倾听，满足女人倾诉的需要，女人就会宽宏大量，让男人享受独处和自由之乐。

凯茜其实很清楚，哈里斯并非有意忽略她的痛苦。她也知道，逃避者迟早都会回来，他们还将亲密如初。她甚至能够感觉到，过于亲密，使丈夫独处的愿望格外强烈；她的过分依赖，让哈里斯有窒息感。从哈里斯的角度说，他也不需要妻子告诉他该做什么，不该做什么。

☆　男人无法倾听时怎么办

哈里斯坦言：“当时，我没有心思做她的听众。我只想躲在私人天地里，一动不动地蛰伏其间。我就像是中了魔症，欲罢不能。我究竟该怎么办呢？即使我耐着性子，充当她的倾听者，内心深处却翻江倒海，情绪暴躁易怒。”

我郑重地告诉他，他的情形完全正常。女人的“波浪”下降时，她最需要男人的陪伴和倾听。同样，男人的“橡皮筋”也会经常受到刺激，渴望迅速地向外延伸，有了不可遏止的逃避之念。处在困境中的男人，无法提供女人需要的一切。听了我的话，哈里斯恍然大悟：“您说的没错！我想独处时，她就急于和我说话，而我一点儿兴趣都没有！”

男人需要逃避时，偏偏硬着头皮，充当女人的听众，只会使事情更糟：在倾听的过程中，他急于脱身，就会忍不住出谋划策，对女人的感觉说三道四；他心里憋闷，就可能说出不适宜的话来；他看上去无精打采，身心疲惫；他神不守舍，六神无主。类似的拙劣表现，会让女人分外懊恼和沮丧。倾听伴侣倾诉的男人，缺乏关切，缺乏温情，缺乏理解心，怎能不让女人伤心和难过呢？为改变这种不幸，男人可以从下面3个方面获得帮助。

☆ 男人需要逃避时，可以用3个步骤支持女人

1. 接受你的限度

有了逃避的冲动，就难以给伴侣更多的帮助和支持；不管你多么爱她，都无法成为理想的倾听者。既然如此，又何必勉为其难呢？

2. 理解她的痛苦

你应该明白，情绪低落的女人，有着怎样的需要，你又能给予多少？她的痛苦是真实存在的，不要给她一种错觉，以为过多的要求或受伤的感觉，原本是她的不对。她需要你的爱，却遭到你的漠视，必定会身受伤害。你需要属于自己的空间，而她同样渴望你的温情。男人和女人都有各自的需要，这是无可辩驳的事实。

3. 避免争论，给予安慰

一度冷落过伴侣的你，或许害怕她对你不信任，不原谅，也不肯善罢甘休。你要设身处地，考虑到她的难言之隐，打消顾虑，与她真诚为伴。尽可能多地给她爱，给她关怀、体贴和安慰。要感同身受地为她考虑，不要让她无谓自责。你应该记住，即使你无力提供更多的支持和帮助，也有能力避免同她争吵。你没有必要让感情变得紧张。譬如，你要向女人保证：你一定会从“洞穴”返回。到了那时，你将以全新的面貌，出现在她眼前，给她更多的爱。

☆ 以安慰代替辩解

我已经说过，渴望独处，想短暂地与电视为伴，这是哈里斯的权利，不必为此与妻子吵架。他不妨这样对妻子说：“你心情不好，我能够理解，我的心情也很糟糕。我只想坐到电视跟前，这可以使

我感到放松，让心情好起来。我到时候再和你谈话，你看可以吗？”如果凯茜同意他的要求，哈里斯就等于找到机会冷静下来，让身心最大程度地得到释放。同时，他可以养精蓄锐，做好倾听的准备。他的态度不会使凯茜感到自责，不会使她受伤的感情产生误解。

凯茜可能不喜欢哈里斯抛下自己，可她一定会尊重丈夫的要求。她当然希望丈夫容光焕发，像从前那样爱她。况且哈里斯渴望独处，也是合情合理的需求。此时，如果她坚持向丈夫提出请求，就会让他左支右绌，进退两难，他也不可能提供力所不能及的帮助。他所能做的，就是避免事态恶化。凯茜应该理解丈夫的需要，让他集中精力，完成自我恢复的过程。当他从“洞穴”返回时，就会再度成为女人的“武士”，挥剑斩落她情感的“魔瘴”。

渴望独处的男人，既然无法倾听伴侣的感受，不妨这样对她说：“我知道这样做，会让你感到难过。不过，只要给我一点儿时间，我会认真地把问题想清楚。我们先说到这里，过上一些时间，我们再坐到一起，你说什么我都会听，你看好不好？”以类似的方式中断倾听，比起试图向伴侣解释，以消除其受伤的感觉，效果自然要好得多。

☆ 女人如何避免争吵

听到这样的建议，凯茜问：“假使我答应了他，而他欢喜地躲在‘洞穴’里，抛下我一个人不管，那我该怎么办呢？他倒是不错，有安静的空间独处和反思，可我又如何是好呢？”

实际上，凯茜所能得到的，将是丈夫给她的最好的礼物。她既然给了哈里斯独处的机会，当她渴望倾诉时，从“洞穴”返回的哈里斯，就会以极大的热情和耐心，倾听她的感受。他们不再可能发生争执，而是彼此喜悦，其乐融融。丈夫从“洞穴”那里满意地返回，妻子就可以得到他更多的关心与体贴。

请记住：男人的“橡皮筋”先是延伸，接着弹回来，如此这般，他浑身才更有活力，倾听的能力一并增强——这才是夫妻交谈的最佳时机！

接受男人进入“洞穴”，不意味着放弃交谈的需要。我的意思是说，即使女人渴望有人倾听，在必要时，也不妨放弃这种要求。凯茜已经接受了一个事实：有时候，男人的确无心倾听。硬着头皮和女人交流，只会让他懊恼不堪。假如换成别的时间，他却可以成为好听众——知道这一点，对女人而言很重要。凯茜得到的启示是，她不需要放弃交流。不过，最好在伴侣乐于倾听时，再向他打开心扉，这才是明智的选择。

> 女人千万别将男人视为自己获得支持的惟一来源。否则，只会给他带来更大的压力，而女人就会得不偿失。

男人选择逃避并不可怕。女人不妨趁此机会，同她的朋友们相聚，共度快乐时光。将男人视为获得支持的惟一来源，只会给他带来更大的压力，得不偿失——男人极有可能不堪重负，逃之夭夭。我的意思是，女人的情绪波浪式下降，进入她的“深井”时，她应当寻求多方面的支持，不能“在一棵树上吊死”。否则，她就只能与痛苦和孤独为伴，由此对伴侣心怀怨恨。

金钱如何带来了不幸

克里斯说：“我真是弄不懂，她究竟是怎么想的！我们刚刚结婚时，都愿意卖力地工作。那时候，我们一度连房租都付不起。妻子潘姆总是抱怨，说我们的生活得多不容易！说实话，我当时很能理解她的感受。可如今我们富裕了，还拥有体面的工作，她却仍旧不快乐，依然爱发牢骚。这到底是怎么回事呢？为实现衣食无忧，别的女人都不惜代价地达到目的，而我们却不停地吵架！财富的增加没有带来转机。毫不夸张地说，过去我们生活清贫，倒似乎比现在还要幸福呢！现在，我们没别的出路，离婚，恐怕才是惟一的选择。”

其实，克里斯不知道“女人就像波浪”。新婚之初，他的妻子

潘姆的“波浪”经常下降。当时，克里斯本人应该多听伴侣的倾诉，分担她的忧愁，体谅她的消极感受。假如克里斯是个金星人，就会真切地体验到潘姆的心情。在克里斯看来，他的妻子心情不快，是有着充分理由的。毕竟，他们经常处于入不敷出的状态。

☆ 金钱，不可能满足她的情感需求

火星人以为金钱是万能的，可以解决一切问题。克里斯和潘姆曾经处境艰难，但经由努力，终于实现了收支平衡。而且，丈夫能够体谅妻子的苦恼，因为他觉得应当赚更多的钱，增加他在妻子心中的分量。而妻子也感到幸福，因为她感受到了丈夫的体贴。

然而，让他们料想不到的是，随着生活好转，收入越来越多，潘姆经常性地感到烦恼。这让克里斯非常困惑，他不知道，究竟是什么原因使妻子闷闷不乐。他本以为潘姆应当快乐，因为他们非常富有了，还有什么不满足的呢？可是潘姆觉得，丈夫不再像以前那样关心她了。

金钱不能驱除妻子的忧愁和苦闷，但克里斯对此并不知晓。妻子的“波浪”下降时，他们开始不停地吵架。潘姆指责丈夫粗枝大叶，既不了解她，也不关心她，而克里斯极力争辩。所以，这可真成了一种讽刺——他们越是富裕，争吵得就越是激烈。

> 一旦女人的财政需要得以满足，再无衣食与金钱之忧时，她会更加关注情感的需求。

克里斯一度以为，当年入不敷出、捉襟见肘的情形，是妻子心情不好的根本原因。他没有意识到，他们的收入越来越有保证时，妻子的心态就开始“转移”，越发关注情感上失去的一切。这样的“转移”合情合理，是可以预知的必然。

☆ 女人富裕，更易沮丧

在一篇文章里，我曾读过一段引文：“富裕的女人，只能从阔绰的心理医生那里，得到足够的安慰和理解。女人拥有了金钱，她

的丈夫就自以为是，认为她再也不必苦恼和难过，因为她没有那样的权利。要是她还不知足，简直就是厚颜无耻了！”实际上，男人的这种想法，是自私、武断而粗暴的，这将阻止女人的“波浪模式”，禁止女人探索内心感受，满足更多、更细微的自我需要。

人们往往以为，女人有了钱，就应当永远满足，因为没有经济上的保障，生活就会一塌糊涂。这种看法是片面的。不管女人的地位、财富、权利或者处境如何，她始终有权利难过。因为女人的“波浪”需要不时地下降。

后来，克里斯意识到，只要方法对头，完全可以让妻子快乐，这使他感到高兴和鼓舞。他记得当年，他们为了一分钱，都要精打细算。当时妻子是幸福的，他的表现让妻子感到欣慰。如今，生活富裕了，他应当继续关心妻子点滴的感受。克里斯没有对他们的情感关系感到绝望。他决心通过学习和实践，以正确的方式，给妻子提供最大的支持。他不再认为，金钱是让妻子快乐的惟一条件。他的关心和理解，才真正能为妻子带来满足感。

感受，才是最重要的

女人最需要的，就是在不快乐时，男人给予安慰和支持。男人能够不失时机，助她一臂之力，可带给她真正的快乐。在必要的时候，她需要进入“深井”，尽情地释放身心，整理杂乱的情感。这是一个正当、合理、自然、健康的过程。

每个人都需要感受到爱、幸福、信任、感激，与此同时，他（她）也时不时地感受到烦恼、沮丧、恐惧、悲伤。女人进入“深井”，就可以让心灵的伤口慢慢愈合。

男人也会时常产生消极感受，“洞穴”便是疗伤之地。不管男人还是女人，体验到消极感受，才更能意识到，欢乐的感觉是多么可贵！只有静静地自我反省，才能摆脱沮丧的感觉（在本书的第十一章，我将讲述如何释放消极感受，告诉你多种多样的技巧，它们对男人和女人同样适用）。

女人的“波浪”处于上升阶段，可能因拥有的一切而满足；她

的“波浪”下降时，就会感受到多方面的缺憾。感觉良好的时刻，眼睛里都是鲜花润草，身边的一切，都带给她快乐的感觉。“波浪”处于下降阶段，感情的世界就会阴云密布，她会无精打采、意气消沉，真切地发现自己欠缺的一切。

女人在态度上的截然不同，让人想起盛装半杯水的杯子——你既可把它视为“一半是满的”，也可认为它“一半是空的”。如果女人的波浪开始上升，她就会感到充实而积极。相反，波浪下降时，她会感觉无限空虚和落寞。也可以这样说，在波浪上升时体验到的空虚感，在她的波浪下降时，都成为她格外关注的目标或焦点。

除非男人懂得“女人就像是波浪”，不然，他就不能为她提供必要的支持。当物质条件越来越好，情感世界却越来越糟时，她就格外地彷徨而迷惑。了解男女之间的差异，是男人的一把“金钥匙”，它可以帮助他的女人开启心灵之门，把他全部的爱交给她。

第 8 章

Men Are From Mars

Women Are From Venus

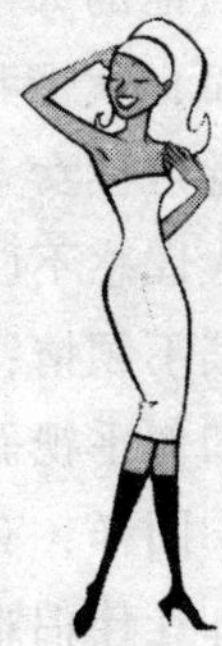

探寻我们不同的情感需求

男人和女人有不同的情感需求，但人们却常常无视这一事实，所以不清楚，怎样恰当地给予对方爱。换言之，男人给予女人的爱，只是男人所需要的。而女人给予男人的爱，则是女人所需要的。他们错误地以为，对方的需求和渴望，与自己完全一致，由此导致的结果，就是双方皆无满足感，彼此心生怨恨。

男人和女人都感到，他们一再地给予，却从未得到回报。爱，总是“付诸东流”，既不被重视，也不被接受，让他们难以忍受。事实上，他们的错误在于彼此付出的爱并不是对方渴望的形式。

譬如，女人深爱着男人，就可能事无巨细，处处为对方着想，询问他的大事小情和点滴感受。女人以为，这样就是尽到了责任。然而，就像我在前面交代过的，过分操心，只会让男人心烦意乱。他觉得被女人时刻控制，大有窒息之感，由此格外渴望独处。这让女人惶惑不已：假使她得到这样的爱，她感激还来不及呢，而男人却偏不领情；她一心一意地为男人服务，尽可能多地关心他，而对方却似乎视而不见，她的烦恼可想而知！

同样，有时候，男人自以为不乏爱意和温情，可他表达爱的方式却让伴侣难以接受。譬如，倾听过女人的抱怨，男人不失时机地做出判断，给予点评。他想要让对方明白，问题没她想象得严重。男人认为，这是对女人最好的支持。面对女人的忧愁，男人轻描淡写，认为她小题大做，却根本不了解女人的感受。他想当然地以为，应当给伴侣独处的机会，就像他自己那样，有时需要逃避。这样，女人就会自行摆脱烦恼。遗憾的是，男人打错了算盘。他的想法和做法没给伴侣带来丝毫安慰。女人认为丈夫轻视、忽略和冷落自己，她伤心而失望，气愤难平。

如前所述，女人心情不好，就需要倾听和理解。男人不知道女人的需要，就永远无法理解：为什么他试图支持，却屡屡碰壁？

12种基本的爱情需求

一个人的情感需求复杂多样，而归根到底，就是对异性的“爱情需求”。男人和女人都有6种基本的爱情需求。通常，男人需要的爱的形式，包括信任、接受、感激、赞美、认可、鼓励；女人需要的爱的形式，是关心、理解、尊重、忠诚、体贴、安慰。充分理解这 12 种不同的爱情需求，才能行使满足伴侣的使命。

仔细阅读下面这份清单吧！它会使你意识到：为什么做出了努力，伴侣却未感受到你的爱？进一步说，假如你不知如何更好地和异性交往，下面的清单，就是最好的指南。它可以大幅度地改善你们的情感关系。我在清单里，分别列出男人和女人基本的爱情需求：

☆ 男人和女人基本的爱情需求

女人需要得到	男人需要得到
关心	信任
理解	接受
尊重	感激
忠诚	赞美
体贴	认可
安慰	鼓励

☆ 了解你的爱情需求

每一个男人和女人，都需要以上这 12 种形式的爱。我的意思是说，女人需要的 6 种爱的形式，不意味着男人与之无缘。男人也需要关心、理解、尊重、忠诚、体贴、安慰。所谓的基本的爱情需求，言下之意，就是必须先予满足的爱的形式。与此同时，也不排斥其他形式。女人基本的爱情需求，对于男人也同样重要。不过，男人首先需要满足其基本的爱情需求，这可为他带来最大的快乐。在此前提下，他才

只有其基本的爱情需求得以满足，一个人才能够完全接受和重视其他爱的形式。

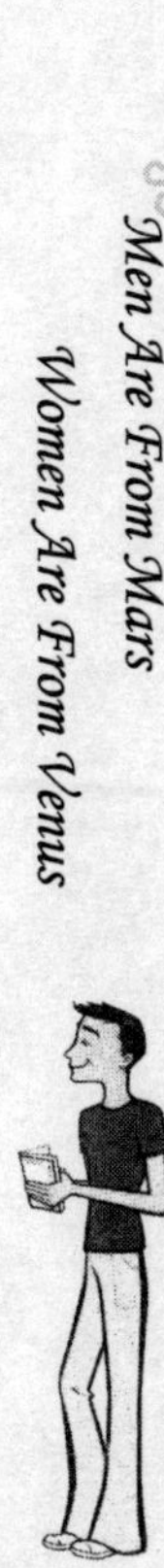

愿意接受其他爱的形式。

理解伴侣基本的爱情需求，是改善情感关系的一大秘密。既然男人来自火星，女人来自金星，意味着男人基本的爱情需求，和女人并不一致。

金星人一再付出，却常常忘记，她心爱的火星人需要的爱，其实是别的形式。同样，男人把注意力集中在他的爱情需求上，却往往忽略一个事实：他心目中爱的方式，不见得适合金星人。他忙碌了半天，却没有给金星人恰当的支持和帮助。

你的头脑里，还应当有这样的概念：所有的爱的形式，彼此间相辅相成，或者互惠互利。例如，火星人表达关心和理解，金星人就会做出回应，给火星人以信任和接受，这正是火星人需要的爱的形式。金星人向对方表达他需要的信任，火星人也会回报她需要的关心。

在下文中，我将深入阐述 12 种爱的方式，展示出它们之间水乳交融的关系。

1. 女人需要关心，男人需要信任

男人关注女人的感觉，为她的幸福着想，女人就会感受到爱和力量。她觉得，在男人的心目中，她具有沉甸甸的分量。男人由此满足她的爱情需求，她对男人也越发信任，开诚布公，直抒胸臆。

女人的坦诚和真情，让男人不胜欣慰。他也离不开女人的信任。女人承认他的价值，相信他能为其幸福竭尽全力，男人的第 1 种基本爱情需求，就可以得到满足。男人于是雄心勃勃，更加关心女人的感受，致力于给女人更多的快乐。

2. 女人需要理解，男人需要接受

倾听女人的男人，没有妄下判断，而是充分体谅，这使女人心存感激。当然，理解女人的感受，不意味着非得是“超人”，对其想法和感受一清二楚。男人只是从女人的倾诉中，搜集尽可能多的信息，了解、体谅她真实的心境。女人渴望理解，男人的倾听让她满足。作为回报，她更加接受男人，这正是后者梦寐以求的结果。

女人充满爱意，接受男人的本来面目，而非试图改变对方，男人才会感觉到女人的爱。他知道，自己不必十全十美，却照样可以得到垂青；女人不会对他实施改造，而是相信他可自行努力，获得进步，不断成熟。男人感到他为女人所爱，就更乐意做女人的听众，体谅她的需求，满足她的愿望。

3. 女人需要尊重，男人需要感激

与此同时，女人感激男人尊重的态度；感激男人将她的想法和感受放在心上，而不是置之不理；感激男人的宽容与体贴。比如，男人记得给女人送花或庆祝结婚周年纪念日，类似的举动，使女人的第 3 种爱情需求——男人的尊重——得到满足。她重视男人的爱和关怀，由此更加快乐。男人也更乐意为她效劳，成为女人心目中的武士。实际上，只要得到必要的支持，女人的感激就自不待言。

男人得到感激和重视，他的努力没有白费，从而大受鼓舞，愿意更多地付出。感激是一剂“强心剂”，使男人浑身充满力量，产生更大的动力，也更加尊重他的伴侣。

4. 女人需要忠诚，男人需要赞美

男人把女人的需要放在优先地位，因支持她、满足她而幸福和自豪，意味着女人的第 4 种爱情需求——男人的忠诚——得到满足。如果女人得到赞美，体验到在男人心中独一无二的价值，就会心花怒放，气色动人！对于女人的爱情需求，男人看得比他的兴趣和爱好更为重要（比如读书、工作、娱乐），意味着他完全可满足其愿望。如果女人在男人心目中地位无与伦比，她就会更爱她的男人。

正如女人需要男人的忠诚，男人基本的爱情需求之一，就是女人的赞美。赞美男人，意味着对他怀着惊奇、喜悦和认可的心情。女人因其性格和才能而喜悦，男人就会感受到赞美。男人值得赞美的优点，涉及他的力量、幽默、坚毅、正直、诚实、浪漫、温和、理解、柔情等传统意义上的美德。赞美让男人感动，于是他竭尽全力，为女人带来更大的回报，一言一行，皆是无限爱意。

5. 女人需要体贴，男人需要认可

面对女人“异常”的感觉，男人不做规劝和反驳，而是给予体贴，女人就能感觉到男人的爱。这时，她的第 5 种需求——男人的体贴——得到满足。男人的体贴，是对女人自我感觉的肯定。需要

记住：男人给予理解和体贴的同时，也可保留他的想法和观点。男人体贴女人的感受，就可得到需要的认可。

男人都渴望成为女人的英雄，身披铠甲的武士。男人认为，只要女人认可他，就意味着通过了“考试”。女人的认同，意味着她承认男人的品质，不折不扣地表达她的爱。当然，女人未必事事同意男人的观点，却能理解他的想法、言语、举动、感受的合理性，仅此而已。得到认同，男人便如释重负，也更易认同女人的感受。

6. *女人需要安慰，男人需要鼓励*

男人经常展示出关心、理解、尊重、忠诚、体贴，女人渴望安慰的需求，也就顺理成章地得以满足。女人需要安慰，安慰让她感觉幸福，拥有安全感，深信男人的爱坚定不移。

这时，男人经常产生误解，以为他满足了女人所有的爱情需求，她应该感到幸福和踏实；而且，从这时起，女人就应该坚信她始终被她的男人所爱。但是，实际上未必如此。因为他还要满足女人的第6种爱情需求——经常向伴侣做出爱的保证，给她足够的安慰。

男人错误地以为，他满足了女人所有的爱情需求，她应该感到幸福和踏实；而且，从这时起，女人就应该坚信，她始终被她的男人所爱。

男人基本的爱情需求之一，是女人的鼓励。女人应该信任男人的个性和才能，言语之间，不可流露出任何不屑之态。只有这样，才能给男人勇气和希望。女人积极的态度，可使男人获得动力，成为真正的自我。他会回报给伴侣更多的爱、理解和安慰。

男人的第6种爱情需求——女人的鼓励——得到满足，就会展示出最美好的一面。女人对伴侣的需求一无所知，不恰当地给予他更多的关心，而不是更大的信任，就会使情感关系受到不利影响。下面的故事，将证明这一点。

身披铠甲的武士

我前面说过，在内心深处，男人都渴望成为女人的英雄，或是身披铠甲的武士。他不惜一切代价，保护心爱的女人，乐意为她效劳。有了女人的信任，他会一往无前，而不是瞻前顾后。他会更加关心和体贴他的女人。没有女人的信任，他的活力和力量，就会大打折扣。长此以往，他会放弃对女人的爱和关怀。

请想象这样的情景：有一位武士，身披金光闪闪的铠甲，穿行于某个乡间。他忽然听见，一个女人发出绝望的呼叫！他整个的神经绷紧了，浑身充满了力量。他拍打胯下的马，奋力疾驰，奔向喊声传来的方向。原来，前面有一座城堡，一位公主正被一条恶龙所困。勇敢的武士拔出宝剑，一下子结果了恶龙的性命。公主感激武士的搭救，爱上了这个勇敢的男人。

城堡的大门打开了，武士受到公主全家人的欢迎。城堡中的人们热烈庆祝，载歌载舞。他们邀请武士住在城堡里。武士被人们视为真正的英雄。很快，他与公主陷入了热恋中。

一个月后，武士外出旅行，归途中，他远远听见公主高喊救命。原来，又有一条恶龙攻击城堡。武士及时赶到，他迅速拔出宝剑，要把这条恶龙杀掉。

就在这关键时刻，公主从城堡里探出脑袋，高声喊道："不要使用宝剑！还是用这条绳子吧，我希望你听我的话。绳子比宝剑的威力大！"

公主把绳子抛给武士。她还比划着动作，告诉武士怎样使用。武士不大情愿，但还是听从了公主的指示。他把绳子套在恶龙的脖子上，用力一拉，恶龙一命呜呼。城堡中的人们欢欣鼓舞！

在欢庆宴会上，武士却闷闷不乐，他觉得受之有愧。他使用的是公主的绳子，而不是他的宝剑，所以不值得如此高规格的赞美和称颂。他心情沮丧，甚至懒得不像以往那样，精心地擦亮他的铠甲和宝剑。

又过了一个月，武士再次外出旅行。他携带宝剑离开前，公主

千叮咛万嘱咐，提醒他注意安全，还安排他旅途上的所有事项。她还特地让武士带上绳子。在武士返回的路上，一条恶龙再次攻击城堡。只见武士大吼一声，拔出宝剑，冲向敌人。不过，就在接近恶龙的一刹那，他突然迟疑起来。他情不自禁地想到，他或许应该使用绳子，而不是宝剑。正在犹豫的时候，恶龙的口中喷出火焰，烧伤了他的右臂。他强忍疼痛，茫然地抬起头。他看到，公主正从城堡内伸出一只手。

她高声喊道：“使用这包毒药，别再用绳子！还是用毒药毒死它吧！”

公主把毒药扔给武士。武士迅速把毒药掷进恶龙口中，它马上就断了气。人们再一次欢呼雀跃，锣鼓齐鸣，庆祝胜利。可是，武士的心中充满了羞辱感。

一个月后，武士又外出旅行。他和公主告别之际，公主反复叮嘱他务必小心，还要求他带上绳子和毒药。武士不胜其烦，不过，他还是接受了公主的要求。

有一天，他经过一个小镇时，听见一个女人惊恐的喊叫。他循着喊声冲过去，原来又是恶龙在作怪，要吃掉那个手无寸铁的女人。武士义愤填膺，充满了勇气和力量。他相信可以像过去那样，用手中的宝剑将恶龙斩为两段！

不过，当他拔出宝剑，准备与恶龙较量时，不禁踌躇起来：究竟该用宝剑、绳子，还是毒药呢？武士有些不知所措。“如果公主在场，她就会告诉我怎样做！”武士心想。不过，他只是犹豫了片刻。接着，他的脑海里，浮现出在认识公主之前，他依仗宝剑、行走天涯的快感。于是，他终于找回丢失已久的自信。他扔掉了绳子，丢开了毒药，带着钟爱和信任的宝剑，奋勇地冲向恶龙，一下子杀死了它！

全镇的人们欢喜若狂！身披铠甲的武士，再也没有回到公主身边。他居住在小镇里，从此过着自在而幸福的生活。在那里，他还与一位美丽的少女结成伉俪。需要交代一点：在结婚之前，他确信妻子不会吩咐他拿起绳子，或命令他使用毒药。

在每一个男人的心中，都有一个武士，他披着一身光亮的铠甲——这是一个恰如其分的比喻，它反映了男人基本的爱情需求。尽管有时候，男人感激女人的关心和帮助，可女人过于殷勤，他就会吃不消。这会削弱他的自信，使他急于逃避。

你不自觉地“赶走”了他（她）

不管男人还是女人，都要知道对方真正的需要。否则，他们永远不清楚，不恰当的言行，可能给伴侣带来多么大的伤害！遗憾的是，在这个世界上，相当多的男人和女人，都以错误的方式沟通和交流。所以，这无助于男女双方情感关系的改善，反而会使两个人更加疏远。

愿望和需求无法满足，一个人就很容易受到伤害。譬如，女人没有意识到，由于她和男人交流方式的不当，无法提供有效而及时的支持，就会伤害男人的自尊。她固然关心男人的感受，可是男人和她的爱情需求不同，就很难为男人带来满足感。

了解男人基本的爱情需求，她才能知道，男人为何不满。下面的清单，列举了在对待男人的爱情需求方面，女人经常犯下的错误，以及为什么男人没有感受到她的爱——

女人最常犯的错误	男人没有感受到爱的原因
男人未做请求，女人就自作主张地提出建议，以便帮助男人，或对他的行为实施改造。	男人觉得女人不爱他，因为女人不信任他。
女人透露不快和沮丧，以暗示和提醒男人做出改变，或对他实施控制（女人对男人坦诚相见，这不是一件坏事。不过，以此控制和操纵对方，就会得不偿失）。	男人觉得女人不爱他，因为女人对当下的他心怀不满。

女人不承认男人的付出，反而对他的缺点和不足大肆抱怨。	男人觉得女人不爱他，因为女人从未流露出感激之意。
女人极力修正男人的言行，教导男人应该怎样做，似乎把男人当成孩子看待。	男人觉得女人不爱他，因为他从未听到女人的赞美。
女人以反问的方式，倾诉内心的不满，比如："你怎么能那样做？"	男人没有感受到爱，因为女人不认同他。这也让他自惭形秽，以为自己不是好男人。
女人不让男人"贸然行事"。男人自作主张，就容易招致女人的矫正和批评。	男人没有感受到爱，因为他听不到女人的鼓励。

女人不了解男人的爱情需求，就容易犯错误。男人也常常误解女人的需求，为沟通和交流带来障碍。男人动辄感受到伴侣沮丧和不满，却很少理解女人的想法和需求。这样一来，他难以自我调整，给女人带来满足感。

男人应当清楚女人的爱情需求，知道她最渴望的是什么。他要尊重女人真实的感受，这是他的责任和义务。下面的清单，列举出在对待女人的要求方面，男人经常犯下的错误，以及女人为什么感受不到他的爱——

男人最常犯的错误	女人没有感受到爱的原因
男人不懂得倾听的艺术。女人谈话时，男人三心二意，容易走神，缺少体谅和关心。	她没有感受到男人的爱，因为男人表情冷淡，心猿意马，毫无关心和体贴之意。
不管女人说什么，男人总是从字面上理解，而且不厌其烦地"修正"她的误解和错觉。男人还自作主张地出谋划策，以此让她打消顾虑，摆脱烦恼。	女人感受不到爱，因为男人不了解她的感受。

男人一边倾听，一边满脸愠色，因为他认为女人让他心烦。	女人很伤心，觉得男人不在乎她。
男人漠视女人的感受和需求的重要性，说她“无中生有，小题大做”。在男人眼里，似乎工作和子女更重要。	女人心灰意冷，她觉得，男人对她缺乏忠诚。而且，在男人的心目中，她似乎没有什么特别之处，这让她伤心和失望。
女人因为某事而生气，男人就百般辩解，以便逃脱干系。他否认女人的感受，阻断其情感宣泄的渠道。	女人感觉不到爱，因为男人不重视她的感觉。相反，男人让她觉得自己没事找事，无理取闹，因此不给她支持和安慰。
听了女人的倾诉，男人一言不发，或者掉头走开。	女人缺乏安全感，因为从伴侣那里，她没有得到需要的安慰。

当爱情冷却时

如果男人给予女人的，或女人给予男人的，只是各自所渴望的爱，对对方却意义不大，那么，他们的感情就会逐渐冷却，爱情之火将慢慢熄灭。关心和理解，是女人基本的爱情需求。她想当然地给予男人过多的关心和理解，反而让男人产生错觉，认为女人对他缺少信任。他需要女人的信任，对方的关心还在其次。

所以，对女人的关心，他不以为然，也没有感激。女人不了解真相，惶惑不安。同样，男人给予女人的爱，只是他中意的形式，女人不领情，也在情理之中。于是乎，他们都陷入了爱的“怪圈”——他们辛苦了半天，却没有满足对方的需要，不能不让人感到遗憾和惋惜。

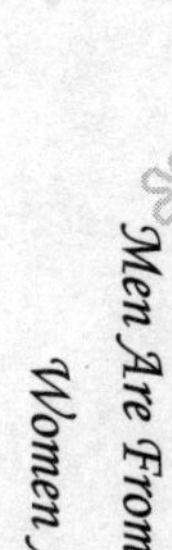

贝思抱怨说：“我不可能一味地给予，却永远不见回报。我给了亚瑟那么多，他无知无觉，像没看见一样。我爱他，可他却不爱我！”

亚瑟显然有自己的苦衷：“不管我做什么，都很难得到她的欢心！我不知道还能怎么做，我束手无策！我已经尽力而为了，可她仍不爱我。我爱她，而她不接受我的方式。”

贝思和亚瑟结婚 8 年了，却不约而同地想要离婚。原因很简单，他们都没有感受到对方的爱。让人哭笑不得的是，他们都抱怨说，自己付出的爱，远远超过得到的爱。贝思宣称：她给丈夫的爱，多得数不清。亚瑟却说，他为妻子付出了一切！实际上，为了爱情和家庭，夫妻二人都做出了牺牲。但是，他们的爱的方式，却不是对方所需要的。

他们的确彼此相爱，都想满足对方的愿望，由于不理解对方的爱情需求，所以，爱情从未真正开花结果。贝思给亚瑟的爱，是她心目中的爱的类型，而亚瑟给贝思的爱，则是他渴望的方式。两个人精疲力尽，却一无所获。

婚姻关系越来越僵，许多人都容易选择放弃。事实上，只有理解并满足对方基本的爱情需求，感情才能深厚而持久。换句话说，重要的不在于给得更多，而是选择恰当的方式。只有这样，爱情的火焰，才不致熄灭，而是格外健旺，光芒四射！

了解以上 12 种基本的爱情需求，就可以知道：为什么你的爱情每每碰壁？要满足伴侣的需求，你就要清楚：怎样以恰当的方式、得体的姿态，为对方付出？

学会平静地倾听

男人要满足伴侣的爱情需求，最主要的方式，就是沟通和交流。我已说过，在金星上，沟通和交流，乃是人生的主旋律。只有倾听女人的感受，男人才能证明他的关心，他的理解，他的尊重；展示他的忠诚，他的体贴，他的安慰。

作为女人的听众，男人最容易出现的问题，就是动辄流露出沮丧和恼恨的神情。他常常忘记女人来自金星，没有采取女人喜欢的交流方式。下面的清单，列举出作为男人，你和女人在沟通和交流上的差异，并提供相应的建议——

☆ **怎样心平气和地倾听**

什么应该谨记	什么该做，什么不该做
你之所以生气，是因为难以认同她的想法和观点。但是，女人的感受是女人的。你凭借男人的思维方式，理解和对待她的感受，错误显然在你，而不在女人。	不必充当女人的“导师”，告诉她该做（想）什么，不该做（想）什么。扮演好倾听者的角色，承担起理解对方之责。不可因为气恼而指责，要从对方的角度考虑问题。
她的倾诉，她的感觉，可能出现差错。这没什么大不了，最重要的是，你要理解她，尊重她。她需要体贴和共鸣。	什么话也不用说，做深呼吸，让身心放松。抑制住“只顾评议”的念头。想象一下：站在她的立场上，你有怎样的感觉呢？
女人说的话让你生气，可能因为你不知道，怎样回应才算得体而周到。即便在短时间内，你无法让她由忧而喜，破涕为笑，但认真、虔诚的倾听，对女人身心的调节大有助益。	不要抱怨对方。不妨从自己身上找问题。你未经她请求的建议，不可能使她感觉舒适。她需要的不是建议，而是倾听。这就是问题的真相。自作主张地提供建议，只能是费力不讨好。
你不必为了成为好听众，总是符合她的想法和观点，完全放弃你的意见。你可以充分地陈述想法，或者有所保留。	如果你定要把想法说出来，要等她先把话说完。需要提醒你一句：你陈述己见时，不要过于激动，不要提高嗓门；只要三言两语，“点到为止”。

你不必为做个好听众，强迫自己弄清女人的一切观点和看法。	你要让她明白，你可能不了解她的感受，但你乐于知晓，渴望共鸣。作为男人，如果始终不理解她，你就要为此负责，而不是袖手旁观，或一走了之。不要妄加评判，或暗示她“不可理喻”。
对于女人的感受，你不必承担过多责任。你察言观色，以为对方是在责备你，实际上，她只是需要理解和支持。	在认同她的感觉的前提下，才可以阐述你的立场和想法，或以适当的方式，就履行己责不力而表示歉意。
女人的态度让你不满或生气，可能因为她不信任你。其实，她的内心也许异常脆弱，甚至像容易惊慌的小女孩，你要了解这一点。她害怕因敞开心扉而受伤害。她渴望你的友善和理解。	女人讲出真实的感受、想法时，作为男人，不可寸步不让地与之争论。在一定时间内，对于她的抱怨，你也可“存而不论”。等到两个人心平气和，再做讨论也不迟(练习和实践第十一章提供的情书技巧)。

倾听女人的过程中，你既没生气，也没沮丧，女人就如同获得了一份珍贵的礼物。你的态度，可使她自如地倾吐心扉。你的倾听和理解，是她最好的慰藉。作为回报，她也会满足你基本的爱情需求。

给予男人力量的艺术

要让伴侣快乐，男人就应掌握倾听的艺术。女人也要学习技巧，给予男人力量。她只有掌握必要的技巧，才能成为男人产生动力的源泉，使他竭尽所能，发挥全部特长和潜力。男人感觉到，他是女人心目中的英雄，他的力量就会迅速增长。

> 给予男人力量的秘密，就是不要想当然地改变男人，或者按照某种所谓的“标准”实施改造。

就像前面关于那个武士的故事一样，女人常常想帮助她的男人，试图对他实施改造。她会由此削弱男人的力量，对其造成不同程度的伤害。任何改造男人的企图，都是对其自我力量的否认或低估。

女人给予男人力量的秘密，就是不要想当然地改变男人，或者按照某种所谓的“标准”实施改造。只有这样，才能让男人自行获得力量。即使要让他在某个方面或领域获得进步，也不可大张旗鼓，公然行动——除非他直接请求她的建议或忠告。

☆　给予他信任，而不是建议

在金星上，向遇到麻烦的人提供建议或忠告，诚然是爱意之举，但在火星上却并非如此。火星人不会轻易提出建议，除非对方开口有求。一个火星人总是相信，其他火星人能自行解决问题。擅做主张的干涉，只会招致反感和敌意。

当然，对女人而言，男人的缺点和不足，可能让她不满或抱怨。她也不必自始至终，将真实的感受憋在心里，任凭男人我行我素。但是，公然对伴侣教育或者改造，只会使局面越来越糟，功亏一篑。

一种常见的情形是：爱着男人的女人，为增进两个人的感情，或使对方更为强大而有力，总是不顾一切地依据某种标准，对他进行教育或改造。事实上，她的努力极可能适得其反，费力不讨好。因为她是在不自觉地削弱男人的力量。

☆　男人为何拒绝改变

为塑造心目中理想的男人，女人挖空心思，采取五花八门的改

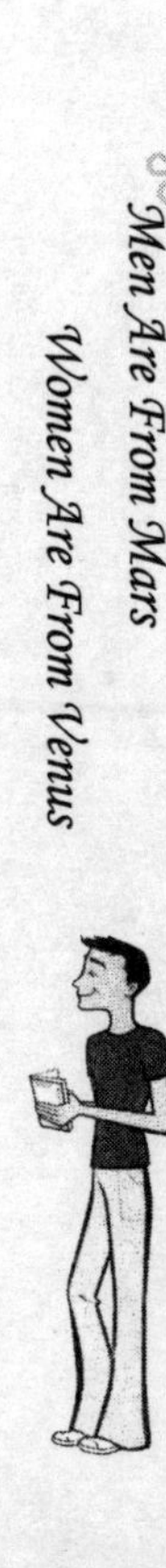

造方式。女人认为这就是爱，但男人的感觉却显然是另外一码事——他为女人牢牢控制和操纵！他盼望的是爱，得到的却是否定。女人固然做出了牺牲，却可能一无所获，因为男人会本能地抗拒。他认为女人是在拒绝他，不接受他的本来面目。男人渴望充满爱意的信任和接受，只有这些才能使男人感觉良好，从而完善自己，走向成熟。

有一次，在演讲厅里，我询问在座上百位男士和女士："如何看待女人对男人的改造?"最终，我得到的答案是：女人越想改变男人，男人就越是抗拒。

男人的态度，容易让女人误解。女人误以为，男人不愿接受改造，是他对她爱得不够，爱得有限。可事实却是：男人认为女人不爱他，才决定对他"动手术"。除非女人认可他当下的面貌，男人才会心情释然，主动寻求改变和进步。

☆ 两种男人，一种模式

在这个世界上，有两种截然不同的男人：一种男人个性固执，有强烈的反抗心。女人改变他，简直比登天还难，因为他会筑起防御堡垒，不容女人靠近。还有一种男人，他对女人百依百顺，愿意接受改造。不过，他产生的变化是暂时性的，用不了多长时间，就会故态复萌，让伴侣的努力"竹篮打水一场空"。总而言之，女人对男人实施改造，进行"整容"，男人要么主动、积极地反抗，要么被动、消极地反抗。

男人觉得女人不接受他，或没有感受到爱，他甚至变本加厉，故意重复让她头痛的言行。男人的内心，有不可遏制的冲动，就是故意和女人较劲——她越是改变男人，他越是"雷打不动"，除非他能感受到无条件、无保留的爱和接受。

换句话说，女人要改变男人，就得让男人感受到她的爱，她的接受。否则，她就别指望男人做出改变。"你要爱我现在的样子，而不是认为我这也不行，那也不是！"——这几乎是所有男人的心态。惟有如此，男人才会以其方式，逐步地、自行地寻求改变。

☆ 男人不想被改造

就像你所知道的，女人不希望男人告诉她，说她不该无理由地难过，同样，男人也不愿女人指手画脚，评价他的是非曲直。如同男人错误地“修理”女人，女人也会错误地改造男人。

男人以火星人的眼光看待一切，他奉行“除非有破损，才可动手修理”！因此，女人试图改造他，他会得到这样的信息：“我有了‘破损’，不再是完美的伴侣，所以她对我不满意！”这会严重伤害他的自尊，由此产生戒心和敌意，当然不会感受到女人的爱和接受。

> 帮助男人成长与进步，最好的方式，就是不要想当然地对他实施改造。

即使男人远远谈不上完美，也需要女人真心实意的接受。当然，所爱的人不够完美，要接受它可不容易，尤其看到他可以变得更好之时。女人要懂得，帮助男人最好的方式，就是不必想当然地实施改造，这样，她更易接受男人的缺点和不足，而不是斤斤计较，百般挑剔。实际上，女人即使放弃改造，也可帮助男人成长和改变。

下面的清单，为女人展示出男人拒绝改造的原因，她应当注意的事项，同时又给出最实用的建议——

☆ 怎样放弃改变男人

女人需要记住什么	女人能做什么
男人心情不好，或认为你企图改变他时，作为女人，你不要与他针锋相对，不要以大量质问攻讦。	除非他同意或乐于与你交谈，你才可以给予适当的关怀。别为“诱使”对方与你交谈，而给予过多的关怀，要“点到为止”。

不要以任何方式改造男人。他需要你的爱，而不是你的拒绝。这才有利于他的进步。	要信任他的能力，他可以按自己的方式成长和进步。你不必越俎代庖。你可以坦率地说出想法和感觉，不过，万不可发号施令，强求他做出改变。
你随意指出他的缺点和不足，想当然地提供建议，男人觉得，你是在控制他，拒绝他，否定他。	多一点儿耐心！你要相信，他可以凭借努力，学到他应当学到的一切。如有必要，他自然会向你“取经”，你要等待时机。
有时候，男人异常固执，拒绝做出改变。这说明他没有感受到爱。男人害怕承认缺点和错误，宁可回避现实，也不愿听到你的轻蔑或挖苦。	要尽量让男人相信：他不是只有成为完美的人，才能得到你的爱。要让自己变得更加宽容（参见本书第十一章）。
你不遗余力，试图让男人的付出和你一样多，他的压力就会徒然增大。他可能恼羞成怒，拒不改变。	从事各种喜欢的活动，不要整天以他为中心。否则，你就阻断了快乐的源头。
你心情不好，可以选择适当的时机，以得体的方式讲出心里话。你没有必要迫使男人改变，适应你的要求。你越是接受男人，他就越是想听你说话。	讲述真实的感受时，不要做出提醒或暗示，告诉他该做什么。你要做的，只是鼓励对方考虑你的感受。
你想当然地给他指导或建议，为他指明方向，就会弄巧成拙。他觉得被你置于控制之下，被你“牵着鼻子走”。	尽量放松，心平气和，接受对方的缺点和不足，不要求全责备。尊重他的想法和感受，不要教训他，也不要给予修正。

男人和女人要互相支持，提供对方最需要的爱。这样，两个人才会一道成长，共同进步。只有真正了解伴侣的6种基本爱情需求，才能恰当地调整爱的方式，满足对方的需求和愿望，如此一来，双方的情感关系才会迅速地走向融洽、圆满。

第9章

Men Are From Mars

Women Are From Venus

怎样避免不必要的争吵

情感关系最大的挑战，就是如何处理彼此的差异，解决双方的矛盾。

我们常常可以看到，夫妻之间，先是产生不同意见，接着开始争吵，并且逐步升级，最终演变成一场“战争”。于是，两个人互不理睬，谁也不肯多说一句话。就这样，感情迅速冷却，取而代之的，是无休止的伤害、抱怨、责备、挑剔、猜疑。

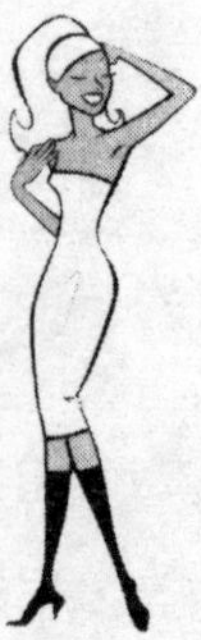

以此类方式解决分歧，不仅伤害双方的感觉，而且会损害两人的关系。可以这样说，交流，可以促进两个人的感情；而不恰当地交流（比如争吵），却是感情的“杀手”。一味争执，既对伴侣造成伤害，也让自己身心俱疲。

> 在情感关系中，沟通和交流是最积极的部分，无休止的争吵，却可能成为最具破坏性的因素。

从现实角度考虑，我认为，伴侣之间，应尽可能避免一切无谓的吵架。通常说来，在没有亲密关系时，倘若发生争吵，当事人尚可能客观和冷静。但是，假如有过肌肤之亲，就可能将平常的吵架严重化，怀疑对方疏远或变心。这样，双方的关系将会越来越僵。

最好将“永远不要吵架”视为金科玉律。男女双方可就是非曲直展开争论，可为各自的想法、观点适度辩解，却绝对不能争吵不休。彼此完全可以开诚布公，表达消极感受，而吵架却是情感关系的毒药。

有的夫妻一天到晚吵来吵去，最终的结果，就是爱情归于消亡。还有的夫妻走另一个极端，他们压抑真实感受，以避免公然的冲突和吵架。压抑的结果，就是他们与爱情“失之交臂”。总而言之，有的夫妻喜欢争吵，有的则以沉默对抗。

最好能在二者间求得平衡。无论何时，我们都应当铭记：男人和女人来自不同的星球。所以，要彼此了解和体谅，学会沟通和交流。这样，情侣双方完全可以避免消极对抗，而不必以压抑感觉为代价。

吵架带来的是什么

隐藏真实的想法，压抑消极的情绪，只能让不幸的局面恶化。无视男女的差异性，就容易互相吵架，彼此伤害。避免吵架的诀窍，就是以爱的姿态交流，尊重彼此的需求和感觉。

只要处理得当，夫妻间的矛盾和冲突，就不至于成为婚姻的“杀手”；即便是势不可免的争吵，也不见得有很大的伤害性。正确的做法是：将潜在的争吵转化成积极的对话，正确面对差异、分歧或矛盾。毋庸置疑，伴侣之间，分歧随时都会产生。夫妻间争论的，最初不过是鸡毛蒜皮的琐细小事，可是不过5分钟，争论的焦点就发生转移，彼此开始指责：对方的心态不正，谈话方式让人无法接受，故意找茬打架，等等。就这样，他们不自觉地彼此伤害，原先争论的话题，反倒变得无关紧要。通常，只要接受彼此的差异，理解对方的感受，问题就可圆满解决。不然，就会因处理不当，使事态严重恶化，升级为“战争”。“战争”双方都坚持本方观点和立场，都不想去理解对方的习惯和方式。要想“大事化小、小事化了”，将潜在的冲突扼杀在襁褓中，两个人需要坦诚相见，了解真相，这样才能找到公正而公平的解决方案。

解决争吵的时候，有时需要将各自观点或立场加以延伸，由表及里地加以剖析。为此，不管是男人还是女人，在陈述己见时，都离不开伴侣的尊重。对方恶劣的态度，不屑的表情，严厉的腔调，极可能带来心理的伤害。即使一方“委曲求全”，被迫接受对方的立场，也会为日后的冲突埋下隐患。

大多数夫妻间争论的，最初不过是一件琐细小事，可是不过5分钟，争论的焦点就发生转移，开始指责对方的谈话方式让人无法接受。

另外，你和伴侣越是亲密，就越有可能对对方的观点充耳不闻，对其消极感受视而不见。你会自然而然地筑起坚固的防御

工事，抗拒伴侣的观点和意见，坚决捍卫自己的立场。有时候，即使道理不在你这边，你也会硬着头皮，与之周旋到底。

争吵何以带来伤害

在相当多的情况下，争吵的内容并不重要。值得注意的是表达情感的方式和手段。常见的情形是：一旦男人感受到来自女人的压力，他会想方设法“制服”对方，以证明他的立场的正确性，从而忽略表达内心的爱意，不再以关心、安慰、尊重的方式，与伴侣进行沟通。男人甚至没有意识到，在伴侣的眼里，他的态度何等冷酷而无情，由此给伴侣带来很大的心理伤害。此时，即便是不起眼的争论，对女人也不啻是“当头一棒”。于是，她奋起反抗，一次无关紧要的谈话，很快就变成一场大是大非的对抗。作为女人，她会极力抗拒丈夫缺少爱意的姿态（哪怕原本能包容伴侣的想法和做法）。

在情感关系中，如果男人缺乏关心和体贴，无视伴侣的感受，女人就会心酸、恼火、愤怒。她会情不自禁地做出结论：男人是故意与她为难，带给她难堪的感觉。男人错误地以为，对方抗拒的是他的想法，殊不知他缺乏爱意的表达，才是导致妻子伤心和愤怒的原因。男人不了解女人的感觉和想法，所以一再强调自己的正确性。他从未考虑过他谈话的方式是否恰当，是否能为女人所接受。

男人没有意识到，不恰当的交流方式，才使得争吵越发激烈。他甚至错误地以为，伴侣是故意与他作对。所以，他极力捍卫自己的立场。女人同样针锋相对，不想丈夫给她造成伤害。

但是，男人很少顾及到伴侣的感觉，就不可避免地让她受到不同程度的伤害。男人却自认为其表达方式恰如其分，可圈可点。在男人眼里，某些表达方式“温文尔雅”，不具有任何伤害性，女人却难以承受。因此，男人常常不知道，他给伴侣造成多么大的伤害，他甚至始终不明白，女人为什么极力反抗？

女人也会犯下类似错误。在情感的“鏖战”中，男人的心已在流血，女人却一无所知。就像男人一样，女人感受到威胁和“挑衅”，也会不留情面，显得“恩断意绝”——她的话语缺少信任，字里行间尽是不屑和拒绝，这对男人无疑是“重磅炸弹”！尤其在恋爱之初，男人格外看重女人的态度。即使微不足道的指责和批评，也会大大地挫伤自尊，让他心灰意冷，垂头丧气。

女人应以恰当的方式释放消极感受，应当给男人更多的信任和接受。不然，男人就会做出不利于她的反应。譬如，他会“将错就错”，更加固执己见，令他的女人不明就里。女人常常没有意识到，不信任的态度，会给男人带来多大的冲击和影响！总而言之，要避免无谓的争吵，女人就要记住：对方抗拒的，未必是你说话的内容，而是你谈话的方式。

一场吵架，至少需要两个人参与；而终止吵架，只需要一个人做出努力。停止争吵的最好办法，就是将它消灭于萌芽状态。你要留神，尽量不使普通的分歧“扩大化”，演变成激烈的争吵。不妨暂时终止对话，放松身心，反思对待伴侣的方式。想想看：你给予对方的爱，是否是他（她）不需要的形式，而伴侣需要的爱，却远在海角天涯？等你心平气和、胸有成竹了，再和伴侣交流也不迟。不管谈论什么，都要充满爱意，尊重对方的想法和感受，而不是流露出不屑或反感之态；更不能不由分说，将对方的表白“一棒子打死”。适当地放松和休息，可使你头脑冷静，治愈情感遭受的创伤；可使你振作精神，集中精力，为理想的交流做好准备。

4种基本情感立场

为避免因争吵而受到伤害，人们通常采取 4 种基本的情感立场。它们分别是：吵架、逃避、掩饰、忍耐。但是，每一种方式，通常只在短时间内“生效”，长此以往，就可能导致不利的结果。现在，让我们看一看，每一种方式，是如何派上用场的。

1. 吵架——它来自火星。在一场争吵中，火星人丝毫未曾感受到金星人的爱意和支持。为避免受到伤害，就会不顾一切，措辞激烈地与对方“较量”。他捍卫自己的立场，“寸土不让”，大有不达

目的，誓不罢休的劲头。火星人奉行“进攻，是最好的防御”。他的进攻手段，不外乎是指责、批评、妄断。他要竭力证明对方的错误。如有必要，火星人会提高嗓门，大吵大嚷，宣泄不满和愤怒。换言之，男人真实的动机，是迫使女人爱他、支持他，而不是与他为难，同他作对。女人做出让步，他就心满意足，以为占了上风。实际上，他是情感关系的失败者。

> 一切威胁和逼迫，都会使情感关系渐趋冷却。

以威胁性、逼迫性的方式迫使对方让步，只会削弱信任，使关系渐趋冷却。男人极力否定伴侣的想法和感受，证明自己的正确和客观，最终的结果，就是爱情的火焰归于熄灭。夫妻争吵加剧，只会导致信任的丧失。于是，女人也愈发含蓄和封闭，不愿开诚布公。她缄口不言，以便自我“保护”。男人也格外冷淡而疏远，不再关心女人的感受。时间一长，爱情和激情就会迅速冷却。

2. 逃避——它也来自火星。为避免纠纷和对抗，火星人可能进入“洞穴”。他甚至横下一条心，决不轻易离开那里，从而使双方陷入长久的“冷战”。拒绝与伴侣交流，没有任何好处。这种以守为攻的对抗，显然不及另外的做法：首先，稍做休整，让身心放松。然后，心平气和地同对方交流。

火星人的逃避，在于不愿将事态扩大，有意采取低姿态，不和女人谈论可能引起争论的任何话题。他小心翼翼，如履薄冰！男人没有意识到，这样的姿态，其实是使自己濒于失败。这样的做法，是火星人的传统，所以他自己也很难意识到这一点。

为达到“不战而屈人之兵”，有的夫妻抑制对伴侣的爱，以此惩罚对方。在这一点上，男人更像聪明的拳击手，他没有直接进攻，而是迂回和退让，伺机给出“致命一击”。他逐步减少给对方应得的爱，间接地对伴侣造成伤害。爱，本是他的义务，而他故意不去履行；他故意减少付出，让对方产生“心理危机”。

这在短时间内，可能会产生一定的效果，换来一时的平静与和谐。不过，由于某些话题未予讨论，某些感觉未被倾听，他的伴侣势必产生更多的怨恨。于是，爱的激情逐渐冷却，爱的感觉慢慢远去。而激情与爱，正是两个人感情牢固的基础。更有甚者，遭受冷落的伴侣，通常以别的方式宣泄不满。她埋头工作、暴饮暴食，或沉溺于其他易让人上瘾的不健康生活方式（譬如吸毒、彻夜不归），以麻醉不得释放的痛苦。

3. 掩饰——它来自金星。为避免伤害，金星人不停地掩饰真实的感受。她假装感觉良好，脸上挂着笑容，似乎对一切都想得开，好像幸福也总是与她为伴。但是，一段时间后，她的怨恨就会积聚起来。毕竟，她为伴侣付出了很多，却没有得到回报。怨恨和不满，使她对伴侣的爱越来越少。即使爱着对方，她也不愿表达。

进一步说，她害怕暴露真实的感觉，她强作笑颜，即使有什么不妥，她也拼命掩饰，假装没事似的；男人有时也运用此法。不过，女人此时的措辞，在男人看来，却意味着相反的意思。以“很好”这个词为例，它意味着：“我能独自处理这件事。”“没错，我知道该怎么做！”或者是，“一切正常。我正在处理呢，不需要你的帮助。”和男人不同，女人使用同样的措辞，却是一种信号，表示她要回避潜在的矛盾或争吵。

为了不影响两个人的感情，女人宁可欺骗自己，相信一切正常而顺利，没有任何问题（尽管真实情形未必如此）。女人以牺牲需求、压抑愿望为代价，避免同男人唇枪舌剑，大动干戈。

4. 忍耐——它也来自金星。这意味着金星人宁可放弃立场，也不愿意发生争执。她宁愿承担起不属于她的责任，扮演“忍者”或“替罪羊”的角色。在短时间内，她的忍耐之举，使双方关系看似充满爱意，默契而和谐，最终却使她失去了自我。

有个男人曾这样抱怨：“我爱我的妻子。她给了我想要的一切。惟一让我难过的是，她并不感到幸福！”原来，为了处处讨丈夫欢喜，他的妻子20年来，一直忍辱负重，从未和丈夫吵过嘴。假如别人问起和丈夫的关系，她一定会意气风发地说：“好极了！我们相处得非常融洽，互敬互爱！要说有什么问题，那责任也一定在我，因为我一直郁郁寡欢。我不知道是什么原因。”

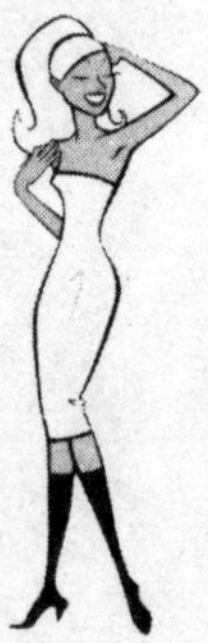

其实，她之所以忧郁，是因为20多年来，她忍辱负重，隐藏自己的真实感受。

为取悦伴侣，金星人总是装出开心之态（当然，有时候，她也难免败下阵来，她的神情和言语，掩饰不住沮丧和失落）。她本能地感觉到对方的渴望和需求，就不断地自我修正和调整，以便让对方感觉良好，心满意足。就这样，她放弃了自我，久而久之，心中就会产生无言的怨恨！

任何形式的自我封闭和过度隐忍，只能带来更大的痛苦。女人不惜一切代价，放弃了本来的面目，以便赢得对方的爱，却让“自我”消失得无影无踪。

在上述方式或立场中，你或许“占据”了一席之地，或者拥有多个席位。你也不时地从一种方式转向另一个方式。你的动机，无非是保护自己，免受伤害。遗憾的是，事实总与你的愿望背道而驰。你需要及早认清争吵的原因或本质，让潜在的争吵消弭于无形。在必要的时候，要中断谈话，让自己冷静下来，之后再与对方深入而得体地交谈。在沟通和交流中，要不断增加彼此的了解，逐步避免无谓的争论和吵架。

我们为什么会吵架

男人和女人经常吵架，而吵架的焦点，常常与金钱、工作、性爱、休闲、价值取向、子女教育、日常家务有关。不起眼的话题演变成激烈争吵，这种情形司空见惯。而归根到底，往往在于未能感受到伴侣的爱与理解，由此经受心灵的震颤和痛苦。此时，一个人很难保持客观和从容，感性一旦战胜理性，吵架便不可避免。

女人并非来自火星，她不知道，男人最需要的是什么。这样，她就无法正确处理矛盾和龃龉。对于男人而言，他和女人的关系越是亲近，就越是难以应付差异和冲突，这的确具有讽刺意味。比如，对于他的想法和言行，女人提出批评或异议时，男人就误以为女人小看他，否认其能力和价值。女人的反应过于激烈，男人就想当然地认为，女人已经丧失了对他的爱。

倘若爱情需求得到满足，男人就会精神抖擞，冷静而客观地处理分歧。但在相反的情况下，男人的言语之间，就可能带有明显的反抗性，阴暗和消极的一面，就会相应地暴露出来——他本能地拔出武士的宝剑，要与女人展开较量。

表面上，他是在同她争论金钱、子女、责任、家庭之类的话题，实际上，他拔剑的原因，在于没有感受到伴侣的爱。下面的清单，展示出男人同女人争吵的动机或原因，以及避免争吵的解决方案：

☆ **男人争吵的原因或理由**

男人争吵的原因	让男人不争吵的方法
“鸡毛蒜皮的小事，也让她难过或不满，我真是不喜欢这一点。我觉得她在批评我、拒绝我，不接受我！”	男人需要感受到女人的爱，渴望她接受他的本来面目。实际上，男人常常觉得，她是在教育他，改造他。
“她喋喋不休，告诉我应该怎样做，让我难以忍受。我需要她的赞美，但这却成了空想。她把我当成了孩子！”	男人需要女人的赞美。实际上，他经常觉得她小看他，不在乎他的付出。他感到她在抱怨他，把不快乐的原因归咎于他，认为他没有负担起作为男人的责任。
“我不喜欢这样的情形：我从未感受到鼓励和认可。她没有让我觉得，我是个身披铠甲的武士。”	男人需要女人的鼓励。实际上，她却让他觉得非常失败。由于她抱怨付出得太多，他感到自己不受重视。
“我真是难以高兴起来！尽管我做了许多事，她的态度却让我觉得，她从未真正感激过我！”	男人需要女人的感激。实际上，他感受到的，却是她的责备、拒绝、否认。

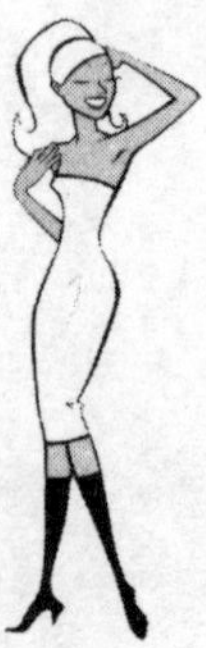

“当我从事某种具有冒险性、或容易失败的行动时，她总是横加阻拦。她为我一举一动过分操心。她不信任我的能力，我非常难过！”	女人需要男人带来安全感，而他渴望为此得到积极的评价。你的重视和感激，能让他欢欣鼓舞。实际上，他常常觉得，你的不安和忧虑，似乎完全是他造成的。这让男人感到沮丧和不满。
“她有了想法和要求，就会随时随地下达指令，让我按她说的做。她想几时交谈，就得几时交谈。我觉得她不尊重我，不顾及我的感受。我不喜欢这样被动！”	男人需要女人接受他的现状。他总觉得被她所控制，强迫他同你交谈。所以，他压力徒增，有窒息之感，甚至无话可说。而且，他觉得永远无法满足她的需求。
“她似乎因为我的话而受伤害，这让我很不高兴。我觉得她不信任我，误解我，排斥我。”	男人需要女人的接受和信任。他认为她缺少宽容与谅解。他经常感受到的，是她的排斥和拒绝。
“她期待我完全了解她的想法，我不喜欢这一点。我不是她肚子里的蛔虫，我缺乏这样的能力。她让我觉得自己是个笨蛋，远不符合她的理想！”	男人需要女人的认可和接受。实际上，她让他觉得很失败。

如果女人满足男人基本的爱情需求，他就不会给她造成伤害。而且，在倾听她讲话时，他会给她更多的尊重、理解和关心。经过倾听和交流，意见分歧与消极感受，都可慢慢消除，而非愈发严重。

对于某些伤害性的争吵，女人当然也负有责任。不过，女人有多种多样的动机和理由。从表面上看，争吵是由收入、子女、工作等话题而引起，实际上，男人应当知道，以下原因才是主导因素——

☆　女人争吵的原因或理由

女人争吵的原因	让女人不争吵的方式
“对于我的感觉，我的要求，他从不放在眼里。他低估它们的重要性，让我难以接受。我觉得他不重视我，没有把我放在重要位置！”	女人需要男人的认同和喜爱，而她感受到的，却是他的批评和忽视。
“我让男人做某件事，他忘得一干二净！我的话一点儿用也没有！他还把我当成唠叨鬼，我不喜欢这一点。我似乎是在乞求他的支持和帮助！”	女人需要男人的尊重和关心。但她自己觉得他始终在忽视她。在他的事务日程表上，她似乎被排到了最后一位。
“我不喜欢男人动辄责备我，或因我心情不好而懊恼。似乎只有我是个完美的人，才能得到他的爱，可我永远不可能完美无缺！”	女人需要弄清难过的理由，更需要男人的安慰。她渴望爱和理解。她没有必要、也不可能十全十美。他的态度让她缺乏安全感。
“他抬高嗓门，以无数的理由，证明他的正确和我的错误。这让我无地自容。他从不在乎我的想法和感受！”	女人需要尊重，需要理解，需要体贴。实际上，她觉得男人不想做她的听众。她觉得自己活在他的阴影下，而且有窒息感。

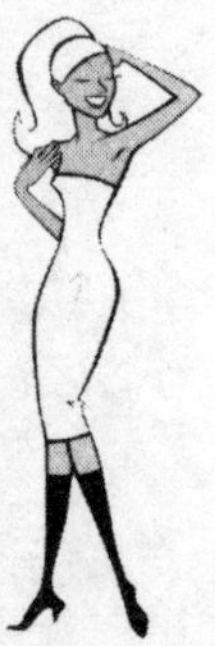

“我表达需要和渴望时，不喜欢他屈尊和施舍的态度。我觉得我像是他的包袱，我是在浪费他的时间！”	女人需要关心、尊重和理解。她觉得男人从不尊重、也不理解她的付出。
“我提出问题或做出结论时，他不置可否，甚至毫无反应。我不喜欢这样，仿佛我不存在似的！”	女人需要男人的安慰和保证。她渴望他认真倾听，关心她的感受。可她感受到的，却是他的忽视和批评。
“我不喜欢男人告诉我，说我不该觉得难过。他还说我不该生气，不必忧虑。我觉得，他从不认可我的感受，也不支持我的想法。”	女人需要男人的认可和理解。实际上，他没有体谅她的感受。她感受不到他的爱，因而产生怨恨之情。
“男人期待我理智而超然，我做不到。我不喜欢他的想法和态度。他让我觉得，我是个弱者，我的感受不值一提，想法也站不住脚！”	女人需要男人的珍惜和尊重，尤其是在她渴望倾诉时。她缺乏安全感，觉得没有受到保护。

女人难过的感觉，是真实存在的，却难以得到整理和释放。男人错误的态度，阻断了正常的沟通和交流。她的痛苦感日积月累，在某一次争吵中，完全可能一下子爆发开来！女人有时坦率地说出感受，有时则以面部表情、肢体动作、声音腔调，表达内心的不满。

你和伴侣应当彼此理解、尊重和支持，及时地沟通和交流。认同对方特有的感觉，而不是一味地反感或怨恨。若想满足伴侣的情感需求，就要更好地支持和理解对方，倾听对方的肺腑之言。这样，男女之间，就不会无意义地争吵，而是真诚交流，深入沟通。这有助于弥合分歧，解决冲突。经过努力，你完全可以避免一切伤害性的争吵，做到“防患于未然”。

解剖你们的争吵

对于你和伴侣的争吵，你可像内科医生那样，深入“解剖”，调查“病因”。

有一次，我和妻子邦妮一道外出野营。我们惬意地散步，享受美味的野餐，一切都很顺利。但当我谈起某个投资计划时，情形发生了逆转。邦妮突然有些恼火。我把我们的部分资金拿出来，投资于大有潜力的股票，我认为这个想法美妙绝伦，她却难以接受。其实，我只是在酝酿这件事，而她却听成是我早已打定主意，正要实施这个计划，而不必征求她的意见。因此，她大为不满，态度激烈，让我十分恼火。我们争吵起来。

我认为，她在反对我的投资计划，于是我为我的想法而辩解。她更为生气，我们越吵越凶。表面上，她辩解的理由，是我选择的股票很不保险，实际上，她之所以恼火，是我考虑投资计划时，没有征询她的想法。另外，我没有尊重她生气的“权利”，她更加不能接受。但当时，我的火气飞快地蹿升，几乎要暴跳如雷。见我如此激动，她首先平静下来，说我们的争吵责任在她，她向我道歉。她说没有理解我，对我的做法缺乏信任，是她的不对。这样，我才转变态度，没有跺着脚，停止大呼小叫。

后来，我们都平静下来，回顾起这件事。她告诉我：“有许多次，当我们发生冲突时，似乎我生起气来，你就跟着发脾气。换句话说，我对你不满，接下来，你就会冲我发火！你觉得责任在我，我必须向你道歉，可是，我觉得自己很委屈，因为我也希望，你能对我说‘对不起，我让你生气了，我向你道歉’这样的话，你明白我的意思吗？”

妻子的这番话，使我立刻意识到，一味让妻子向我道歉，这是不公平的（尤其在我首先让她沮丧或生气时）。我也应做必要的反省和检讨。有了新的认识，我开始转变自己的态度，使自己和妻子的关系更加亲密。在研讨会上讲述这件事时，我发现，成千上万的女人和邦妮有着同样的体会和感受。我将之归结为情感关系中的

"男人/女人模式"。具体而言，它们是：

1. 因为男人的某种言行，女人感到心情不快。

2. 男人忙不迭地解释，提醒女人不该生气或发火。

3. 女人觉得，男人不认同她的感受，这让她更加恼火。这时候，女人生气的原因，已不再是男人的言行本身，而是男人对她不认同的态度。

4. 男人觉得，女人听不进他的话，所以他非常生气，乃至火冒三丈。男人责怪对方不该生气。在和解之前，他指望女人向他道歉。

5. 女人主动表示歉意，却心有不甘。有时候，她会压不住火气，结果，两个人的争吵迅速升级。

要了解争吵的本质。只有这样，争吵才不致演化成吵架乃至"战争"。以我本人为例，我意识到"女人来自金星"以后，就不再轻易对妻子发脾气。我尊重她生气的权利。我尤其想弄清楚：为什么我会让妻子生气？我以切实的行动，表示关心和体贴。有时候，妻子难免对我产生误解，或被我不当的言语所伤害。我会行使丈夫的责任和权利，尽可能化解她的烦恼和沮丧，让她回嗔作喜，转怒为笑。

妻子心情不好，我会乖乖做好听众，让她倾吐真实感受。在此过程中，对于她心情不快的原因，我有机会弄个水落石出。我也会向她道歉，诚恳地说："对不起，亲爱的，都是我不好，才让你对我如此生气！"我真挚的态度，有着立竿见影的效果。从此，我们的争吵越来越少。

有时候，主动道歉并不容易，这意味着承认"是我错了，而你是对的"。通常，我会做一次深呼吸，缄口不言，不再和妻子你一言、我一语地"较量"。我闭上眼睛，尽可能体会妻子的心情，思考其想法和感受的成因。接下来，我会对她说："对不起，你心情不好，是因为我的错。"说出这句简单的话，有"四两拨千斤"的作用。它意味着"我体谅你的感受"，它能使女人欣慰和满足，感受到理解和支持。

毫无疑问，男人很少说"抱歉"，因为在火星上，向别人道歉，就表示做了错事，心中有愧，只好“负荆请罪”。女人说出“我很抱歉”，却是另外一码事，其意思是：“我体谅你现在的感受。只有我道歉，你的感觉才会好转！”因此，她的道歉，不见得因做了错事而内疚。对于很少道歉的男人而言，金星人道歉的原因和动机，可能让他们感到惊讶。金星人自我牺牲的姿态，想必会让男人自愧不如。其实，金星人早就聪明地意识到，让争吵迅速平息最简单的办法，就是主动说：“我很抱歉。对不起，都是我不好！”

> 男人很少说“抱歉”，因为在火星上，向别人道歉，意味着自己做了错事，才不得不“负荆请罪”。

如果男人不认同女人的想法和感受，女人以失望的态度加以回应，大多数争吵，就只会逐步升级，致使感情恶化。我注意到了这一事实，便更加体谅伴侣的感受和心情。妻子邦妮也不断练习和实践，尽可能直接说出心里话，而非遮遮掩掩，不知所云。她也更多地为我着想，从我的立场看待问题。这样一来，我们很快就会达成理解，争吵的次数大为减少，但我们之间的爱和信任，却似雨后春笋，长势健旺。信任和理解，使我们情投意合，琴瑟和谐。

> 男人不认同女人的想法和感受，女人以失望的态度加以回应，导致大多数争吵逐步升级，致使感情恶化。

一切形式的争吵，都有不同程度的伤害性。要真正避免争吵，最重要的是要认识到：男人怎样不自觉地排斥、否认女人的感受；女人如何不经意间，将失望、沮丧传递给男人？

☆　男人如何成为“导火索”

在大多数情况下，男人成为争吵的“导火索”，是因为不认同女人的心情和感受。女人所受的伤害，男人无知无觉，所以，他的

态度和话语，就可能迅速“点燃”女人的怒火。

譬如，他对女人说：“你不该为这件事烦恼！”男人可能出于一片好心，想宽慰他的女人。女人的感受却截然不同。她觉得男人不体谅她，也不理解她，因此受到伤害。有时候，男人想让妻子摆脱烦恼，脱口而出：“这有什么大不了？你用不着烦恼，我告诉你怎么做！”

接下来，他扳着指头出谋划策，指导伴侣如何摆脱困境。他以为女人会舒适而快乐，让他料想不到的是，女人非但不高兴，反而觉得男人粗枝大叶，或趾高气扬，全不把她的感觉当一回事。男人的建议和主张，她根本听不进去。她最需要理解和共鸣，而不是对方对她的感受说三道四，不屑一顾，因为这会让她的心里分外难过。

经常有这样的情形——伴侣生气或难过时，男人本能的反应，是让对方尽快摆脱消极的情绪。他使出所有力气，试图让伴侣明白，她情绪低落，完全是庸人自扰。从他的脸上，女人看不到一丝愧怍和不安，因为他始终自信地捍卫自我立场。说到底，女人不高兴，男人就极力为自己开脱，以便“逃脱干系”。他调动全部才智，证明女人的难过、不满、愤怒没有依据。而男人的振振有词，只能让女人深刻地体会到：男人根本不关心她的感受。男人关心的，只是如何尽早摆脱责任！

女人需要男人的认同和共鸣。因此，男人不该急于为自己辩解，而应带着足够的理解心，倾听女人的诉说。惟有如此，她才会感受到他的支持。

一开始，男人很难突然放弃旧有习惯。不过，经过练习和实践，他会成为出色的听众，成为女人眼中的“好男人”。

我再强调一遍：通常，女人流露出烦恼、沮丧、失望的时候，男人就会提高警惕，挖空心思地为自己辩解，证明其感受与他毫无干系。男人这样做，并非有意制造紧张气氛，而只是出于火星人的本能。

男人应该明白，他的本能反应，只会让伴侣的情绪愈发糟糕。他应当有意识地努力，祛除身上的“痼疾”。为此，男人应当更多地与伴侣交流，了解她有怎样的感受，她的需要又是什么。只有这样，他才能更加成熟。

☆ 女人怎样惹起事端

有时候，女人是争吵的“导火索”。她在倾吐感受时，过于含蓄而隐讳，而不是清清楚楚，直截了当。她情绪不好时，不是直接表达出来，而是以诘问的方式，提醒男人注意。她言辞之间，含有否定或拒绝的讯息，常让男人自惭形秽。由此导致的结果，就是不可避免地发生争吵。女人经常抱怨：“我说的根本不是那个意思，可他偏往坏处想。我的话刚一出口，他就火冒三丈。我不明白，他为什么那样敏感？”其实，女人也不能完全归罪于男人，不妨看看个别的例子。

> 女人之所以成为争吵的“导火索”，是她在倾吐感受时，过于含蓄而隐讳，而不是清清楚楚，直截了当。

例如，男人约会迟到或晚归，女人很不高兴，因为她早已等得不耐烦，也担心男人出了意外。男人急三火四地赶到时，她不是直截了当地说出感受，而是这样质问男人：“你凭什么这么晚才回来？”“你回来得这么晚，我的心情怎样，你知道吗？”“为什么连电话也不打给我？”

假如只想了解男人晚归的原因，或证实心中的猜测，她完全可以说：“你怎么没有打电话呢？”事实上，由于正在气头上，她的神情、措辞和语气，完全不像是在了解前因后果。她似乎仅是想声明：晚归或迟到，是不可原谅的，任何借口或理由都站不住脚！

男人听到：“你凭什么这么晚才回来？”“你为什么连电话也不打给我？”他不会感受到善意的一面。他的耳边，充斥的是责备和怨恨。他觉得对方是在否定和拒绝他，也是强迫他承担晚归引起的一切后果。他感受到的是对他的攻击，所以他就会本能地抗拒。

女人往往没有意识到，她否定的态度，会给男人带来怎样的伤害。男人需要认可和接受。他越是爱她，就越是需要信任。恋爱之初，男人在这方面格外敏感。她要么给他暗示：“我信任你！”要么让他相信，他能够赢得她的欢心。

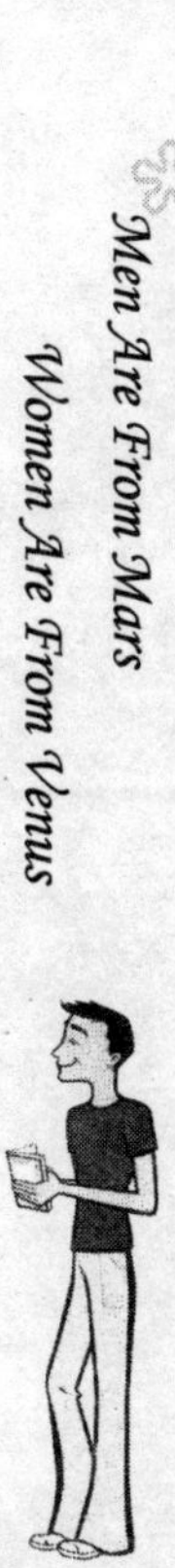

即使女人曾被其他男人或她的父亲所伤害，在情感交往之初，也应给男人认可和接受。譬如，她可以让男人感觉到，在她看来，他是一个特别的人，和她认识的其他男人完全不同。在任何情况下，认可而非否定的态度，是完美情感关系的基础。女人的认可，对于男人而言，比黄金还要宝贵。

具有讽刺意味的是，情感关系过于亲密，女人反而会忽视对伴侣的认可，忘记这个不可忽视的细节。粗心大意，随时都会造成伤害。矛盾出现时，她甚至不知错在何处。男人怒气冲冲，态度越来越冷淡，而她却蒙在鼓里，全然不知正是她导致了不幸的局面。确切地说，女人的不幸，就在于她没有意识到，男人多么需要她的爱和认可。

事实上，即使男人的想法、做法让女人不以为然，她仍旧可以给他鼓励和支持，让他感受到她的认可，使他真切地感受到她的爱。男人希望她接受他现在的样子。如果她对男人的言行嗤之以鼻，或对他实施改造，他就会泄气和恼火。他觉得她不接受他，没给他必要的认可。可以这样说，男人大多怯于承认：他需要女人的认可。男人最大的恐惧之一，就是女人将他看得无足轻重。在实际生活中，不管男人怎样努力，都很难掩饰这一事实。你也可以想象，为什么缺少女人的认可，男人就会立刻变得疏远、冷淡，甚至将她拒之门外呢？原因很简单，没有女人的认可，他基本的爱情需求，就永远无法真正得到满足。在男人看来，这也意味着感情难以为继。

两个人恋爱之初，感情进展相对顺利，是因为女人重视对伴侣的认可。她以各种方式和姿态，证明她的认可和欣赏。在男人的脑海中，伴侣把他当成身披铠甲、腰挎宝剑、所向披靡的武士！他将对方的认可视为上天的赐福。有了这样的感觉，男人志得意满，威风八面！相反，女人流露出失望的情绪，男人就会无精打采，心灰意冷。他觉得女人对他失去信心。女人一旦收起她的认可和赞赏，就会让男人惭愧甚至自卑，疑心自己一无是处。

这不是说女人一旦失望，必定会使男人逃之夭夭。男人害怕女人失望时的言语或表情，其中或许不乏拒绝和排斥之意，就像鞭子抽打过来，让男人“遍体鳞伤”。他身上的铠甲，仿佛被拆卸得七零八落！他尤其无法忍受女人的口吻中，流露出难以掩饰的不屑或轻蔑。这使男人恐惧和怨恨。男人会感到泄气，进而激情和动力慢慢退却。

引起争吵的两个重要原因

1\. 男人感觉，女人并不认同他的观点。

2\. 女人并不认同男人对她说话的方式。

聪明的女人能够看到，在男人的言行背后，隐藏着善良而美好的动机。这对她就足够了！从懒惰、傲慢、懈怠的男人身上，她也会看到其无可匹敌的优点和长处。这样她就不会轻易地否定男人，将他贬损得一无是处，男人也会感受到她真正的爱。女人应该记住，即便并不认同男人的想法、说法和做法，也要学会认可和欣赏他。

☆ 男人何时最需要认同

大多数争吵发生，不是因为话题本身，而是由于男人感觉女人不认可他。小看他，他没有感受到关心和体贴。明白这一点，并积极地自我纠正，女人就会感受到男人的变化。而且，即便双方产生分歧，也不会发展到严重地步，而是会心平气和地沟通，顺顺当当地解决。

通常说来，男人犯下过错，违背承诺，或未能履行某种责任，对于女人的反应，他会格外敏感。但女人常常会忽略这一点。她不知道，这时男人最需要她的体谅、理解和爱情。她可能一不留神，说出不当的话，让男人羞辱和恼怒。她对此可能无知无觉，甚至变本加厉，让他的痛苦越来越深。女人以为，她只是表达内心的失望，但男人感受到的，却是她彻头彻尾的否定。

女人不自觉流露的否定意味，往往通过表情、声音来实现。即使其言辞不乏爱意，表情和声音却极具杀伤力。于是，男人开始抗拒，竭力证明她的不是，让她无地自容。或者说，男人并不认同女人的说法，因而百般为自己辩解，提醒她不该沮丧或生气，让她大感失落。

在男人犯了错误，或女人懊恼之时，他最容易与伴侣争吵。若

是女人对他感到失望，男人以为澄清真相，女人就不会生气或不满。他不知道，女人正在气头上时，最需要的只是他的倾听。女人希望男人认可她的感觉，而非不屑一顾。

> 在男人不小心犯了错误，或所爱的女人懊恼之时，他最容易与对方争吵。

怎样表达你的异议最安全

无论男人还是女人，在表达不同意见、处理矛盾或分歧时，若有理想的“角色榜样”为参照物，进展就会顺利得多。否则，只会一波三折，步履艰难。但是，在我们的记忆中，父母之间产生分歧，双方（或一方）总是尽可能有意回避，或者针锋相对，使争吵迅速升级为彻头彻尾的吵架。他们显然不是理想的“角色榜样”。

在后面的清单里，我列举出伴侣双方沟通不到位，从而导致争吵的原因，同时提供了理想的解决方案。具体而言，我将举例如下内容：女人难过或不满时，如何以诘问的方式，向她的男人即刻“发难”？男人怎样理解她的诘问？通常做出怎样的回应？他的反应给伴侣带来怎样的感受？最后，我将推荐恰当、合理的做法，他们有助于伴侣间互相支持和鼓励，避免毫无必要的争吵。

解剖争吵的本质

☆ **当男人很晚才回家时**

女人的诘问	男人的感受
女人问：“你凭什么这么晚？”“为什么你连电话也不打？”或者，“你知道我的感受吗？”	男人会听成：“你没有理由这么晚才回来。你太不负责任了，我几时像你这么晚才回来？我比你好得多。”

男人的解释	女人的感受
“桥上的车辆太多了，交通拥挤不堪。”“有时候，生活和你想像的是两码事！”或者，“你不该指望我永远守时！”	女人会听成：“你何必生气呢？是的，我是回来晚了，可我陈述的理由既充分，又合理，难道不是吗？我工作很忙，它比和你相聚重要得多。你是不是要求得太高了？”

给女人的忠告	给男人的忠告
不要流露出过多的不满和抱怨。女人可以说：“我不喜欢你这么晚回来。这对我是头痛的事。下一回，你要是迟到的话，就提前打个电话吧，我一定感激不尽！”	男人要对女人的感受和反应表示认同。他可以说：“我回来晚了，都是我不好。我让你生气了，真的很抱歉！”最重要的是倾听，不必过多地辩解。女人渴望男人理解自己，认同她对爱的需求和渴望。

☆ 当男人忘记做某件事情时

女人的诘问	男人的感受
女人说：“你怎么居然忘了呢？”“你从不把我的事放在心上！”或者，“你还能指望我信任你吗？”	男人会听成：“你没有理由忘记这件事！你老是稀里糊涂的，叫我如何信任你？我为你做了那么多，可你为我做了什么？”

男人的解释	女人的感受
“我工作太忙，所以把它忘记了。这只是个意外！”或者，“这没什么大不了！这不意味着我不关心这件事。”	女人会听成：“为了这么一件小事，你就对我发火，太不应该了！你要求得过于苛刻了！你的反应真是缺乏理智！你能不能现实一些？你这个人过于理想化！”
给女人的忠告	**给男人的忠告**
女人沮丧或生气，可以直接说：“你忘了我的事情，我真是不喜欢。”或者采取其他有效的方式，对伴侣的“失误”却只字不提。可以再次请求男人的帮助：“要是你……我会非常感激的！”（这样，男人就会意识到他的疏忽。）	男人可以说：“糟糕，我忘得一干二净！你是不是生我的气了？”然后，等待女人说出感受。不要让对方觉得，她没有必要生气。女人说出感受时，意识到男人在认真倾听，自然心怀感激。

☆ 当男人从“洞穴”返回时

女人的诘问	男人的感受
女人问：“你为什么那样麻木，那样冷酷？”“你想过我当时的感觉吗？”或者，“我究竟如何才能知道，你心里想的是什么？”	男人会听成：“你丢下我不管，独自呆在房间里，是没有道理的！你的心肠太硬了！你从未爱过我！选择你是我的大错。我伤害过你不假，可你对我的伤害更大！”

男人的解释	女人的感受
“我需要一段时间独处。不过两天的时间而已，有什么大不了的？”或者，“我又没做什么对你不好的事，你何必那样生气呢？”	女人会听成：“你不该有被伤害的感觉。我几时抛弃过你呢？你的态度我没法理解，也不可能体谅你。你的要求是不是太高了？你是不是想控制我？我爱做什么就做什么！至于你是什么感觉，我可管不了！”
给女人的忠告	**给男人的忠告**
女人感到难过和懊恼，她可以说：“我知道，有时你需要独处。在这期间，我的心情很糟糕，你应当顾及到我的感受。我不是说这是你的错，但我希望你理解我的处境。这对我真的很重要！”	男人可以说：“我知道，我的独处会给你带来伤害。你的感觉一定非常难受。我们现在好好谈一谈吧！”（女人觉得，男人愿意听她的感受，就会变得宽宏大量，能够接受男人独处的需求）。

☆ **当男人让女人失望时**

女人的诘问	男人的感受
女人说：“你怎么可以这样？”“你为什么说话不算数？”“你说过要做那件事，可你无动于衷。”“你不是说过，你会按时完成任务吗？”或者，“你几时才会为我着想？”	男人会听成：“你没理由让我感到失望！你是个没脑子的家伙！你从来没像样地做过一件事！如果你永远都是现在这副样子，我就不可能快乐起来！”

男人的解释	女人的感受
“别担心，下次我会把它做好的！”“这没什么大不了！”或者，“你究竟想要我怎样？”	女人会听成：“要是你生气的话，那也只能怪你自己。你为什么那样死脑筋？你不应该懊恼，我没法体会你的感受。”
给女人的忠告	**给男人的忠告**
如果感到生气，女人可以说：“我不想让自己失望。我原以为，你会提前打电话给我的。那样的话，我的感觉一定好得多。当你……时，我真的很失望，我希望你能体会我的感觉。”	男人可以说：“我知道，我让你失望极了。我们谈谈这件事吧……我想知道你现在的感觉，能告诉我吗？”接下来，再次鼓励女人说出心里话。让她有机会得到倾听，会使她感觉好得多。在此之后，对她说：“现在，我很想为你尽力。假如你希望我为你做什么，我一定努力配合！”或者，“我想做你的好帮手！我该怎样帮助你才好呢？”

☆ 当男人不尊重女人的感受，由此给她造成伤害时

女人的诘问	男人的感受
女人说：“你怎么可以说出那种话？”“你怎么可以这样对待我？”“为什么你不肯听我说话？”“你几时真正地关心过我？”或者，“我那样对待过你吗？”	男人会听成：“你这个人真不怎么样，你是个虐待狂！我爱你的程度，远远超过你爱我！你这样对我，我永远都不会原谅你。你应当受到处罚，离开家门！一切完全是你的错！”

男人的解释	女人的感受
“唉，你好像误解我了。我不是那个意思！”“我当然是在听你说话。我现在不是表现得很好吗？”“我一直在忽略你？这是谎话！”或者，“我不是在嘲笑你！”	女人会听成：“你没有权利生我的气。你这样想没有任何意义。你是不是太敏感了？有些事情，完全是你的责任！你让我觉得负担太重！”
给女人的忠告	**给男人的忠告**
女人可以说：“我不喜欢你对我讲话的方式。请你别再这样了！”“你对我有些过分了，叫我如何接受呢？我想先休息一下。”“我不喜欢这样的谈话方式。我们换个方式，重新开始吧！”“我不该受到这样的对待！我想休息一下。”“你不要打断我，好不好？”或者，“请你先耐心地听我把话说完，好吗？”	男人可以说：“真的很抱歉，我不该那样对待你。”做一次深呼吸，专心倾听女人的反应。她可能说：“你从不好好地听我说话。”见她不再说什么，男人可以说：“你说得对。有时候，我的确没好好听你说话，这是我的不对！我很抱歉，你不该受到这样的对待……我们重新开始吧！这一次，我们一定感觉更好。”

重新开始交谈，可以缓和紧张的气氛，避免争吵升级。如果女人不想从头开始，男人要给予理解，不要让她有负疚感。记住，容许女人有生气或懊恼的权利，她就会更为宽容和大度地接受男人的想法和做法。

☆ **当男人过于仓促，让女人感到生气时**

女人的诘问	男人的感受
女人抱怨说：“我们为什么老是这么仓促？”或者，“你为什么总是急三火四，像赶场似的？”	男人会听成：“你不该把自己弄得这么仓促！你从来没有让我满意过！真不明白，你怎么还是老样子？你这个人太差劲了。而且，很显然，你并不关心我！”
男人的解释	**女人的感受**
“这有什么大不了的？这才是正常的局面。”“我们不可能改变现状。”或者，“你何必这么操心？情况总会好起来的。”	女人会听成：“你没有权利抱怨，应当感激拥有的一切。我不明白，你为什么总是不知满足，不懂幸福？你没有理由抱怨！你让大家都很失望！”
给女人的忠告	**给男人的忠告**
假如女人感到生气，她可以说：“我觉得，我们过于仓促，我不喜欢这样。要是不这么紧张，我一定非常高兴。我们似乎总是在赶场！”或者，“如果不这么仓促，那该多惬意啊！我痛恨有时候过于紧张，我一点儿也不喜欢。你抽出一刻钟时间，考虑一下我们下次的旅行，好吗？”	男人可以说：“我也不喜欢这样。我也希望节奏慢下来。过于仓促的感觉，简直让人发疯！”如此一来，男人就等于认同女人的感觉。即使他不在乎仓促的情形，在女人心情糟糕时，男人也应为其着想，给予她最有力的支持。女人也会感受到男人的体谅。

☆　**在一次谈话中，当女人感觉不被支持和认可时**

女人的诘问	男人的感受
女人说："你为什么说这种话？""你怎么可以这样同我谈话？""难道，你根本不关心我说的话吗？"或者，"你怎么能这么说呢？"	男人会听成："你没有理由这样对待我！所以说，你根本不爱我！你一点儿也不在乎我！我为你付出了那么多，你却什么也没有回报给我！"
男人的解释	**女人的感受**
"你的话没什么意义。""我没有说过那样的话，你的理解有问题。"或者，"这种话，我听过不止一遍了！"	女人会听成："你没有权利发火。你这个人缺乏理性，头脑发热。我知道什么是对的，可你不知道。和你比起来，我更明白事理。我们之所以争吵，全都怪你，和我一点儿关系也没有！"
给女人的忠告	**给男人的忠告**
女人可以说："我不喜欢你这样说。我觉得你是在批评我！我没有理由接受批评，请你理解我！""我今天心情很糟糕。我知道，这不全是你的错。不过，我希望你理解我的感受。"或者，女人不妨忽略男人的辩解，直接说出她的需要和愿望："我现在情绪很坏。你能听我说一会儿吗？这样我会好受一些！"（有了女人的认可和鼓励，男人才更愿意倾听。）	男人可以说："我让你不高兴了，真的很抱歉。你是怎样理解我的话的？"给女人一个机会回想一下你的话。接下来，继续说："对不起，我确实不知道，你到底因为什么而不高兴？"然后暂停下来，此时，正是专心倾听的时机。男人要尽可能抑制住冲动，不要为自己辩解，说女人误解了他的话。要消除给女人造成的伤害，男人就必须做个好听众，以关心、认可、理解的姿态，让女人感觉好起来。惟有这样，男人的解释才能见效。

困难时期，更要给予支持

伴侣之间的感情，随时可能产生波折，遭遇挑战，其原因多种多样，比如失业、亡故、疾病等。间或的失眠，也会引发争吵。面临这样的情形，重要的是充满爱意，多一些理解，多一些宽容。大家要接受一个不容辩驳的事实：不管是你还是你的伴侣，永远不可能十全十美。以恰当的方式，随时沟通和交流，就会消除不良心绪和感觉。这样，你和伴侣就能化解矛盾，解决一切哪怕最棘手的问题或事务。

在上面所有例子中，我让女人扮演“受害者”的角色，她因男人的表现或反应而懊丧、恼火。毫无疑问，男人也会成为情感失意者，为不满或者抱怨的情绪所左右。我在前面提供的建议或指导，对于男人和女人同样适用。如果有必要，你可以请教你的伴侣：针对上面的建议和主张，他（她）是如何理解的？他（她）通常有怎样的感受，会做出怎样的反应？不妨权衡比较，加以实践，一定会受益匪浅。

你没有对伴侣生气时，要花一些时间，以平和的心情，看看哪些措辞最为你和对方接受。熟悉和掌握“预先协商”的表达方式，可以给你带来意想不到的惊喜。记住，你们都可以“依样画葫芦”，直接套用双方认可的表达方式。一旦发生冲突，它们可以迅速缓和紧张气氛，避免无谓的纷争。

还有，不管选用哪一种措辞，都不要忽视在措辞背后，辅以更大的支持性力量——你对伴侣的爱。这是最为关键的一环。如果伴侣没有感受到你的爱、认可和支持，不管说什么，你们的关系都可能愈加紧张。正如我前文提到的，有时候，避免冲突最好的办法，就是适时地退避或让步。譬如说，不妨先中断交流，让自己平静下来，整理好情绪，为再次交谈做好铺垫，以便带着更多的理解、信任和宽容、认可的姿态，再次出现在伴侣面前。

可想而知，一开始，在表达方式和习惯上，让你做出前所未有的改变，你可能不习惯，不适应。情急之下，你更可能实话实说，将所有的怨气或不满和盘托出。但是，这终归会伤及对方的感受。我当然主张你坦诚相见，但要以“不冒犯、不伤害”为原则。按照上面的指点加以练习，你可以逐渐获得进步，给伴侣更多的关心和信任。时间一长，在技巧的运用上，你将会更加纯熟，直至“天衣无缝”。

我再强调一遍，不管对于你还是你的伴侣，上面的指导和建议，都是适用的。起初你可能感觉不大自然，觉得似乎缺乏真诚，不过，这只是暂时的现象。你要持之以恒，毕竟，仅仅用几周的时间，就想实现大逆转，改变多年延续下来的状态，显然不是容易的事。你要认真掌握每个环节，有条不紊地加以实践，不要有任何遗漏和懈怠。

☆　**以爱沟通，避免争吵**

经常关注伴侣的需求，尽可能为对方付出，无谓的争吵就会大幅减少。下面的例子，是我个人的经历和体会，它揭示了这样一个的事实：女人恰当地表达感受，而男人悉心做好听众，一场潜在的争论，是完全可以避免的。

有一次，我和妻子离开家门，到外面兜风。我们驾车外出时，觉得非常畅快。终于从一周的繁忙中解脱出来，我也希望邦妮心情愉悦。不管怎么说，应当过好这个难得的、美妙的假期，而机会就在眼前！不料，就在我意兴阑珊之际，邦妮深深地叹了一口气，说：“我觉得，我的人生，就是一场漫长的苦役。”

听了这话，我没有马上说话，先做了一次深呼吸。接着，我回答说：“我懂你的意思。在我看来，过多的操劳和忙碌，的确能把我们的幸福和快乐‘拧干’。”我说着话，还比画出一个动作，表示将抹布的水拧挤出去。

邦妮点点头，似乎同意我的说法。我注意到，她原本神情凝重的脸上，顿时露出了微笑，这让我感到惊奇。她随即改变话题，说这次旅行让她多么兴奋。我必须承认，假如时间回到6年之前，决不会是这样的情形。我们一定会争吵一场，因为我会以为她是在批评我的无能，谴责我的不是。

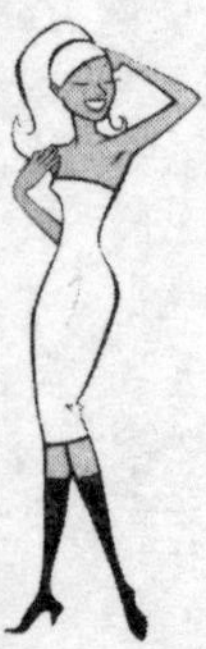

过去，要是邦妮说出“人生就是苦役”这种叫人泄气的话，我一定会立刻反驳。当着丈夫的面，她这样抱怨人生，我的脸面如何挂得住？我一定认为她是在责备我，发泄积压已久的怨恨。我在心理上难于承受，定会唾沫飞溅地告诉她：我们的生活，没有她想象的那样糟糕，与“苦役”这样的字眼扯不上边。和丈夫共度美妙的假期，她应当感激不尽。既然她没有感激，甚至说出令我扫兴的话，我们的争吵，一定会愈演愈烈，逐步升级，让假期变成“漫长的苦役”。之所以会造成这等局面，皆因我既不理解、也不认可她的感受。

而这一回，情况完全不同于过去，我完全能够体会她的心情。我也知道，她不是针对我，而是借度假之机，尽情地宣泄一下心情，仅此而已。正因如此，我没做任何反驳。我还顺势做了一个比喻呢。这让她觉得，她的感受得到了认同，所以，她更喜欢和我交谈。她对我的认可和欣赏，同样让我无比快慰。我格外理解她，支持她，让她感受到我的爱——这是她应得的权利。至于潜在的争论乃至争吵，早就与我们无缘了！

第 10 章

Men Are From Mars
Women Are From Venus

为异性亮出你的打分

爱情，有一种“记分法则”。

男人通常以为，他为女人做一件大事，比如买一辆新款汽车，或者带她去度假什么的，女人就会兴高采烈，为他打出很高的分数。假如做的是琐细小事，比如替伴侣开车门，为她买一束花，给她一次拥抱，他的得分就会很低。男人有这样的认识，所以宁愿把时间和精力放在大事上。他认为惟有如此，女人才会心满意足，打出最高的分数。

实际上，男人心目中的“记分法则”，和女人的标准相去甚远。他送给女人的每件礼物，不论体积大小，只能赢得一分。所有的礼物都是等价值的，与样式无关，与体积无关，与色彩无关。男人却常常误以为，如果是小礼物，就只能得到1分；换成大礼物，却可能赢得30分。女人有其特有的“记分法则”，男人却蒙在鼓里。他把注意力放到一两件大礼物上，还沾沾自喜，自以为得计了呢！

> 女人特有的“记分法则”：男人送给她的每件礼物，不论体积大小，只能赢得一分。所有的礼物，都有着同等的价值。

小礼物和大礼物价值相等，男人对此一无所知。他不知道，在女人的心目中，他赠送的一束玫瑰的价值，等同于他为他们的公寓支付的租金。倘若不了解这一事实，在情感关系中，双方都会陷入失望和沮丧。

下面的例子，证明了这一点——

帕姆对我说：“我为丘克付出了很多，他却一直忽视我的需要。他的脑子里只想着工作！”丘克说：“要不是努力工作，我如何买得起漂亮的住宅，我们又怎能驾车旅行和度假呢？你应该幸福才对！”

帕姆回答说：“我只在乎彼此相爱。否则，我不会关心什么房子、旅行、度假！我需要更珍贵的东西，可你却没有给予我！”

丘克说："听上去，你已经为我付出了太多，是吗？"

帕姆说："还用说吗？我为你做的事不计其数，洗洗涮涮，准备一日三餐，清扫房间，什么事情都得做！而你只有一件事情——上班，用挣得的工资支付账单。可你却让我应付其他的一切。"

丘克是个事业有成的医生。和其他医生一样，工作占用了他相当多的时间。当然，他的工作有着可观的收入。让他难以理解的是，他的妻子总是不满。难道他为妻子做得还不够吗？他赚了那么多钱，让生活富裕而殷实。他的努力，不都是为了妻子、为了整个家庭吗？然而，他回到家里，却很少感受到妻子的快乐。

丘克以为，既然他为工作付出了太多心血，由此换来的钱越多，回到家里，他就越可以少干一点儿。这才是合情合理的"平衡"和"公正"，这有什么不妥吗？丘克觉得，他每个月底交给妻子的高额支票，完全可为他赢得 30 分。开了私人诊所后，丘克月收入增加了一倍。这时候，他进而认为，妻子该为他打出 60 分了。不过他从未想过，他每月交给妻子的支票，不管面额多少，只能为他赢得 1 分。

丘克不知道，他给妻子的支票金额越高，意味着给予妻子的爱越少，相应地，妻子打出的分数也就越低。新开的诊所，需要他付出更多的时间和精力。帕姆考虑到丈夫辛苦，所以，格外卖力地做好家里家外的事，以便将"爱情巢穴"打理得更温馨。她的付出越来越多。这时候她觉得，她每个月可赢得 60 分，而她的丈夫却只有 1 分。差距如此明显，这让帕姆怏怏不乐，怨气和不满与日俱增。

帕姆给予的越来越多，得到的却越来越少，这让她难以平衡。具有讽刺意味的是，丘克反而觉得，自己的贡献远大于伴侣。他得到的才应该是 60 分！他有权利、也有资格，从妻子那里得到更多。两个人的分数至少可以持平，所以，他对彼此的情感还算满意，惟一美中不足的，是妻子的态度大有问题——她似乎很少真正幸福过！他认为，对方要求得好像太多。他不断增长的收入，完全可以"抵消"妻子的付出。丈夫的想法，让帕姆越发沮丧和恼怒。

然而，在听了我的“情感关系”录音教程后，他们开始更多地了解对方，摆脱无价值的相互指责。他们的原则是“爱”字当头——以更多的爱解决实际问题。他们幸亏这样做，不然感情就会越来越冷淡，甚至分道扬镳。现在，他们的情况终于得到彻底扭转。

丘克意识到，即便为妻子做各种小事，也能产生奇迹。他惊讶地发现，当把更多的时间、精力奉献给妻子时，他获得了多么好的结果！他心悦诚服地承认，即使是不起眼的小礼物，也和大礼物一样重要！他也终于理解：为什么在过去，工作只为他赢得了1分？

实际上，帕姆一直郁郁寡欢，有着不容置辩的原因：她真正需要的，是丈夫无微不至的爱与关怀。至于财富、金钱、豪宅、名车……这一切，充其量只能排在第二位。丘克从工作中转移部分时间和精力，用以体贴和呵护她，她就会体验到欣慰和幸福。长久以来，丘克勤勤恳恳地付出，不也正是为了这一结果吗？由此可见，恰当的付出多么必要，对于女人是何等重要！丘克也终于知道，妻子和他有不同的“记分法则”。每次回到家里，他有了更多的自信，他懂得如何让妻子快乐和幸福。

琐细小事，赢得高分

选择恰当的爱的方式，不必花太多力气，就可从妻子那里赢得高分。男人要将以往的“记分法则”加以修正。相当多的男人，似乎怀疑某些“爱的举动”的意义。他们只是停留在想象中和口头上，却很少付诸行动。男人永远要铭记：多为女人做些不起眼的琐细小事！千万不要以为，同大礼物相比，不起眼的小礼物不值一提。

恋爱之初或者新婚燕尔，男人或许尚能重视小事。但他的耐性显然不够，做过一两次，便半途而废。他本能地想“露一手”，要为她做出惊天动地的大事，将价值连城的大礼物恭敬送上，以便赢得最高分数。至于貌不惊人的小礼物，他恐怕想都不想，乃至一脚踹开！事实上，正是生活中无处不在的小事，才更能满足女人情感的需要。其意义之大，超出男人的想象。男人应该懂得，如何更好地满足伴侣的需要，不能凭一己之见，做出错误的选择。

女人特有的“记分法则”，不是离谱的偏好，而是实在的需要。女人需要多种形式的爱的表达。只有这样，才能感受到男人的爱。一两种爱的表达，不管耗费你多大力气，都不能“一劳永逸”地让她快乐。女人最需要的，不是价值连城的大礼物，而处处的体贴和关怀，才是女人梦寐以求的结果。

这也许让男人难以理解。通常，男人不愿丢弃固有的“记分法则”，结果付出得越多，赢得的分数就越低。为更好地说明问题，我可以打个比方——设想女人有一种“爱的油箱”，大小和汽车的汽油箱差不多。如何给这种“油箱”装满燃料呢？那就是为女人做各种小事，赢得更多的分数——“燃料”。这是将“油箱”装满的惟一秘密。知道这个秘密，男人才能将更多的爱给予女人，而女人也将做出回报，给男人更多的爱、信任、接受、感激、赞美、认同、鼓励。总之，做好各种小事，才能装满“油箱”，这是划一不二的金科玉律！

下面的清单，罗列出 101 种为“油箱”加油的方法，它们简单而有效。你锲而不舍地遵照执行，就可使女人“爱的油箱”燃料充足，动力强大！

从女人那里赢得高分的 101 种方法

1. 回到家里，先别做别的事，首先拥抱她。

2. 询问她当天的工作和感受，给她必要的体贴和关心（例如，“你到预约的医生那里看病了吗？”）

3. 学习倾听和提问的艺术。

4. 抑制给她擅做主张、出谋划策的冲动。要代之以理解和体谅。

5. 规定至少 20 分钟时间，给对方最专注的倾听（在这期间，不要阅读报纸，也不要被其他烦心事干扰）。

6. 就像初次约会那样，怀着忐忑、兴奋的心情，送她一束美丽的花，带给她意外的惊喜。

7. 提前几天策划一次美妙的约会。不要等到星期五晚上，才询问对方“你打算做什么”。

8. 假如一向由她做饭，或者轮到她来做饭，而她当日似乎显得疲倦，或忙于其他事务，不妨主动代劳，精心烹调出一顿美餐。

9. 不失时机地恭维，说她看上去多么可爱，多么美貌而动人。

10. 她觉得沮丧或者烦恼，就让她吐露真实的感受，并且给予理解和认同。

11. 她觉得疲劳而倦怠，就主动提出帮忙，做力所能及的事。

12. 旅行的时候，将行程安排得相对宽松，这样就不会太紧张。

13. 要是有可能迟到，就提前打电话，让她有充分的心理准备。

14. 她请求你的支持，不管你是否同意，都要出言谨慎。不要让她觉得，她的请求是个错误。

15. 任何时候，倘若她有受伤的感觉，要予以充分理解，要真诚地对她说：“你觉得很受伤，我真的很抱歉。我怎样帮助你才好呢？”她会感到你的理解和体谅。不要急于提供建议，或为自己辩解，说为什么她的受伤与你无关。

16. 任何时候，你打算进入“洞穴”，要做出暗示和保证：你不久就会返回。你可以告诉她：你需要一段时间，将问题前前后后地想清楚。

17. 当你离开“洞穴”、心平气和时，把反思的结果如实“交代”。你要尊重对方，不要流露出沮丧、懊恼之意。这样，她就不会多心地往坏处想。

18. 同她到郊外谈心。如果是在冬天，而且有机会点上篝火，就不要忽略这个细节。篝火带来的，是温馨和浪漫。

19. 她想同你谈话时，你要放下手里的杂志，或关闭电视机，全神贯注地倾听。

20. 通常情况下，假如她负责洗碗，你可以不时地主动代劳，尤其是在她感到疲劳时。

21. 你要留心观察：在什么情况下，她的情绪会变得糟糕，或者有疲劳感？不失时机地询问她，是否需要你的帮忙，协助她完成任务。

22. 离家外出时，询问她是否需要买什么。把它们记下来，到商店购买。

23. 你打算小睡或者离开时，最好让她知道。

24. 每天至少要拥抱她4次。

每天至少拥抱她4次。

25. 上班期间，抽空给她打电话，询问她的情况和感受，讲述有趣的事情。

26. 对她说：“我爱你！”每天说上几次。

27. 整理床铺，打扫卧室。

28. 如果她来帮你洗袜子，就提前把袜子翻到正面，让她省却这道“工序”。

29. 留意垃圾桶是否装满，主动把它倒干净。

30. 你因工作离开本市，到外地出差的话，别忘了随时打电话给她。留下你所在地的电话号码，她可以和你保持联络。还要让她知道，你已经平安到达目的地。

31. 帮她清洗汽车。

32. 你同她外出约会，别忘了清洗汽车，把汽车内室打扫干净。

33. 在你们“燕好”之前，别忘了先冲个淋浴。如果她喜欢香水的味道，最好在身上洒上一点儿。

34. 如果她在公共场所发火，就把她拉到一边，让她冷静下来。

35. 按摩她的后背、脖颈、脚掌等身体部位。

36. 有时候，即使不为性爱之目的，也要营造浪漫而柔情的氛围。

37. 鼓励她倾吐感受。耐心地倾听，不要看表。

38. 你和她一起看电视，不要拿起遥控器，把频道换来换去。

39. 当众表达你对她的爱和柔情。

40. 握住她的手时，你的手不能软弱无力。

41. 了解她最喜欢的饮料。这样，不管在家里，还是在咖啡馆、

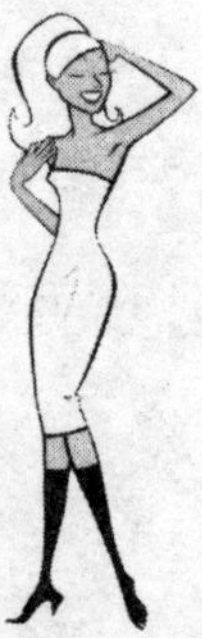

饭店，她都可以享受到你精心的安排。

42. 外出就餐时，主动建议选择不同的餐厅。不要把选择就餐地点的负担压到她的身上。

43. 根据她喜欢的电影、交响乐、戏剧、芭蕾舞或其他形式的演出活动，主动帮她购买月票。

44. 创造光顾某种场合的时机，使你们皆可打扮得漂亮、潇洒、动人。

45. 假如她约会迟到或临时改变衣着，你要给以体谅和理解。

46. 在公共场合，给她多于其他任何人的关心和注意。

47. 让她看上去，显得比孩子更重要。让你的孩子知道，他们的妈妈，才是最吸引你眼球的人。

48. 为她购买一些小礼物，比如一盒巧克力，一瓶香水。

49. 给她购买全套衣装（带着她的照片和身材尺寸，让商场销售员协助你挑选）。

50. 在特殊场合或在节日里为她拍照。

51. 和她一道外出，共度短暂而浪漫的假期。

52. 让她知道，你的钱包里面，总是装着她的照片；不时地更新她的照片。

53. 你们住在宾馆或旅馆时，让服务员在房间里备齐某些特别的物品，比如香槟酒、苹果汁、鲜花。

54. 在纪念性的节日里，例如生日、结婚周年纪念日等，写一封爱情短笺，或者做一个漂亮的手工艺品，表达你的爱情。

55. 在你们远距离旅行中，要主动驾车。

56. 你在驾车时，如果她坐在相对危险的前座，因此不妨放慢速度，为对方（以及你本人）的安全着想。

57. 关注她的感受，适当做出评价，以便了解实情。譬如，“今天你好像很累。”“你今天心情怎样？”

58. 她打算出门时，提前帮她安排行车路线。这样，她就不用担心走冤枉路，也不至于迷路。

59. 带她一起去跳舞，或者同上舞蹈班。

60. 写一首情诗，或者一封情书，带给她意外的惊喜。

61. 以初恋时的方式同她约会。

62. 主动提出修理家里某些破损的物品。例如："有没有什么东西坏了，需要我来修理？我现在有空闲时间。"当然，不必做超出能力限度的事。

63. 帮她磨好厨房里的菜刀。

64. 购买"强力胶"之类的物品。一旦家里的东西坏了，马上修补。

65. 及时更换可能出问题的灯泡。

66. 帮助她清理家中的垃圾。

67. 报纸上的某些内容，可能让她很感兴趣。大声地读给她听，或者把相关文章剪下。

68. 必要的时候，把你替她记录的电话留言工整地写下来。

69. 让浴室地板保持干净、整洁。每次淋浴后，迅速清除水分，让浴室保持干燥。

70. 她从外面回来时，及时为她开门。

71. 购物时主动帮她提东西。

72. 主动代劳，提起较重的箱子。

73. 在旅行中，负责提行李，并将行李放进车中。

74. 主动帮她清洗盘子、碗碟，以及某些不易清洗的炊具（比如铁锅）。

75. 把需要修理的物品记在清单上，贴到厨房墙壁上。只要有时间，就逐一修理妥当，不要拖延太久。

76. 她为你做好晚餐，别忘了恭维她的厨艺。

77. 倾听她的谈话时，注视她的眼睛。

78. 同她促膝而谈时，轻轻地抚摸她的手，或温柔地握住。

79. 对她当天的活动表示关心。关注她阅读的书、接触的人。

80. 在听她谈话时，让她感觉你对她的话感兴趣。为此，不妨做出某些安慰性的声音，比如，"喔"、"唔"、"嗯"、"啊"，等等。

81. 询问她的身心的感觉。

82. 假如她生病了，要了解她的病情进展，询问她"感觉

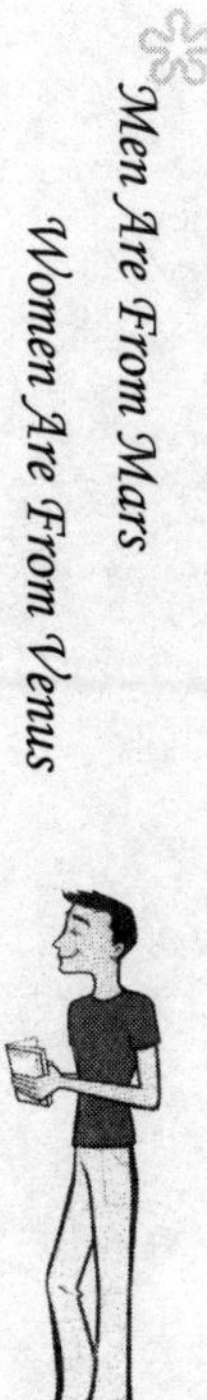

怎样”。

83. 她感觉疲倦，就给她泡上一杯茶。

84. 一起做好睡觉前的准备，一块儿上床就寝。

85. 你离家上班时，要温柔地与她吻别。

86. 对她讲的笑话或幽默发笑。

87. 她为你做了某件事，要向她表示谢意。

88. 她做了新发型，你要恭维和赞美，让她觉得安心和满足。

89. 创造与她单独相处的时机。

90. 在你们卿卿我我时，或在她宣泄脆弱的感受时，可以拔下电话线。

91. 同她一起骑车兜风，哪怕只是短距离也好。

92. 策划、安排一次野炊；提前准备好各种野炊用具。

93. 提前替她把衣物放进洗衣机，或者主动帮她洗衣服。

94. 把孩子留在家里，同她外出散步。

95. 针对日常各种事情，同她协商后再做决定。征求、参考她的意见和建议，尽可能满足彼此的需求。关心她，体贴她，但不要做甘愿自我牺牲的“假圣人”。

96. 你出门在外时，让她知道，你时刻想念她。

97. 把她最喜爱的糕饼或甜食买回家。

98. 主动替她外出选购食物。

99. 在浪漫的环境或场合下，不可暴饮暴食。这样，你既不会露出一副贪婪相，也不至于在饱餐后有疲惫感。

100. 了解她的想法和建议，加到这份清单上。

101. 离开洗手间之前，别忘了把马桶垫圈放下来。

小举动产生大魔力

男人为女人做各种小事，将会有意想不到的收获——女人“爱的油箱”处于饱满状态，她会释放出更多的爱的力量，使他赢得更多的分数。两个人分数持平或接近相等，女人将会感觉欣慰，觉得为他所爱，便会赋予他更大的信任，更多的柔情。爱，让她欢欣鼓舞，从而丢弃积怨，为他更多地奉献。

男人应该意识到，把小礼物送给女人，也是他的“自我治疗”的过程，可以让他摆脱怨恨和沮丧，感觉更为强大而有力。同时，他的伴侣也因此得到关心和理解，双方皆大欢喜。

☆ 男人需要什么

男人要经常为女人做小事，而女人也要感激男人的付出。她的一个微笑，一句感谢，一次拥抱，都会使他赢得1分，1分，又1分。他需要感激和鼓励。他会更加慷慨，给予她更多的爱。他渴望与众不同的感觉，相信自己能创造奇迹。对于他的一举一动，她视而不见或漠然置之，他就会停止付出。女人要让男人懂得，他的付出让她感激。

这并不意味着男人帮她掉垃圾，她就必须视之为“壮举”，援引为感情完美的最好证明，所以感激涕零。她要做的，就是注意到男人倒掉垃圾这个事实，并且适时地说一声“谢谢”，仅此而已。但是，长此以往，不论男人还是女人，都会感受到对方绵延不绝的爱。

☆ 接受男人的天然倾向

男人有一种天然的倾向：他愿把毕生精力用于所谓的“大事”，却忽略小事的重要性。女人要接受这一客观事实，不要因误解而让感情受到伤害。男人的给予，远远少于期待，女人也不必心存积怨。最好积极、乐观地与男人一道，将情感问题逐一解决，而不是听凭事态发展，或怨气冲天，牢骚不断。要时不时地做出暗示：对于他为她所做的小事，她非但不拒绝，反而非常感激。他热情而辛苦的服务，点点滴滴，都会留在她的记忆里。

还要记住，男人不做小事，不证明他不爱女人。他本能地将注意力放在大事上。女人不要和男人吵架；不要因为委屈，就对他实施惩罚。随时请求他的支持和帮助，让他听到她的心声：“亲爱的，我需要你！”女人更多的鼓励和信任，让他周身热血沸腾，不放过任何帮助她的机会，以赢得她更大的欢心。在他的眼里，小事

的分量越来越重，和大事等量齐观。男人知道，他不必光想着事业的成功。他开始时刻记挂她和全家人，花出更多的时间陪伴家人。

调整精力和注意力

我清晰地记得，当初，我如何将触角加以调整，从大事逐步转向小事。我和邦妮刚刚组建家庭时，我几乎是个“工作狂”。除了写书和授课，每周还要花上50多个小时，接待四面八方的咨询者。在结婚的第一年里，她以实际行动让我明白，她时刻想念我，需要我经常陪伴。有时她坦言相告，说有被遗忘的感觉，这让她大受伤害。

她还时常把心情写下来，为情感找到宣泄的渠道。这就是所谓的“情感告白”——一种特殊形式的“情书”。它的基本特征之一，就是在情书结尾，表达对对方的爱，而在其他部分，则可尽情抒发生气、伤心、恐惧、遗憾的感受（在第十一章里，我将告诉你，怎样写好这种“情感告白”，带你探索它独一无二的重要性）。我的妻子曾经写过下面这封情书。她当时是想提醒我，我把太多的时间用到了工作上。

亲爱的约翰：

我给你写这封信，是想让你知道我现在的感觉。我不是告诉你要怎样做。我只想你体会我的心情。

你的心里只有工作，不由得我不生气。每天晚上，你一身疲惫地回到家里，甚至懒得拥抱我。我多么难过，你体会得到吗？我多想经常和你在一起啊！

如果我的感觉是正确的，我想，你更关心你的客户。你因此而忽略了我，这让我感到伤心。你的倦容让我难过。我时时刻刻想念你。

我怕你不愿花时间陪我。我怕除了工作以外，我成为你另一个负担。我怕自己天天抱怨不止，让你心烦意乱。我怕我的感受对你而言，是无关紧要的。

也许你不愿听到这些，我真诚地向你表示歉意。我很清楚，为了家庭，你付出了太多太多。你尽了最大的努力，我感激你所做的一切。

爱你的　邦妮

读了情书，我才充分意识到，长久以来，我漠视了妻子的感受。我只想着与客户打交道，却把她放到次要的位置。每次回到家，我的身体就像散架似的，一句话也不愿多说。不知不觉间，我忽略了她的存在。我慢慢地意识到，对于男人，这是不可饶恕的大错，这是过于拙劣的表现。在妻子心目中，我哪里称得上是铠甲闪亮的武士呢？

☆　当男人超负荷工作时

实事求是地说，造成这种局面，并非我不爱她，而是我被工作掏空了精力。我天真地以为，只要勤奋工作，让她和孩子快乐，让全家人生活得更好，不为金钱所忧，不为衣食所虑，我就是个“功勋卓著”的好男人、好父亲。我意识到这是一种偏见时，立刻自我进行调整。我知道自己必须重视妻子的感受。

原来每天接待 8 个客户，我缩减为 7 个。妻子就是我的第 8 个“客户”。每天晚上，我比平时提前 1 个钟头回家。我将妻子看做最重要的“客户”。我态度虔诚，把更多精力用在这个客户身上。我为她做力所能及的小事。这种转变立刻有了回报——我让妻子更为幸福，而我也同样如此。

我为家庭提供更多的支持，逐渐地感受到更多的爱。我不再一门心思，只为追求事业的成功。家人的快乐和幸福，尤其令我挂怀。从此以后，我开始放慢节奏。让我惊奇的是，我和妻子的感情，连同工作在内，却更加顺利而完美，尽管我不像以前那样卖力工作。

同时，我的事业，我的感情，较以往更为成功。情感的圆满，极大地推动了事业的发展。这是我最深的感触之一。至少我意识

到，一个人功成名就，光靠勤奋，往往是不够的。它也取决于别人对你的信任和支持。家庭的爱，带给我更多的自信。我心情愉快，满面春风，赢得了更多人的好感。不管是我的同行，还是我的客户，更愿意与我亲近和交流。

☆　**女人如何给予帮助**

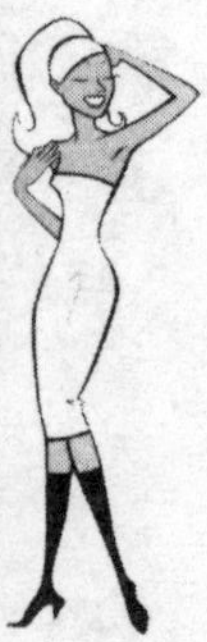

这一切的转变与邦妮的信任和支持密不可分。她不断地同我交谈，给我鼓励。她也不时地让我为她做各种小事。她感激我为她点滴的付出。我感慨万千：即便做微不足道的小事，也可以从心爱的女人那里，得到慷慨而丰厚的爱！我不再像过去那样，以为只有做大事，妻子才会厚爱有加，这使我如释重负。我再也不必刻意谋求惊天伟业。一句话，这就是幸福人生的真谛。

女人的打分

女人有一种特别的能力——她对小事与大事的感激并无二致。对于男人，这难道不是一种福气吗？在这个世界上，绝大多数男人胼手胝足地奋斗，只为追求事业的成功和辉煌，以为惟有这样，才无愧于女人的爱。他渴求女人的爱和赞美，却没有意识到，即便他是无名小卒，做好琐细的小事，也可以赢得女人的青睐，得到和大事相同的分数。

> 大多数男人胼手胝足地奋斗，只为追求事业的成功和辉煌。他们相信，惟有这样，才无愧于女人的爱。

我已说过，男人对成功过度迷恋，其实是一种病态，它可从女人那里得到治疗。女人开出的药方很简单：感激男人为她所做的小事。不过，如果女人不懂这个药方，就会三缄其口。她要么隐藏感激之情，要么让内心的怨恨占据上风。

治疗怨恨的“流感”

通常说来，女人本能地重视小事。但奇怪的是，女人的错误又常常是忘记对小事表示感激。她的分数多于男人，或觉得男人对她爱得不够，就会下意识地闭上嘴，“取消”给男人所有的感激。女人对伴侣产生怨恨，常常是因为她觉得付出太多，而男人给予太少。她的怨恨积少成多，就会对伴侣的一切付出视而不见。

女人的怨恨是一种疾病，就像感冒和发烧那样，显然不是健康、正常的状态。女人患上“怨恨”这种疾病，就不会在乎男人送给她的小礼物。在她看来，她的牺牲远多于男人的给予。

假如她和男人的得分之比，是 40 比 10，她一定难以接受，心中的怨气将飞速蹿升。女人认为其多年来的辛苦付出，远多于男人的回报，就会极为不满。接着，她从自己的 40 分当中，减掉男人的 10 分，并当机立断地得出结论：她和男人的分数之比，其实是 30 比 0。按照某种特定的数学规则，这种算法似乎可以理解，实则大谬不然。

她进行了一番数学运算，就把男人的分数变成了 0 分！这显然与事实不符，男人的得分毕竟不是 0 分，而是 10 分。遭到“暗算”的男人回到家里，迎接他的是女人异样的眼神，冰冷的声音。这更加清楚地表明：男人 1 分也未得到。女人否定了他做的一切。她惩罚性的做法和态度，真真切切地暗示出：男人什么也没有给予她。男人固有的 10 分，早已成了作古之物。

女人“无情”、“残忍”地注销了男人赚得的 10 分，在于她没有感受到对方的爱。两个人悬殊的分数之比，让她极不平衡。她觉得自己不重要，因为对方不肯多做一丝一毫。这让她无法接受。男人的 10 分固然名正言顺，对她却无关紧要，自然不会心存感激。当然，这对男人并不公平，却是木已成舟的事实。

女人的冷漠，让男人大感失落，动力全无。他再不肯为女人多做什么，因为他心中也起了怨恨之情，染上了怨恨的“流感”。男人的变化，让女人更加绝望，更加怨恨，情感关系进一步恶化。此

时，女人的“流感”更加严重，她对人生的希望，对丈夫的期待，就如风中之烛。

☆ **她应当做什么**

要让“流感”尽早治愈，男人就需要重视和感激，而女人需要关心和支持。不然的话，他们的病情就会加剧，直至病入膏肓，无药可医。

从女人的角度说，她也应当承担责任，做自我检讨，因为她付出的太多，和男人的分数相差悬殊，由此带来了心理的失衡。这时，她要像真的得了感冒或发烧，必须认认真真地对待。她需要的治疗方案，就是更多地休息，而不是过于操劳，无休止地付出。女人要记住：既然“贵恙缠身”，就该静心休息，让男人给予照顾。

有时候，女人心存怨恨，却不愿给男人任何机会，为她做这样或那样的事。即使男人非做不可，女人也满不在乎，不以为然。她认为，男人的举动为时已晚，毫无价值，即便他有所付出，得到的还是 0 分。换句话说，男人想“亡羊补牢”，女人却关上大门，让男人吃“闭门羹”。显然，这是女人的不对。她应当宽宏大量，容许男人校正错误。她应当修正错误的“扣分”方式，给男人赢得更多分数的机会。既然男人愿意改正错误，她就应不念“旧恶”，让对方彻底地补偿。她要给男人更多的理解，以便改变尴尬的局面。

☆ **他应当做什么**

女人一意孤行，拒不“买账”，男人就会非常泄气，不仅不再为她做什么，甚至将错就错，破罐破摔。当然，男人不必过于斤斤计较。女人的态度，并非“空穴来风”。他在她面前犯过错误，这是一种客观存在。

他应该为此承担责任。既然由于他的过失，让女人染上怨恨的“沉疴”，他就应该踏踏实实，履行照顾的义务。浅尝辄止的关心和照料，当然不会使她回心转意。要是他缺乏耐心，心怀怨恨，就更是说不过去。面对痛苦而不幸的伴侣，他应该心怀恻隐和愧疚，千方百计地做出补偿。他还要懂得，除非不停地付出，赚得更多的分数，与对方基本持平，她才会病体康复。这样，她才会像过去那样，继续为他付出。

不管做了多少，在短时间内，他不该期待迅速得到感激和赞美，从而满足他的情感需求。女人患上了“流感”，他就该负起责任，时刻提醒自己：女人的病情，皆因男人的粗心和忽略所致，因为他没有为她做各种小事。有了这样的认识，他就不至于一边给予，一边幻想女人及时回报。一段时间以后，女人病体康复，就会迫不及待地做这做那——她急于为自己增加分数，改变分数业已落后的现状。这可以使他迅速摆脱怨恨。总之，他不断地给予，就是最好的良药，使女人及早康复。他的爱和支持，让她心怀感激，为感情全面和解打下坚实基础。

男人为何给得少

男人极少有意“拿得多，给得少”，尤其在男女之情上。但是，男人在这方面“臭名昭著”的情形，倒也不乏其见。也许你深有体会——情爱中的女人，总是慷慨大方，无私地给予。恋爱之初，她确实觉得公平，因为男人的付出不比她少；爱和感激，成为她情感主旋律。但不知从哪一天起，她开始抱怨了。她认为男人最初充满爱意，随即却慢慢“冷却”下来。这时，男人开始受到不公平的对待——她的爱和感激，逐渐为怨恨和挑剔所代替。当我们意识到，男人和女人有不同的“记分法则”时，其中的秘密，就变得一清二楚了。

男人的“冷却”，即停止给予的原因和理由，主要有5种，它们是：

1. 火星人不切实际地看待“公平性”。男人着迷于工作，置身于事业。为了某个具体的项目，他忙得焦头烂额，昏天暗地。他天真地以为，这可以为他赢得50分！所以，他回到家里，就懒洋洋地坐下来，等伴侣手中的“记分牌”亮出，为他打出高分。然而，记分牌上的分数却赫然只有1分！这让他遭受重创。男人觉得不公平，当即决定：从此停止给予！

本来，男人认为，女人应该和自己一样挣够50分，所以会马

不停蹄地为他付出，否则她会有危机感。只有这样，才能实现分数持平。但让他始料不及的是，他起早贪黑、披星戴月地在办公室里忙碌，到头来只赚来区区 1 分！他显然忽略了一个事实：不管他给予的礼物是大是小，女人的记分牌上，永远只会显示“1 分”。只有意识到这一点，他才不会委屈和怨恨。男人要牢记：女人实行的是“1 分制”。所有爱的礼物，其价格标签一模一样；它们在女人的眼里，只具有相同的价值。我首先要给男人和女人如下忠告。

给男人的忠告：多为女人做一些小事。即便是小小的付出，也可得到不菲的回报，给情感世界带来奇迹！除非充分地感受到你的爱，不然，就别想让伴侣感到满意。要将小事和大事一样看待，切勿厚此薄彼！

给女人的忠告：记住，男人来自火星。通常，男人为女人做各种小事，不会让他产生激情和动力。他给予的少，未必是他不爱你，而在于他自忖功勋卓著，为你付出了很多。男人减少付出，也不意味着他漠视你的存在和价值。当然，你应当抓紧各种机会，让男人继续为你付出，在各方面支持你、关心你。不要总是消极而被动地等待。守株待兔的结果，只能是一无所获。等到两个人分数相差过于悬殊，你才急不可待地提出请求，只怕为时已晚。在寻求他的支持时，你不可居高临下、颐指气使地下达命令；你要相信他的价值和力量。他需要的，也许只是你的一点点鼓励。

2. 金星人错误地崇尚“无条件的”爱。在感情方面，女人往往毫无保留地给予。终于有一天，她寂寞、忧伤、空虚得不知所措。她发现，她得到的爱少得可怜。这时她才慌了手脚，继而对伴侣心生怨气。女人的“记分法则”和男人不一样。她无私地付出爱，以为男人也会如此。

这显然是她的误解。男人当然不是“吝啬鬼”，只要愿意，他也会尽情地给予。不过，如果他发现两个人分数不相等——他的分数多于女人，就会终止给予。男人以其特有的力量，一开始慷慨大方，大把大把地给予。接下来，他大模大样，稳坐“钓鱼台”，幻想着坐收渔翁之利——他要回收曾经的付出。

女人乐此不疲地给予，让他想当然地以为：这是他赢得高分的结果。所以，他在情感的付出上，更加止步不前，只等女人再接再厉，赢得和他同样的分数。他决不会想到，他的付出，不如他想象得那样多。然而，从对他有利的观点出发，既然他认为女人的分数低于自己，他就宁可终止给予！不这样做，他就成了“冤大头”。

这时候，如果女人迫使他继续给予，男人就会极不情愿，甚至产生怨恨。于是，他的脸上就决不会再露出笑容。假如女人慷慨地给予，而且满面春风，他就胸有成竹地认为：他的分数决不会低于女人，所以，女人才急切地、乐颠颠地为他付出。男人很少想过，在情感的付出上，女人具有超乎想象的热情和能力。除非出现30比0的情形，否则，女人仍旧会慷慨地给予。

给男人的忠告： 即使女人微笑着给予，也不意味着你和她的分数必然相等。她的内心深处，未必完全认可你的付出。

给女人的忠告： 你总是慷慨地为男人付出，男人就会心安理得地认为，他的分数决不低于你。为男人的付出要适可而止。否则，你就不可能激励男人行动起来，给予你更多。多让男人为你做各种小事，随时随地请求他的帮助，真诚地、无保留地表示感激。这将使男人受到激励，倍感鼓舞！

3. 只有得到请求，火星人才会给予。通常说来，火星人有求必应。我以前说过，火星人热爱自给自足，以此为荣。除非真的需要，不然，他不会主动向他人求援。在火星上，未经请求、自作主张地帮助他人，是一种冒犯行为，除非你事先得到请求。

与火星人截然不同，金星人常常急不可待，为别人提供力所能及的帮助。倘若她爱着对方，更是不惜一切代价，慷慨而大度地提供支持。她甚至等不及别人的请求。她爱得越深，付出的也就越多。

正因如此，一旦男人没有主动地提供支持，她就认为他不爱她。为了考验她的男人，验证他的本来面目，她甚至不予请求，只坐等他主动付出。要是他无动于衷，她的怨恨，就会风生水起。实际上，她并不知道，他一直苦等着她的请求！

保持分数均衡——这对男人至关重要。在情感关系中，男人觉得付出太多，就会本能地终止付出。他觉得，该是女人效劳的时候了。从另一方面说，男人觉得付出得少，就会减少对伴侣的要求。以其本能，他也不会主动请求支持。他要做的，就是更积极地行动起来，赢得更多的分数。

假如女人未做请求，那么，在他看来，她已经得偿所愿，心满意足，不需要他增加分值。他觉得无须更多地给予，而她却不明究竟，仍旧倔强地等待他的支持。

给女人的忠告：一直以来，男人寻找各种蛛丝马迹，判定他是否需要给予更多，应以怎样的方式付出？他期待你开口请求。他渴望听到你的呼声。只有这样，他才雄心万丈，虔诚地为你付出。从你的请求中，他才会清楚该做什么，做到怎样的程度。而你却经常忽略这一点。倘若你从不开口，他就“干晾”在哪里，觉得自己一无所用，满脸都是期待和茫然。有时候，男人心里也清楚，他在感情上的付出远远不够，即使如此，他还是希望，女人能够主动表达渴望和需求。如果你从不鼓励男人为你做小事，他就会继续把精力用在大事上（比如他的工作）。男人想当然地以为，惟有事业的成功，财富的积累，才会使你心满意足。

给男人的忠告：应当主动而积极地支持心爱的女人。你要了解女人的本能。即使需要你，她也未必说出来。她希望你“长眼色”，动作快，效率高。但你却以为女人爱你，就会主动请求。其实，这是你的误解；你应当主动、积极地挺身而出，为她做好各种小事。

4. 即使分数不平衡，金星人也会显得若无其事。让男人料想不到的是：即便分数不及女人，只要他开口请求，女人就会鼎力相助，竭尽所能。她宁可暂不考虑悬殊的分数之比。所以，男人应当适可而止，不可一味索求而不顾及她的感受。如果她觉得付出多于回报的话，一段时间后，她的怨恨就会水涨船高。

对于他的请求，她毫无异议，亦无反感，可说是有求必应，就意味着她的所得，和她希望的一样多——这只是他的错觉而已。他误认为两个人分数相等，实际上并非如此。

我记得，结婚的头两年，我每周都会带妻子看电影。有一天，她突然发了脾气。她抱怨说：“我们做的事，总是你所渴望的。你从不顾及我的感受、我的需要！”

我惊讶得说不出话来。我一直以为，只要她没有异议，我说什么，她就跟着做什么，言听计从，就说明她对现状必定满意。我原以为，她和我一样，非常喜欢光顾电影院。

有时候，她会暗示我，说城里正在上演歌剧；有时候，她说很想去听交响乐。我们驱车经过本市的演出场所，她不经意地对我说：“这次的演出，一定值得一看。”

一周后，我就忘记了这码事。我一如既往地说：“我们去看电影吧！我看过评论，这是一部不错的片子。”

她看上去总是挺高兴：“好吧，我同意！”

我并不知道，这只是一种假象。我以为她和我一样，对于光顾电影院乐此不疲。事实上，她不过想陪伴我而已。电影固然不错，而她更喜欢欣赏歌剧和交响乐，因此才不断地向我提起它们，而我却充耳不闻。她义无反顾地陪我进入电影院，使我完全没有意识到，只要我心情高兴，她宁可牺牲她的渴望。

给男人的忠告：女人对你言听计从，不见得你们分数相同。说不定，在她看来，你们的分数之比，其实是20比0。可她表面上不动声色，甚至一脸喜气地对你说：“当然啦，我正要帮你洗衣服呢！”或者，“好吧，我替你打这个电话！”

即便她十分听你的话，决不违背你的意愿，也不见得她心甘情愿。你要让她亲口说出：她究竟想要什么？需要你怎样支持她，关心她？如果她的愿望是音乐厅，而不是电影院，你就要果断地选择前者而非后者。

给女人的忠告：不要一味随声附和。如果男人让你怎样做，你就怎样做，他就容易产生错觉，以为他的付出远多于你，或者说，你们的分数至少大致持平。假如你的付出多于回报，更不可“招之即来，挥之即去”。相反，你要以得体的方式，让他为你做得更多。

5. 火星人实行“扣分原则”。女人可能很少知道，倘若男人觉得，她没给他足够的爱与支持，他就会对她的分数进行削减，作为对她的惩罚。当着男人的面，她的反应若有拒绝、否认的意味，也无任何感激之辞，他就会不留情地予以“扣分”，甚至给出负分。

例如，如果男人为女人付出而未见感激，他就有受伤的感觉。没有得到她的爱，他心有不甘，于是迅速扣除她挣得的分数。具体地说，假如她赢得了10分，男人就会把它变成0分，让她一无所获。如果男人受伤的程度很深，他甚至就可能给她打出“负20分”。如此一来，她反而亏欠了他10分，而1分钟前，她明明比他还多10分呢！

女人对此困惑而茫然。好不容易挣得和男人对等的30分，转眼之间，就被扣除得一分不剩！这时，男人会停止一切给予，而且理直气壮，毫无愧意，因为她足足欠了他30分！在男人看来，这就叫“公平”，殊不知这其实“不公平”!

这样的“扣分原则”，对于两个人的感情显然有害无益。造成的直接结果是，女人觉得不受重视，男人认为可以终止给予。只要女人流露出否定和拒绝，男人就会停止他的爱和支持。在现实生活中，类似的情形司空见惯。即便男人有能力给予，也会失去激情，失去动力，显得被动而消极。

给男人的忠告："扣分原则"是彻头彻尾的错误。它不会给你带来任何好处。即便觉得没有得到爱，得到的只是冒犯和伤害，你也要给以宽容和谅解。多想想女人的好处，别把她曾经的付出一笔勾销，以作为对她的惩罚。把你的惩罚抛在一边！你可以主动请求她的支持。她必然毫无保留地为你付出。你以尊重的态度坦诚相告：她如何让你受到伤害？要让她了解你的感受，给她表示歉意的机会。惩罚性的做法，只能使你失去得更多！给她更多的机会，让她满足你的要求。这样，你才会感觉更好，而不是私下里苦恼不堪。别忘了"女人来自金星"，她常常没有意识到，她不自觉地伤害了你，她也很少知道，如何满足你的需要。

给女人的忠告：男人可能擅自扣除你的分数。要阻止男人的这种"暴行"，可以采用两种办法：

1. 你要意识到，擅自"扣分"是男人的错误。你要以尊重的态度，告诉他你的感觉。在下一章里，我将告诉你，如何恰如其分地表达你的不满和难过。

2. 你要牢记，男人感受不到你的爱，因此受到伤害，就会实施"扣分原则"。有了你的爱和支持，他立刻就会将分数归还。他为你做各种小事，而你不失时机地表达你的爱，他会大受鼓舞，还会逐步改掉擅自"扣分"的恶习。不要吝惜你的感激；不要隐藏你的爱意。只有这样，他才不会有受伤的感觉。

如果是你的错，要及时地表示歉意。给他更多的爱作为补偿。你的感激的姿态，能让他的"伤口"迅速愈合。相反，假如他遭到拒绝和排斥，他就会怀疑你想操纵他，控制他。要给他更多的认可和接受，帮助他走出困境。假如他需要信任，就把你的信任给他。你要让他感觉到，他是你心目中的武士；假如他觉得被你轻视，就要给他需要的赞美和认同，诸如此类。你的真诚的爱，会使他迅速放

弃“扣分原则”。

当然，让你最棘手的问题之一，就是你不知道，什么对他造成了伤害？其实，退守到“洞穴”里的男人，往往自己也不明白，他为何孤单而落寞，乃至“伤痕累累”？事后，他也不会清晰地说出受伤害的感觉。作为女人，你如何了解真相呢？我已经说过：男人需要爱的方式与女人截然不同，这可使情感中的女人“对症下药”，游刃有余。

提醒你一句，通过必要的交流，也可以了解男人的隐痛。如前所述，你越是以尊重的态度对待他，他就越有可能交代实情，把懊丧和苦恼和盘托出，而不是讳莫如深，守口如瓶。

男人怎样打分

男人有不同于女人的特有的“记分法则”。通常说来，女人的感激对他而言，是莫大的爱的表达，他会相应地亮出“1分”。女人的爱，是情感关系和谐的前提。遗憾的是，女人常常忽略这一点。女人卖力地为男人付出，甚至超出自己的力量所限，以此换取对方的好感和欢心。

但男人更需要的是女人的感激，他由此才会感受到更多的爱。毫无疑问，男人着手做的家庭事务，也需要女人同等的、热情的参与。这不意味着女人可以放弃感激。否则，即使女人倾力付出，也不会赢得更高的分数。而且，对渴望感激的男人而言，她的付出无关紧要，不会带给他多少感动。

毫无疑问，男人着手家庭事务，也需要女人同等的参与。但是，如果他没有得到感激，那么，女人的付出，几乎没有任何意义，对他无关紧要。

女人固然希望男人做好一两件大事，她更需要男人身体力行地做好各种小事。只有这样，她才能由衷地、经常性地感激。女人更容易从小事之中，感受到关心、理解和尊重。

男人梦寐以求的事情之一，就是女人时不时地流露出爱意。男人也有“爱的油箱”，不过，女人不见得要做出车载斗量、难以计数的贡献，才能将他的“油箱”填满。她该做的事情，就是对他一切善意的举动予以鼓励，因他的关心而感到满足。

她为男人做好晚饭，他可能给她打出 1 分，也可能是 10 分，这取决于她的态度和感觉。他发觉她饱含怨恨，就不会把她的晚饭当一回事。他甚至给她打出“负分”！让男人满足的秘密，在于女人是否流露出对他的爱，而不见得一味操劳。

从哲学意义上说，女人心中有爱，一定会在行动中表现出来，而男人不会感觉不到。这对于男人同样如此。当然，有时候，即使男人心怀芥蒂，也照样会做好分内的事情。如果女人对其行为感激和肯定，他就会以更大的激情，全身心地为她付出。为女人付出，是男人灌注他的爱的“气泵”有效的方式之一。

但是，女人的情形截然不同。对于女人而言，男人的关心、理解和尊重，才会使她感受到男人的爱。否则，尽管她默默不断地付出，心中却从未充满被爱的感觉。她更可能一边操劳，一边义愤填膺。缺乏爱意的操劳，只会使女人倍感痛苦。所以，她需要想办法做出调整，尽量摆脱消极感受。女人要铭记：不要让分数远远高于男人。

对男人而言，他应将“爱的行动”置于优先地位。惟有这样，才能使女人满足。这会打开女人的心扉，也会激发男人的热情。他和女人同时敞开心灵，爱的源泉才会流淌出来，真正满足女人的需要。

女人应把“爱的态度和情绪”置于优先地位。只有这样，才能满足伴侣爱的需求。女人展示出“爱的态度和情绪”，即给予更多的柔情，更多的爱，对于男人才是最大的激励，它使男人更乐于奉献。这恰是女人需要的结果。男人的支持，将使女人倍感喜悦，光彩照人！

女人可能无法意识到：男人何时最需要她的爱？假如女人了解这一点，并做出必要的行动，就会赢得 20—30 分。在下面的例子中，我列举了女人的种种态度和表现，以及男人为她打出的分数——

☆ **从男人那里，女人如何赢得高分**

他犯了错误，她没有说："我早就提醒过你……"或者，她没有自作主张地提供建议。	10—20 分
他让她感到失望，她没有以任何形式惩罚他。	10—20 分
驾车外出时，他作为驾驶员不幸迷路。她没有小题大作地责怪他。	10—20 分
他驾车时迷失了方向。她能看到其中有价值的一面，把不利的局面转化成有利的结果。她说："亏得你多走了一段路，我们才欣赏到美丽的落日景色！"	20—30 分
他忘记帮她买东西，她说："没关系！你下次外出时，记得买回来就是了！"	10—20 分
下一次，他又忘记了她的吩咐，没有买回该买的东西。她仍对他充满信任，耐心地说："没关系，我想下一次，你一定不会忘记这件事。"	20—30 分
她不留神给他造成伤害。她的心中充满惭愧之意。她向他道歉，并给他需要的更多的爱。	10—40 分

她请求支持却碰了钉子——他说他无能为力。这没有使她受到伤害。因为她深信如果他有能力，他就一定不会拒绝自己。所以，她没有轻视或者排斥对方。	10—20 分
她再一次请求他给予支持，而对方再一次表示拒绝。她没有让他感到难堪。与此同时，她真正接受了他的限度。	20—30 分
他以为彼此分数接近时，她请求他的支持，没有使用任何强求的口吻。	1—5 分
她感到懊恼之际，或者他知道她付出得更多时，她大方地请求他的支持，不做任何强求或下达命令。	10—30 分
他进入“洞穴”，她没有使他感觉内疚。	10—20 分
他走出“洞穴”，她热情地欢迎他的归来，不对他做出任何拒绝性或惩罚性的举动。	10—20 分
他向她承认错误，她真诚地接受，充满爱意和谅解。这时，他的错误越大，他给她打出的分数就越高。	10—50 分

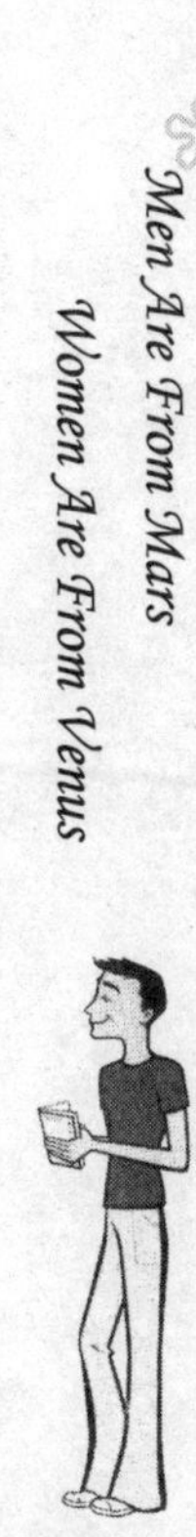

他请求她的支持，她因力所不及而表示拒绝。不过，她没有给出大量理由，解释她无能为力的原因。	1—10 分
他向她请求，她爽快地答应下来，而且情绪高涨。	1—10 分
一场争吵后，他想做出补偿，继续为她做各种小事情，而她不计前嫌，继续表达对他的感激。	10—30 分
他下班回家，她因看到他而喜悦。	10—20 分
她不赞同他的行为。不过，她没有流露出失望、不满和怨恨的情绪。她进入另一个房间，尽可能平静下来。她再次面对他的时候，早已驱散不佳的情绪，满怀体贴和爱意。	10—20 分
在某些特殊场合下，假如他犯了错误，她装作没有看见（她不想让他当众蒙羞），尽管她平时对类似错误感到恼火。	20—40 分
她从心眼里喜欢和他“燕好”的感觉。	10—40 分
他忘记把钥匙放在什么地方。她没有投以责怪的目光，暗示他粗心大意，责任心不强。	10—20 分

同他约会时，她不喜欢他选择的电影或餐厅。她以得体的方式和技巧，表达看法和意见。	10—20 分
他驾车或者停车时，她没有给出任何建议，而是感激他把她们送到目的地。	10—20 分
她不计较他的错误，而是继续请求他的支持。	10—20 分
她平静地表达消极感受，没有流露出对他的谴责、拒绝或者否定。	10—40 分

☆ 当女人能够赢得更多分数时

上面的例子说明，女人采取的不同的举动，可以赢得相应的分数。当然，她不见得逐一完成所有事项。在男人容易受到伤害时，以上述方式对待男人，才能产生更有意义的结果，而他势必会给她打出高分，让她额外赢得“附加分”。

我在第七章里谈到：女人爱与被爱的能力，就像波浪一样，处于上下波动的状态。女人赢得“附加分”时，意味着她给予爱的能力正在增加（她的波浪处于上升阶段）。此时此刻，女人才能充满更多的爱。

> 男人犯了错误，感觉尴尬、歉意和羞愧。那么，他就格外需要爱与体贴……他的错误越大，打出的分数也就越高。

同样的道理，男人对爱的需求，也会产生上下波动的情形。他的打分，没有固定的标准。不过，通常说来，他越是感受到她的爱，给她的打分也就越高。

譬如说，他犯了错误，感觉尴尬、歉意和羞愧。这时，他就格外需要爱与体贴。假如她的反应是友善的，流露出对他的爱，他会给她比以往高得多的分数。进一步说，他的错误越大，她的分数也就越高。与之相反，他没有得到她的爱，就会对她实行“扣分制”。她越是无法接受他的错误，他给她的“扣分”也就越多。

男人为何实施防御

男人犯错误而女人感觉不安时，他会感到恼火，且反应可能格外激烈。他对她生气的程度，与所犯错误的大小成正比。小错误不会让他大发雷霆，大错误却使他气愤难平，处于虎视眈眈的戒备和防御状态。让她尤其惊诧的是，他的错误，即使非常严重，他也可能不表示任何歉意。原因很简单，他害怕因为所犯的错误，不会得到她的原谅。他不想从她那里，体会到因为受挫而羞愤的感觉。有时候，承认错误，让男人感觉异常难受。他不仅不道歉，她的责怪还使他产生强烈的抵触情绪。他会气恼地扣除她的分数。

> 男人处于消极状态，女人不妨将它想象成过境的“龙卷风”，她所要做的就是保持沉默，等待时机。

男人处于消极状态，女人不应视为晴天霹雳。不妨将它想象成短暂过境的“龙卷风”，来得快，去得也快。她应当保持适度的沉默，等待时机。“龙卷风”过后，男人将会给她相当高的分数。毕竟，她没有让他无地自容，也没有改造他的企图。倘若她想让“龙卷风”停止，只会造成巨大的破坏。她的妨碍性的举动，将使他充满怨恨之情。

在女人看来，这却是一件新鲜事。因为在金星上，假如你陷入尴尬或不幸，人们一定不会袖手旁观。金星上没有“龙卷风”。但如果一个金星人有了烦恼，其他所有的金星人都会表示关心，纷纷询问她的感受，踊跃伸出援助之手。金星人还会提出各种问题，以便了解事情的真相。相反，在火星上，“龙卷风”经过时，大家都会寻找掩体，一声不吭地藏在那里，等待风平浪静。

☆　当男人实施“扣分”时

女人应该知道，男人的“记分法则”与她的完全不同。这种认识可使女人受益匪浅。然而，让女人难以理解的是，有时候，男人居然会开罚单，给她打出“负分”。这让她提心吊胆，不敢随意说出消极感受，担心自讨苦吃。所以，男人应当意识到“扣分”的弊端。只有即刻取消“扣分制”，才会使女人感到安全。当然，“扣分制”由来已久，女人不能指望男人一夜之间，就将它丢弃得干干净净。让她感到欣慰的是，他固然可以打出“负分”，但是，只要她带给他满足和欣慰，他很快就会取消“负分”。

女人应当正确认识男人的“扣分制”。她可以回想一下，她觉得付出远多于男人时，不也同样产生怨恨吗？不是从她的分数中减去男人的分数，让男人的分数变成“0”吗？当然，出现了这样的情形，男人也要懂得，此时，女人患上了怨恨的“流感”。他应该为女人更多地付出。

男人给女人打出“负分”时，女人同样要意识到，男人也患上了怨恨的“流感”。他需要更多的爱，才能使病体康复。女人的爱使他感到鼓舞，就会给她更多的“附加分”。最终，他们的分数将再次平衡。

当男人态度疏远，或感觉受伤时，女人恰当地给予支持，就会为自己赢得相当高的分数。这应当成为女人的“法宝”。女人也可以为男人做好各种小事（类似于前文 101 种赢得分数的方法），他们同样为男人所看重；应当安排好精力和体力，恰当而及时地满足男人的需要（类似于前文 26 种赢得高分的方法）。

☆　记住我们的差异

男人和女人都应知道，彼此有不同的“记分法则”。这样，你们才可能大获其益，即使不花费比过去更多的心智和精力，即使没有积铢累寸地不断付出，也会搭建起完美的情感关系。想想看，迄

今为止，为了你和伴侣的感情，你已经付出了那么多，岂可浅尝辄止、半途而废？你应当鼓足力气，再接再厉。而且，这也不是多么艰巨的工作。只要调整精力，恰当地付出，赢得感激和信任，你就会体验到什么是幸福。不然的话，你们的情感关系，就会让人精疲力尽，垂头丧气。

第 11 章

Men Are From Mars
Women Are From Venus

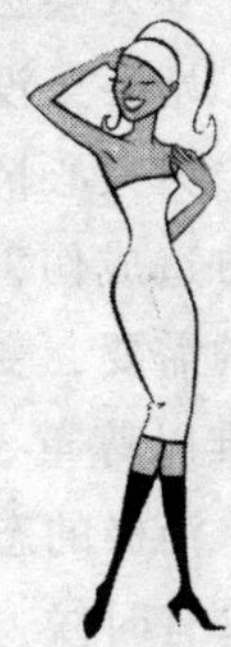

怎样让消极情感得以沟通

当你难过、失望、沮丧或生气时，就不大可能以爱的方式，与伴侣沟通和交流。消极情感占据上风，爱的感觉就可能烟消云散。与此同时，不管是信任、关心、理解也好，还是接受、感激、尊重也罢，都会跟着踪影皆无。此时，即使怀着良好的动机，交谈也会不幸地演变成争吵。在气氛紧张的时刻，你很容易丢掉对自己、对伴侣均起作用的沟通方式。

女人经常不自觉地责备男人，使之为其言行倍感内疚。她忘记伴侣尽心竭力的付出，脑海里尽是对方糟糕的形象。她日渐变得挑剔，心里充满怨恨。消极的情绪突然袭来，就很难做出积极的反应。女人会丢弃对伴侣的欣赏、感激和接受。她态度恶劣，出言不逊。她甚至没有意识到，这对她的男人意味着什么。

男人心情不好时，就会对伴侣的举动、感受吹毛求疵，从而对对方造成伤害。他忘记女人格外敏感，感情上容易受伤。他忽略女人的需要，变得刻薄、小气，缺乏温情。心里涌动起消极感受，就很难以尊重、理解、体贴的态度，与他的女人交谈。他没有意识到，消极的态度，会带来多么大的伤害！

有时候，仅仅通过交谈，起不到更大的作用，所以，我想推荐其他交流技巧。换言之，你不一定非要通过谈话，与伴侣分享内心的感受。你也可以给伴侣写一封信。在此过程中，你可以让心灵相互碰撞，而不必担心伤害对方。写信是一种自由的表达，让你谛听到灵魂的声音。这样，你会迅速地自我调整，重新燃起爱的火花。作为男人，你会更加理解、体贴和尊重；作为女人，你会更加信任、接受和感激。

把消极感受写到纸上，你会慢慢意识到：在情感关系中，你发生了哪些错误？你给伴侣的爱，又是多么的寥寥！对自己有了更多的认识，就可以及时校正态度，调整言行。另外，把消极感受写出来，其强度就会相对减弱，为积极情感留出空间。做出适当的调整，就可以更富爱意地沟通和交流。你不再过多地评判、指责、抱怨，从而更容易得到对方的理解、认可和接受。

写完信后，先前的不满和怨恨，都可能了无踪影。不仅不对伴侣兴师问罪，相反，你只想以更多的爱，为伴侣做得更多、更好。

写信的意义，在于既能分享消极感受，又可为自己带来好心情。因此，这种“情感告白”的意义，可能远远超出你的预计。

> 不管你是在信中分享自己的感受，还是仅仅通过写信让自己感觉更好，总而言之，把你的感受写下来，是一种绝对必要的手段。

当然，你不见得把感受写在纸上，也可以在脑子里进行。你要做的，就是抑制说话的冲动，只是在脑海里回顾所有的感受。你是你自己的听众，对自己诉说内心的感受和需求。你不以任何方式，刻意为自己辩解，或申述你的无辜。这是心灵的“自我对话”，它使你摆脱消极感受，卸除怨恨的枷锁。不管是把痛苦写在纸上，还是在脑海里总结，皆可了解真实的感觉，使心灵得到释放，不再受消极情绪的控制。同时，你的情绪也会因此而变得积极乐观。我将这种沟通方式称为“情书技巧”。它能使你迅速地走出阴影，感受温暖和光明。

训练“情书技巧”

“情书技巧”是摆脱消极感受，以更多的爱加以交流的最好方法之一。这是一种特别的方式，它让你说出心里话，放下心灵的包袱，让消极感受减少，让积极感受增加，让灵魂深处阳光普照。情书技巧将书信的意义推上新的“制高点”。训练情书技巧，需要关注 3 个环节：

1. 在你的情书里，表达你的生气、忧伤、恐惧、懊悔以及你的爱。
2. 为你的情书写一封回信，表达你渴望从伴侣那里听到的想法和感觉。
3. 把情书和回信与你的伴侣分享。

情书技巧是具有灵活性的，可以完成全部 3 个步骤，也可以只

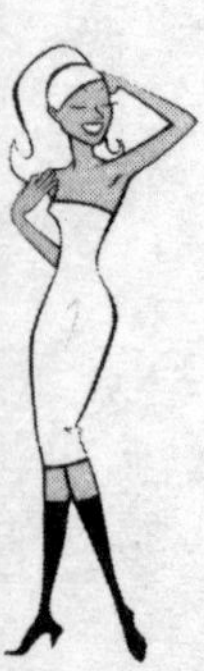

完成一个或两个步骤。例如，通过前两个步骤，你就可以调整心情，感受到你对伴侣的爱，再同他（她）沟通和交流。这时候，你心中既无不满，也无怨恨。选择恰当的时间，同伴侣一道，分享你的情书和回信，让对方感受到你此前的感受和心情。

这种情书技巧，是治疗情感的灵丹妙药。当然，坚持完成所有3个步骤，可能耗费太多的时间和精力，也不见得适合你。在多数情况下，只需完成第1个步骤。下面，我为你介绍具体方案，告诉你如何写好情书。

第1步：写一封情书

找一个安静的地方，给伴侣写一封情书。表达你的生气、忧伤、恐惧、懊悔以及你的爱。这可使你充分倾诉内心的情感，以更多的关心和体贴，与你的伴侣展开交流。

情感懊丧的一刻，你可能心乱如麻，感觉错综复杂，仿佛“一触即发”。比如，对方脸上流露的失望和沮丧，可能让你大为不满；你觉得他（她）对你一点儿也不关心，不能体谅你的处境；你渴望对方的重视和感激，结果一无所获；你的伴侣把心思放在工作上，让你悲伤而难过；他（她）似乎对你缺乏信任，这让你愤愤不平，心情沮丧；一旦有了过失，你就担心对方不会原谅，不再像以前那样爱你；你也会心存愧疚，因为你不自觉地抑制了爱，却希望对方给你更多的爱。总之，你极其渴望爱的感觉。

在相当多的情况下，一个人需要体察真实的情感，它主要包括4个层面：生气、忧伤、恐惧、懊悔。在此之后，才能充分、自如地诉诸“爱”的感觉。情书可以弱化消极感受，给心情一片净土，让积极情感生根发芽。下面是写好一般性情书的基本原则：

1. 假定收信人是你的伴侣，想象对方坐在你跟前，带着爱和理解来倾听你的心声。你可以由“生气”开始，接着，写出你的“忧伤”，然后是“恐惧”，接下来是“懊悔”，最后是“爱”。

2. 在每一封情书里，都要写下这5种情感：生气、忧伤、恐惧、懊悔以及爱。

3. 每一种情感，都以几个句子加以概括，其长度大致相当，遣词造句简单明了。

4. 依次写下每种情感之后，暂停一下，等待下一种感觉涌上心头，再把它写下来。

5. 让“爱”的感觉最后出现，作为结尾。如果暂时没有感受到它，就要耐心等待，直到出现为止。

6. 在信的末尾，写上你的名字。花几分钟时间，想一想你的需要和渴望。把它写在附注里。

作为“情书技巧”的组成部分，我还要推荐一些基本的情书格式，你可以直接套用，以便更充分地表达真实的情感。你可以酌情使用。通常说来，最能释放情感的表达是：“我很抱歉”，“我很难过”，“我好害怕”，“我很生气”，“我爱你”，诸如此类。不过，表达情感的措辞多种多样，你不妨调动文思，发挥想象。完成一封情书，一般要花 20 分钟时间。下面就是这类情书的基本格式：

☆　一封情书

亲爱的________

我写这封信，是想与你分享我的感觉。

1.用于生气

我不喜欢……

我觉得灰心丧气……

让我生气的是……

让我恼火的是……

我希望……

2. 用于忧伤

我感到失望……

让我忧伤的是……

我受到伤害，是因为……

我本想……

我希望……

3. 用于恐惧

我忧虑的是……

我害怕……

我感到恐惧的是……

我不想……

我需要……

我希望……

4. 用于懊悔

我感到尴尬的是……

我很抱歉，因为……

我很羞愧……

我原本无意……

我希望

5. 用于爱

我爱……

我想……

我理解……

我能谅解……

我感激……

我感谢你为我……

我知道……

附注：以下是我希望从你那里听到的回应……

日期__________

下文提供几封内容简短的“标准情书”范例，帮助你更好地运用“情书技巧”。

☆ 情书之一：消除“疏忽”或“健忘”

汤姆午睡时睡过头，忘了带女儿哈莉去看牙科医生。这让妻子萨曼莎很生气。不过，尽管丈夫很“失职”，她没有抱怨，也没有发火。她只是坐下来，认真地写完了下面的信。在此之后，她的心情大为好转，对汤姆更加宽容。

通过写情书，让内心的情感释放以后，她没有对丈夫“兴师问罪”，没有发生不必要的口角。他们当晚过得温馨而甜蜜。下一周，汤姆没再睡过头，而是负起责任，带女儿去看了牙科医生。

下面就是萨曼莎所写的情书：

亲爱的汤姆：

1. **生气**：你忘了该做的事，让我很生气。你怎么可以睡过头呢？因为睡午觉而忘记分内的事，这是你的老毛病，我真不喜欢这一点。一切都要由我操心，我厌倦了这种感觉！你别指望我能做好所有的事，这会让我身心疲惫。

2. **忧伤**：哈莉错过了和牙科医生的预约，这让我很难过。你怎能忘记这件事呢？你让我以后如何信赖你呢？我知道，你工作辛苦，需要太多太多的睡眠，这同样让我心酸。你如此辛苦，我却不能为你分担什么，我真的很不好受。我还担心因为工作，你给我的时间越来越少。如今你见到我，不像过去那样神情激动，这让我倍感难过。你忘记了该做的事，我觉得很受伤害，说明你不再像过去那样，总是关心我，体贴我。

3. **恐惧**：我害怕必须做所有的事。我不敢过多地信任你。我害怕你不再关心我。我害怕从今往后，我的责任越来越重，凡事操心，却得时刻需要你的帮助。我害怕对你

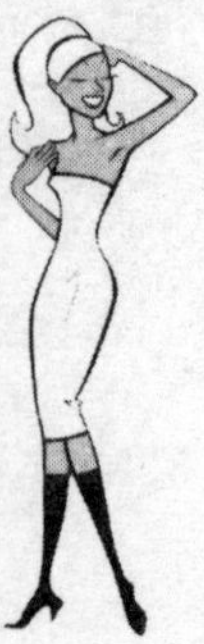

过多依赖，而你从不负起责任。我不想你工作太辛苦，我害怕你积劳成疾。

4. **懊悔**：你错过了和牙医的预约，这让我很不舒服。你经常拖延时间，我也觉得很尴尬。我似乎要求得太多了，我很抱歉。我对你缺少宽容，我给你的爱远远不够，对不起！我不想排斥你，拒绝你。

5. **爱**：我爱你。我理解你的不易。你工作辛苦，尽了最大的努力。所以，你忘了该做的事，我也能够体谅。要是你和医生重新预约时间，带女儿去看病，我会非常感激。我知道，你非常关心我们这个家庭。我也知道你爱我。我因为有你而幸运。我想和你过一个温馨的夜晚。

爱你的　萨曼莎

附注：我希望听到你告诉我，下一周你一定会负责带我们的女儿去看牙医。

☆　情书之二：消除“冷落”

次日上午，吉姆就要到外地出差了。当天晚上，妻子弗吉尼亚想和丈夫亲热一番。她拿了一个芒果，来到卧室里。芒果代表着她的温情和爱意。吉姆躺在床上，出神地看书。他看了一眼芒果，随便地说了句“我不饿”。弗吉尼亚受到了冷落，她很不高兴。于是，她离开了房间，心里满是怨气。不过，她没有一气之下，返回卧室，指责丈夫的迟钝和粗鲁。

写下一封情书后，弗吉尼亚很快原谅了丈夫，再次充满爱意。她返回卧室，对吉姆说：“亲爱的，明天你就要离开家门了。在你回来之前，这是我们最后一个夜晚。我珍惜这一刻，我不想错过。你能答应我吗？”吉姆毫不犹豫地把他的书扔到一边。接下来，他们度过了一个缠绵、美妙的夜晚。

书写情书的过程，给了弗吉尼亚更大的力量，更多的爱。她坚定而果断地提醒丈夫关注她的需要。她甚至不必将情书与吉姆分享。

下面就是她当时的“情感告白”：

亲爱的吉姆：

1. **生气**：我很生气，你只想着看书，却把我忘到脑后了。你忘了这是你离开前，我们拥有的最后一晚。你居然对我置之不理，似乎不想和我共度良宵！我们在一起的时间太少了。和我的需要相比，你似乎总有更重要的事。我知道你爱我，但我想真切地感受到你的爱。

2. **忧伤**：我非常难过，因为你没有想到陪伴我。我知道你工作专注而辛苦，甚至很少注意到我，这让我十分伤心。我的存在，对你无关紧要。你忙来忙去，甚至懒得同我谈话，我多么伤心。你没有关心我，让我很受伤害。我怀疑自己没有特别之处，缺乏吸引你的地方。

3. **恐惧**：我好害怕，我想，你甚至不知道，我为何生气吧？我害怕你不关心我。我不敢同你分享我的感觉，只怕你会拒绝我。我们的感情越来越疏远，我却无能为力。我是否让你感到厌倦了呢？你是否不再喜欢我了呢？我的担心，也许没有任何道理，可我真的忐忑不安。

4. **懊悔**：我想和你共度良宵，可你一点儿反应也没有。你知道我有多尴尬吗？心情如此懊恼，真让我无法相信。大概我对你要求得太多，我很抱歉。我给你的爱似乎还不够，也没有100%地信任你，对不起！仅仅因为你拒绝我，我的态度就出奇地冷漠，这让我很后悔。我应当多给你几次机会。我懊悔一度对你缺乏信任。

5. **爱**：我真的很爱你，这是我把芒果带到卧室的原因。我想做点儿什么，以便让你高兴。我想和你共度难得的夜晚，这是我梦寐以求的时刻。我能原谅你对我的疏忽。你没有立刻给予积极回应，但我完全能理解。你当时正在读书，而且在兴头上。就让我们过一个静谧而浪漫的

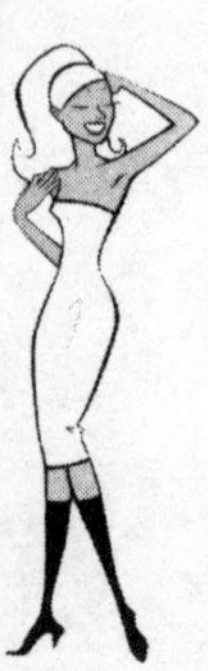

夜晚吧！

爱你的　弗吉尼亚

附注：我想从你那里听到这样的回应——“亲爱的弗吉尼亚，我也想和你一起过一个美妙的夜晚。即便出门在外，我也时刻想念你！”

☆　**情书之三：消除“争吵”**

就某项家庭财务决定，迈可尔和温妮莎产生了分歧。仅仅在几分钟时间里，他们就争吵起来。迈可尔的火气越来越大，他发现极可能耐不住性子，要对妻子大喊大叫，于是不再多说什么，而是做了深呼吸。他告诉妻子：“给我一点儿时间，让我先想想吧，我随后同你商量怎么办。”接着，他走进另一个房间，把自己的感觉写了下来。

在此之后，他很快回到妻子身边，心平气和地同她沟通。这一次，他们充满爱意，平静而顺利地解决了问题。以下就是他当时所写的内容：

亲爱的温妮莎：

1. **生气**：你如此感情用事，不由得我不生气。你总是误解我的意思。我们谈话时，你难以保持平静，这让我很恼火。你过于敏感，容易受到伤害。你对我缺乏信任，简直不把我当一回事，我十分生气。

2. **忧伤**：我们居然会争吵，这让我很难过。我觉得你怀疑我，不信任我，我感到伤心。我不能没有你的爱。我们不该争吵。产生分歧是正常的，但它毕竟让我难过。

3. **恐惧**：我害怕我犯了一个错误。我害怕违背你的意愿，一意孤行。我害怕讲出心里话，却得不到理解和认同。我害怕你让我无地自容，因为这一切可能就是我的错。在你的眼里，我也许是个缺乏能力的人，这让我感到恐惧。我害怕你不重视我。我不想在你生气时，同你继续交谈。我生怕出言不慎，对你造成无谓的伤害。

4. **懊悔**：我很抱歉伤害了你。对不起，我不能同意你的看法。我的态度，是不是冷漠而无情？在这件事上，我们分歧很大，我觉得抱歉。我急于做我想做的事，这是不应该的。我想证明你是错的，而我是对的，我真的很自私。你不应受到这样的对待。我不留情面地指责你，请原谅我的冲动。

5. **爱**：我爱你。我只是想把事情顺利解决。现在，我可以耐心倾听你的感受和想法了。我想给你更大的支持。我知道，我不小心伤害了你的感情。我很抱歉，我没有考虑到你的感受。我非常非常爱你。我想成为你心中的英雄和武士。我不想只是一味附和你。我渴望听到你的赞美。我需要保持本来面目，希望你也如此。我爱你！我再次同你谈话，一定更有耐心并善解人意。这是你的权利。

爱你的　迈可尔

附注：我想听到的反应是——“我爱你，迈可尔。你是个关心我、理解我的男人，我深深地感激。我信任你的能力。我坚信会妥善地处理问题。”

☆　**情书之四：消除“沮丧”和“失望”**

珍在早晨上班前，给丈夫留了一张字条，让他把一封重要邮件取回家。丈夫比尔没有看到字条，所以，下班回家时两手空空。这让珍既失望又沮丧。

比尔当然没什么错，不过，珍不停地埋怨，说她多么想看到那封邮件，她的心情何等糟糕！这让比尔受到了伤害。他觉得，妻子

是在怨恨他，责备他。珍的唠叨和抱怨，让他很受刺激，他相当失望而沮丧，恨不能大发雷霆。他想证明自己的无辜。

不过，比尔没有与妻子对抗，没有对她反唇相讥。他不想让当晚充满不和谐的音符。他做了一个明智的决定：花上 10 分钟，写下一封情书。在此之后，他重新面对妻子时，心中洋溢着无限的爱意。他给妻子温情的拥抱，诚恳地说：“没让你得到邮件，真的很抱歉。我真希望见到了那张字条。你是否还像从前那样爱我呢？”丈夫的反应，让妻子又惊又喜。她回报给比尔的，是深深的感激，浓浓的爱。他们的夜晚温馨而浪漫，没有成为唇枪舌剑的鏖战。

下面就是比尔的“情感告白”：

亲爱的珍：

1. **生气**：你看上去那样沮丧，我难以接受。看到我两手空空，你就一脸怒色，似乎责任完全在我，这是不是不公平？我希望你见到我而快乐，因我的付出而感激。

2. **忧伤**：你是那样的沮丧和失望，我非常难过。我希望你有幸福的感觉。你始终过于计较，就会成为爱情的‘绊脚石’。让我伤心的是，对于我们昔日美好的时光，你仿佛忘得一干二净，取而代之的，是你的牢骚满腹。当然，没把你的邮件带回家，我也不知该说什么好，也觉得非常难过。

3. **恐惧**：我害怕不能使你快乐。我害怕你整晚都不开心。我不敢对你坦露心扉，也不敢主动亲近。我需要你的爱，可我怯于说出口。我担心自己还不够好，而你因此拒绝我。

4. **懊悔**：我很抱歉，因为我忘了把邮件带回家。我不希望你不开心。我没有打电话，询问你有什么要求，这让我很后悔。我不想你伤心，渴望看到你高兴的样子。我们很快就会有 4 天假期，我们要抓紧时机，好好利用。

5. **爱**：我爱你。我希望你快乐。我理解你的心情。我知道，你需要契机，静静地体味难过的感觉。你也不想让我自惭形秽。你需要的，只是拥抱、理解、体贴，有时候，我却竭力证明是你的不对，却让自己‘逍遥法外’。你是我的妻子，我如此爱你！你不需要十全十美，也不必强装笑颜。我知道，你的烦恼，皆由那封邮件而起。

爱你的 比尔

附注：我想听到的回应是这样的——“我爱你，比尔。我感激你为我做的一切，真的谢谢你。你是我的丈夫，我因为你而骄傲。”

第2步：写一封回信

有时候，为情书写一封回信，是很有必要的。通过情书，你可以尽情地释放喜怒哀乐，接下来，不妨以伴侣的名义，为你的情书写一封回信。这是大有帮助的自我治疗手段。在回信里，你写下的是想从对方那里听到的反应。

设想对你的情感，伴侣充满爱意地回应的情形。把回信写在情书的“附注”里。想象一下：对于你受伤的感觉，伴侣可能有怎样的反应？下面是一些引导语句，作为回信开头的提示语：

◎ 谢谢你……
◎ 我理解……
◎ 我很抱歉……
◎ 你有权利……
◎ 我想……
◎ 我非常喜欢……

有时候，回信比情书本身更有效。把想法和需要写出来，更容易从伴侣那里得到理想中的支持。设想伴侣的回应正是你的期待，

会带来意想不到的好处。你会更加宽容，更富理解心，也更有可能让愿望变成现实。

对于有的人来说，通过情书抒发消极感受，是很容易的事，但他们却放弃写回信。实际上，给自己写回信的意义，是不可低估的。惟有如此，才可以触摸潜在的期待，感受对伴侣真正的愿望。你要让自己感觉到，在伴侣想支持你时，你内心本能的抗拒。这会使你深深地体会到，在困难的时刻，让伴侣以莫大的爱对待你，该有多么不易！

☆ 了解伴侣的需求

我知道，女人有时不愿写回信。她不想多此一举。她希望伴侣懂得她的心思。她常常有这样的感受：“他该知道我需要什么。我又何必对他挑明呢？他真的爱我，就该了解我的想法和需求！”其实，她的想法很值得商榷。别忘了“男人来自火星”。他不知道她的需要，他希望她如实说出来。

男人的这种期待，正是他所在星球的特征，哪怕非常爱自己的女人。他与金星人的反应不可同日而语。假如他是金星人，自然知道怎样做。但他毕竟是火星人，他不知道，如何对她的反应恰当地回应。通常说来，我们的国情和文化传统，并没有教会男人懂得：女人的需要究竟是什么？

> 给自己的情人回信，是让男人了解女人需求的最好方式。

假如在孩童时期，他亲眼看到，他的父亲如何以恰当的方式，让妻子享受到丈夫的爱，他自然心领神会，必然以同样的方式，对待他心爱的女人。遗憾的是，这一切只是假设。他的父亲，可能不是值得效仿的榜样。因此，女人就有必要给自己写回信，以便“心想事成”。她可以指导男人，让他确切地了解她的感受。天长日久，他会对她的需求了若指掌。

有的女人问我：“有时候，我告诉他我的需要，也如愿以偿地得到了满足。不过，我如何知道，他的爱和安慰，确实是真情实意，而不是花言巧语、说说而已呢？我害怕他本意并非如此。”

这倒是个值得考虑的问题。事实上，男人不爱他的女人，就很少委曲求全，假充快乐。他不会违心地满足他的女人。既然他的反应符合伴侣的愿望，就更有可能发自内心，所以，女人不必多虑。

即使他的话语缺乏真诚，她也用不着见怪。他可能正在练习和实践，因此难免捉襟见肘。学习新的事物，不可能一帆风顺，她要体谅其难处。一边学习，一边实践的男人，处在关键而敏感的时期，需要必要的感激和鼓励，需要女人肯定性的暗示。

假如男人的爱似乎缺乏真诚，那也可能是其紧张所致。他担心“出洋相”，遭到她的反感和嘲笑。如果她肯定、重视他的努力，下一次，他的心态就会更加放松，整个人格外自信，其表现也会跃上新台阶。男人不是傻瓜，他感受到鼓励和支持，看到付出有了回报，就会回报更多的爱。在练习和实践中，他需要的只是时间。

要了解男人，熟悉他的需要，可以倾听他的回信。有时候，他难免让女人迷惑：明明是好心支持他，他却并不领情，究竟是怎么回事？有时候，她充满戒心，误以为他要她放弃自我，完全适应他的要求。她的忧虑，常常是杞人忧天。在大多数情况下，他渴望的只是她的信任、感激和接受。

总而言之，要让伴侣知道你的需要，心甘情愿地支持你。给你的情书写一封回信，恰能起到这样的作用。不然，你同伴侣的沟通，可能大打折扣。分享消极感受时，切勿做出类似反应：“不管你说什么，都不能让我快乐！”这只能是“搬起石头，砸自己的脚”，你将把自己拖入情感的泥沼，也给伴侣带来心灵的创伤。所以，在心烦意乱、怒气冲天时，最好中止交谈。

下面是情书的回信范例。注意：回信是放在附注里，它的长度显然稍长一些。与前面的附注相比，内容也更加具体而翔实。

☆　情书和回信：消除“拒绝”

特丽萨请求丈夫保罗的支持，而保罗似乎很不情愿，甚至将妻子的请求视为不必要的负担。

亲爱的保罗：

1. **生气**：你不想帮助我，我很生气。你没有为我提供必要的支持。我经常需要求助于你，这也使我感觉苦恼。可是，我为你付出了很多，而今需要你的帮助。

2. **忧伤**：你不想帮助我，这使我很难过。你的态度让我孤独无助。为了共同的生活，我们应该齐心合力。我多么怀念你昔日的支持！

3. **恐惧**：我怯于向你求助。我害怕你生气。我不想你拒绝我，让我的感情受到伤害。

4. **懊悔**：我真的很抱歉，因为你拒绝我，我心生怨恨。我对你大发牢骚，我表示深深的歉意。我也不该没头没脑地指责你。我没有给你足够的感激和信任，请你原谅我。我为你牺牲了很多，或许正因为这样，我希望得到你的回报。我对此深感歉意。

5. **爱**：我爱你。我知道，你已尽了最大努力。实际上，你非常关心我。我期待你给我更多的爱。我希望，下一次，我向你提出请求时，你不会再像今天这样粗声粗气，而是要充满爱意。在孩子眼里，你是个富有爱心的父亲。

爱你的 特丽萨

附注：我想听到的回应是——

亲爱的特丽萨：

谢谢你如此爱我。你说出了心里话，我真的很感激。我现在才知道，你的感情受到了伤害。我拒绝你，以为你的请求过于苛刻，这是我的误解。我现在能够理解，我拒绝你的时候，会给你带来怎样的伤害。我好后悔，我没有像过去那样，及时而周到地帮助你。你需要我的支持，这也是你的权利。我也很想告诉你：我真的爱你！你是我的妻子，你让我多么幸福！

爱你的　保罗

第3步：分享情书和回信

如有必要，不妨把“情感告白”与伴侣分享，这一点很重要，原因如下：

◎ 它能够提供一个机会，让你的伴侣支持你。
◎ 伴侣可以更加理解你，这正是你所需要的。
◎ 伴侣将以更尊敬、更挚爱的态度，做出积极的反馈。
◎ 它能够巩固你们的感情。
◎ 它为情感注入更多的温馨和激情。
◎ 伴侣更加了解你的需要，知道怎样支持你、满足你。
◎ 在两个人交流中断时，它能使对话重新开始。
◎ 它使你更加懂得，如何以稳妥、有效的手段，释放消极感受。

下面提供的几种方式，教你如何把信件与伴侣分享。我们不妨假定女人是情书和回信的作者（当然，对男人而言，下面的方法同样适用）：

1. 当着女人的面，男人朗读她的情书和回信。接着，男人握住她的手，传递爱的信息。男人可以深切地意识到，他的女人需要什么。

2. 当着男人的面，女人朗读自己的情书和回信。接着，男人握住她的手，传递爱的信息。男人可以深切地意识到，他的女人需要什么。

3. 一开始，当着女人的面，男人朗读她的回信。接着，男人朗读她的情书。男人可以意识到她的需求，懂得如何倾听她的感受，

从而给予真正的慰藉和支持。他不再害怕倾听她的消极感受。男人朗读女人的情书后，可以握住女人的手，传递爱的信息。男人更加懂得，女人的需要是什么。

4. 一开始，当着男人的面，女人朗读自己的回信。接着，她朗读所写的情书。随后，男人握住她的手，向她传递爱的信息。男人更加懂得，女人的需要是什么。

5. 女人把信件交给男人。在 24 小时之内，男人单独阅读他们。之后，男人的心里充满感激。他握着女人的手，传递爱的信息。男人更加懂得，女人的需要是什么。

☆ 伴侣没有做出爱的回应，你该怎么办

由于经验的欠缺，在对情书和回信的倾听方面，你的伴侣可能存在困难。如果属于这种情况，就不要随意把它们与伴侣分享。即便对方渴望读到你的“情感告白”，在短时间内，他（她）也未必心领神会，做出充满爱意的回应。现在，我以保罗和特丽萨为例。

读完妻子的信件，保罗可能不会立刻给以温情的回应，他没有真正体会到妻子的感受。不过一段时间后，他的情感就会发生变化，开始传递爱的信息。

刚读完“情感告白”，他可能感到郁闷或恼火，因为一时间，他还无法接受伴侣的抱怨，会不知不觉地产生抵触情绪。这时，他就需要冷静下来，给自己休憩的时间，反思信件里的一字一句。

刚刚阅读情书时，你最先感受到的，是写信者表达的“生气”；只有到了信的末尾，“爱”的字眼才跃然眼前。在二者之间，你必然要经历短暂的心理适应期。当读到“懊悔”和“爱”的部分时，你的情感世界，就会慢慢地温暖起来。因此，可先阅读有关“爱”的部分，这可能产生意想不到的效果。我就是这种阅读方式的实践者。妻子将信件交给我分享，我先是找到“爱”的部分，接着从头读起。

需要指出，假如女人的“情感告白”让男人心烦意乱，甚至产生怨恨，他最好避免马上表态。直到冷静下来之后，再为女人写一封回信。在阅读情书的过程中，一开始，他的心理可能不是滋味，

消极感受占据上风。但他要尽可能平心静气，将其“加工”和“消化”，直到情感慢慢趋于温暖。让我深有体会的是，我常常心烦而不知究竟，如坠五里云雾中。直到妻子将情书同我分享，我才得以理清头绪，突然意识到，是什么让我困惑而茫然。我会情不自禁地拿起笔来，为妻子写回信。我清晰地感受到，爱的潮水在心中涌动。这时候，我再次阅读她的情书，在其“控诉”和“声讨”的言词背后，我真切地感受到隐藏着的“爱”。

男人即便不能立刻感受到爱，做出爱的回应，他也不必介意。这不过是暂时性现象，他要请求女人的理解和接受，给他足够的时间，让他的爱慢慢积聚。他最好对她说：“谢谢你给我写这封信。给我一点儿时间，我好好地想一下，然后我们再谈这件事，可以吗?”需要记住，对于伴侣的情书的内容，不可流露出任何责备的意思。即使心里感觉别扭，也要先冷静下来。

以上的建议也适用于女人。我更主张大声阅读对方的“情感告白”。大声阅读伴侣的情书是非常有益的，这可使对方感觉到被倾听的欣慰和满足。你可以进行实验，看哪种方式更适合你。

让分享变得安全可靠

当然，让伴侣分享自己的情书，或许不容易做到。情书的书写者，可能心中忐忑，担心遭到嘲讽和冷遇，招致意想不到的伤害。不过，分享“情感告白”的目的，是把真实的感觉告诉伴侣，让对方知道你的所思所想，这使彼此关系更为亲近，不必心怀芥蒂，不必无端猜忌。此时，情书才能发挥更大的作用。情书的读者，要体谅情书作者的感受。对于情书的内容，要给予足够的尊重和理解。做不到这一点，就无权分享伴侣的“情感告白”。

我的意思是，作为朗读者和倾听者，必须具有良好的动机，充分的准备。请看以下关于书写、分享、倾听情书的“动机告白”——

☆　**书写和分享情书的“动机告白”**

我让你阅读我的情书，是想让心情好起来，以便给你更多的爱。

所以，我乐意把心里话告诉你，不愿让消极感受使我裹足不前。

如果你能理解我，我会开诚布公地同你交流感受，心情也就会慢慢好起来。我知道，你始终都在关心我。你会以恰当的方式，让我走出心灵的困境。你的倾听，让我感激不尽。

我也由衷地希望，这封情书，能使你更加理解我的需求和愿望。

作为倾听情书的伴侣，也要陈述如下的“动机告白”——

☆　**倾听情书的“动机告白”**

我保证，我会尽最大努力，理解和认同你的消极感受。我接受彼此的差异，充分尊重你的需要，如同尊重我的需要。我知道，你在尽一切力量，传达你的感受和你的爱，所以，我非常重视这一点。

我保证，我会调动起所有注意力，倾听和体会你的感受。我不做辩解，不做纠正，也不充当你的情感的“判官”。我会接受你的感受，决不要求你做出改变。

我愿意倾听你的感受，我如此关心你，信任你。只要齐心协力，我们一定会摆脱不利局面，获得更大的幸福和快乐。

如果大声阅读以上的告白，在你最初实践“情书技巧”的过程中，可以产生足够的动力，使你的进展更加顺利。它们会使你永远记得：尊重伴侣的感受，稳妥而温情地给予回应。实际上，对于这样的交流方式，你应当心怀感激，它能使你如虎添翼，扫清情感道路上的障碍。

“迷你情书”

为让“情书技巧”发挥更大作用，我还要告诉你这样的秘密：假如你情绪极端糟糕，根本没有心情花上 20 分钟，坐下来写一封情书，那你不妨写一封“迷你情书”。你只须花 3—5 分钟时间。所谓“麻雀虽小，五脏俱全”，它往往可以起到同样的作用。请看下面的范例：

亲爱的马克斯：

1. 你迟到了，我很生气！

2. 你把我忘到了脑后，我是多么伤心！

3. 我怕你并不真正关心我。

4. 很抱歉，我对你不够体谅。

5. 我爱你，所以你迟到了，我也能够谅解。我知道，你非常非常爱我，谢谢你为我做的一切。

爱你的　桑迪

亲爱的亨利：

1. 你是如此疲倦，以至于懒得理我。你坐在那里，全部心思都在电视上。你让我多么生气啊！

2. 你不想同我交谈，我真的很难过。

3. 我害怕我们正在疏远。我害怕惹你生气。

4. 晚饭时，我对你态度不好，你能原谅我吗？我不该为了这么一点儿小事，就对你横加责备。

5. 过去，你是那样的爱我，我怀念这一切。今晚，你能否给我1小时的时间，或者在最近几天里，抽出一些时间给我？我想同你好好地谈一谈。最近，我有好多心里话要告诉你。

爱你的　莱斯莉

附注：我想从你那里听到的回应是——

亲爱的莱斯莉：

谢谢你的信，我知道了你的感受。我知道你想念我，想和我在一起。今晚8点到9点钟之间，我可以好好地陪

你。任何事情都不会打扰我们。

爱你的 亨利

写情书的最佳时机

只要心情郁闷，而又想让自己快乐起来，就马上动手写一封情书。你也可以将其范围扩展，让它发挥更大的作用。譬如：

1. 写给亲密的伙伴。

2. 写给你的朋友、你的孩子或其他家庭成员。

3. 写给你的同事或客户。此时，在情书末尾，假如不适合使用“我爱你”或“爱你的”的字眼，不妨以“感激你的”、“尊敬你的”代替。当然，以其他交流方式就能解决问题的话，我就不主张你为同事或客户写情书。

4. 给自己写情书。

5. 将情书写给“上帝”或“超力量”。向上帝讲述你的忧伤和痛苦，请求对方伸出援手，给你必要的支持。

6. “角色转换情书”。你很难原谅某个人，就把自己想象成对方，花上几分钟时间，以对方的口气，写一封给自己的情书。你会惊讶地发现，几乎在片刻之间，你就原谅了那个人，变得宽容而大度。

7. “魔鬼情书”。你心情糟糕，难以释怀，若与对方沟通和交流，你怕自己过于偏激而主观，甚至可能恶言相向。此时，可以把所有感受写下来，然后付之一炬。通常说来，这样的情书，不可与伴侣分享，除非对方相当冷静而客观，能够接受你的肆意发泄（倘若果真如此，“魔鬼情书”就会带来意外的福音）。

8. “移觉情书”。现实的情感让你无法接受，或者说，你时常为久远的童年记忆所左右，一度难以自拔，此时，可以设想时光倒流，你的年龄越来越“小”，最终回到过去。你坐在房间里，给父亲或母亲写一封信，讲述你的感觉，寻求对方的支持。

为何需要写情书

我已说过，女人的感觉，需要有人倾听。她渴望男人的关心、理解和尊重。男人需要女人的重视、接受和信任。作为听众，假如男人没有感受到她的爱，感情就会出现问题。

有时候，在男人眼里，女人消极的感觉，或许等同于吹毛求疵、百般挑剔、满腔怨恨，诸如此类。在他看来，女人是将痛苦和不幸全归咎于他。这时候，男人会拒绝倾听。这让女人伤心而恼火，以为男人不爱她。其实，真挚而深厚的情感，取决于如下因素：男人能否怀着爱意，认真地倾听？女人能否怀着爱意，尽情地倾吐？

夫妻应当不断交流，随时分享感觉和需求。指望交流的过程永远风平浪静，不会有任何波动和曲折，只是你一厢情愿的奢望而已。所幸的是，你可以不断努力，让你们的交流趋于完美。我的意思是：对你的情感而言，在现实与理想之间，有着很大的上升空间。这一切取决于你的努力。

☆ 现实的期待

要让“情感危机”迅速出现转机，这是不现实的。有时感情难于沟通，就会给双方造成伤害。夫妻之间，随时都会出现分歧和矛盾，所以，没有恰当的沟通和交流，势必对情感关系造成影响。有的伴侣一向关系和谐，感情深厚，可一旦出现危机，爱情就“兵败如山倒”，甚至在一夜之间，就形同陌路，反目成仇。这正是沟通和交流不顺畅、不及时、不到位的结果。有时候，完全理解伴侣的想法和感受，异乎寻常地艰难，尤其是在伴侣所说的话，恰恰让你最难接受的时候。你的感情遭受伤害，就难以再像过去那样，以爱和深情回报对方。

不少伴侣错误地以为，沟通存在问题，是彼此间爱得不够。当然，爱，是不可忽略的重要因素。然而，是否掌握沟通的艺术和技巧，也是不可低估的原因。你可以通过学习，真正领悟交流的真谛。

☆ **怎样学会沟通**

当年，在我们成长的家庭中，如果洋溢着爱的气氛，又不乏恰当的沟通和交流，那么，两个人之间就容易彼此理解，达成心灵的默契，在这样的家庭里，沟通和交流就会成为持久的习惯。事实上，在我们的上一代人那里，“沟通”和“交流”却可能意味着回避消极情感，羞于谈论真实的感受，隐藏起“生气”、“忧伤”、“恐惧”、“懊悔”——他们往往与“病态”不恰当地联系在一起，是需要锁入柜橱的不可示人之物。

在不那么“文明”和“民主”的家庭里，所谓情感交流，是采取特殊、极端的处理方式，或通过某种途径，使消极情感“合理化”，比如，非打即骂，厉声呵斥，让鞭子、棍子充当“帮凶”，等等。名义上，它们旨在帮助我们幡然醒悟，从错误中学习真理，实际上，在我们的心灵深处，留下的是不可磨灭的伤痛。

如果父母掌握情感交流的技巧，释放消极感受，他们就能成为理想的“角色榜样”，向子女传授如何处理不良的情绪和心理反应。换句话，在进入成年以前，我们完全可从父辈身上，耳濡目染，学会情感交流的艺术；我们用 18 年的时间，不断练习和实践，总结教训和经验，成为情感交流的行家里手；我们可以懂得，如何尊重伴侣的感受，如何在必要时给以感激，甚至不需要前面的“情书技巧”。

☆ **如果过去是另外一番模样**

相反，假如过去是幸运的，在我们的记忆里，父亲就会以各种爱的技巧，与母亲做沟通和交流。而母亲真情实意，尽情表达沮丧、懊恼和恐惧。我们时时刻刻感觉到，父亲始终给予母亲关心和理解，而这正是母亲由衷的期待。

我们还会看到，母亲信任她的丈夫，愿意释放所有的感觉。与此同时，即使对方的表现差强人意，她也不会予以排斥，施以责骂。我们由此得出结论：一个人心情不佳，既难过又懊恼，既忧伤又恐惧，也不必以伤害性的方式对待别人，比如放弃信任、控制他人、怒目相对、屈尊俯就、不理不睬等。

在 18 年成长的过程中，我们可以学会控制自己的感情，就如同我们可以学会走路，懂得数学知识一样。我们将情感的自控发展成为熟练的技巧，和走路、跳跃、阅读、赚钱、持家一样，可以将之培养为基本而必备的技能。

不过，多数人却并不走运。尽管花去 18 年的时间，他们学习的却是不中用的技巧。没有人教他们如何传情达意。所以，在感觉糟糕、情绪不良的情况下，就不知道怎样充满爱意地沟通，沟通成为难以逾越的障碍。

为深入感受和理解这一点，下面，请你回答如下问题：

1. 小时候，你感觉生气和怨恨时，父母要么说教，要么立场一致地不理睬你。此时，你如何宣泄真实的感受呢？

2. 父母对你大喊大叫，甚至实施体罚，以便强化对家庭的绝对领导权，那么你如何引以为戒，对你的孩子实施科学而得当的教育呢？你怎样让孩子听话，而不必对他们喊叫或者体罚呢？

3. 小时候，你遭受冷落，充满深深的失望和沮丧，那么，你如何寻求更多支持，走出缺乏信任的心境呢？

4. 假如你害怕遭到拒绝，那么你如何敞开心扉，同他人交流你的感受呢？

5. 面对伴侣，你的感觉在说：“我恨你！”那么，你如何同伴侣沟通呢？

6. 小时候，你因为过错而遭严厉惩罚，今天，你是如何表达歉意的呢？

7. 假如害怕遭到惩罚或者拒绝，你如何承认自己的错误呢？

8. 小时候，你经常遭到拒绝或排斥，或者说，你害怕发火或哭泣而遭批评，那么，你如何让情感得到宣泄呢？

9. 小时候，你因要求得更多而感觉内疚，那么，你如何让所有的愿望得到满足呢？

10. 对于你的感觉，父母无暇过问，缺乏耐心，或经常忽略你的消极感受，那么，你如何认同并释放你的感觉呢？

11. 小时候，你一直以为，只有完美无缺，才值得他人去爱，

那么，你如何接受伴侣的不完美呢？

12. 多年以来，你很少得到倾听，你如何倾听伴侣的消极感受呢？

13. 假如你极少得到谅解，你又如何原谅他人呢？

14. 小时候，你经常遭到训斥：“不许哭！”“你几时才能长大？”或者，“你真不懂事，除了哭鼻子，你还会做什么？”那么，你如何以泪水冲刷痛苦和忧伤呢？

15. 小时候，你一度以为，有责任分担母亲的痛苦。很长时间以后，你才意识到，其实你没有必要为此负责，那么，当你的伴侣感到痛苦时，你如何倾听他（她）的感受呢？

16. 小时候，父母对你大喊大叫，或者百般要求，以发泄他们的不满和怨气，那么，当你的伴侣恼火时，你是如何倾听的呢？

17. 在你的生命中，你信任的第一个人，利用你的单纯背叛或欺骗了你，那么，你是否会毫无保留地信任你的伴侣呢？

18. 从小到大，你未曾被人拒绝或者抛弃。或者说，你从未有过不幸的情感经历，那么，当你遭到伴侣的冷遇时，你如何以尊重和挚爱的方式，表达自己的情感呢？

其实，以上18个问题有着相同的答案：你需要不断努力，补上多年欠缺的“情感交流课程”。不管怎么说，你的父母不是完人，你无法从他们那里学到有关情感的一切知识。假如你的沟通和交流技巧叫人汗颜，这不能完全归咎到父母身上，你只是缺少科学的训练系统的实践。

回答完以上问题，你或许慢慢摸出了门道。好吧，就从现在开始，抓紧时间自我治疗。现在，请你马上坐下来，花上20分钟时间，给父亲或母亲写一封信。你需要的只是一支笔，一张纸。参照前面的“情书技巧”，淋漓尽致地表达自己的感受，你会取得意想不到的成果。

展示所有的真相

“情感告白”之所以有效，是因为它展示情感的全部真相，让心境平静而释然。当然，倘若你触摸到的，仅仅是局部的感受，就不可能带来理想中的结果。例如：

1. 只表达“生气”，不可能在所有情感上获得释放，甚至只能让你气上加气。你越是沉浸其中，就越是遭受折磨。

2. 你接连哭上几个小时，心灵会更加空虚。你精疲力尽，却一无所获。你永远逗留在“忧伤”上面，忧伤的感觉，就会缠绕住你，让你不得挣脱。

3. 只感受内心的“恐惧”，你将变得更加恐惧。

4. 只是想着“懊悔”，却不思如何走出后悔的阴影，你将充满更多的负罪感、羞耻感。这会严重妨碍你的自我治疗。

5. 任何时候，你感受到的只是“爱”，就会压抑消极情感，使之不得释放。如此一来，用不了几年时间，你就会变得麻木，缺乏真情。

“情书技巧”的意义，在于引导你抒发所有的感觉。只有触摸到情感的四个层面——“生气”、“忧伤”、“恐惧”、“懊悔”——才能更好地把握感觉，治疗痛苦。

☆　情书为什么有效

“生气”、“忧伤”、“恐惧”、“懊悔”——只有这四个层次的情感，逐一地从心中涌出，你的心灵才能真正释放。仅仅写出一种或两种情感，不会产生实际效果。原因在于，你很容易以某一种消极情感，来掩盖其他所有真实的感觉。这种消极情感，就由此成为自我防卫的手段，即，你不自觉地使用它，逃避或压抑其他消极感受。

例如：

1. 有的人一味生气，以此回避其他消极感受——悲伤、恐惧、懊悔。当他（她）感觉脆弱、易受伤害时，生气的感觉就会消失，也更加充满爱意。

2. 通常，爱哭泣的人极少生气。但是，如果有人帮助他（她）表达气愤，他（她）感觉就会更好，就会更加富于爱意和温情。

3. 容易害怕的人，时不时地感受并表达气恼之情，才会减少恐

惧的折磨。

4. 经常感到内疚或歉意的人，在感受和表达悲伤和气愤之后，才能感受到爱和温情。

5. 有的人不乏爱意，但他（她）经常体验到的，却是忧伤和麻木。实际上，他（她）需要扪心自问："假如某些事让我生气或懊恼，那么，它们究竟是什么呢？"思考后把答案写出来，有助于深入接触隐藏在忧伤和麻木背后的情感。在这方面，情书可以发挥更大的作用。

☆ 情感的"回避"和"压抑"

在下文的例子中，我将告诉你，男人也好，女人也罢，他们怎样凭借消极情感的力量，压抑和回避一切痛苦和折磨。我需要提醒你一句：这种回避和压抑，似乎是人类的本能，常常是自发而来。你甚至难以意识到它的出现。

花上一点时间，思考下面的问题：

◎ 当你生气的时候，你是否会微笑？

◎ 当你感到恐惧时，你是否会生气？

◎ 当你生气或难过时，你是否微笑过，或以开玩笑的方式加以摆脱？

◎ 当你感到内疚或害怕时，你是否迅速将原因归咎于他人？

下面的清单将告诉你：男人和女人如何表达其真实感受？需要注意的是，并非所有男人与清单的描述一致。同样，下文对于女性特征的描述，也不见得适合所有女人。不过总体说来，它能够如实地反映出：人们以怎样的方式，与真实感觉保持距离？

我们怎样掩盖真实的情感

通常，我们掩盖自己感情的过程都是无意识的：

有时候，男人让自己生气，以逃避其他痛苦的感觉，比如悲伤、歉意、内疚、恐惧、懊悔。	女人过分操心和担忧，以逃避生气、懊悔、恐惧或者失望。
男人漠不关心或胆小怕事，以逃避过度气恼。	女人陷入迷惘和麻木，以逃避生气、恼火、沮丧。
男人感觉遭到冒犯，以逃避受到伤害的感觉。	女人自怨自叹、自艾自怜，或假想处境糟糕透顶，以逃避生气、恐惧、惭愧、伤心、懊悔。
男人自以为是或气恼不止，以逃避恐惧或矛盾的感觉。	女人感觉矛盾或者心生恐惧，以逃避难过、忧伤或生气。
男人感到羞愧乃至自惭形秽，以逃避生气或悲伤。	女人让自己难过万分，以逃避生气和担心。
男人故作平静而超然，以逃避生气、恐惧、失望、沮丧或羞耻。	女人故意呈现快乐之态，以逃避生气、难过、忧郁、遗憾。
男人妄自尊大，以逃避无能为力的感觉。	女人体验感恩和欣慰之情，以逃避悲伤和失望。
男人故意冒犯他人，以逃避焦虑不安。	女人奉行爱和宽容，以逃避气恼和伤心。

治疗消极情感

如果你没有倾听伴侣的消极感受，理解、认同和接受其消极情感，就可能相当困难。对于不少人而言，孩童时期的“情感后遗症”若得以治疗，就容易开诚布公，向伴侣倾吐真实的情感；同时，你在倾听他人的感受时，也不大可能受到伤害。而且，经过治疗，你不会对伴侣缺乏耐心，不会感到沮丧，也不会因为受到冒犯而大肆发作。

倾听，是巩固情感关系的重要手段。长期拒绝倾听消极感受，倾听的能力，就将大打折扣。如果当别人向你倾诉时，你就感觉对方天真、幼稚，让你不屑一顾，或者忍无可忍。这只能是你的悲哀和不幸。原因在于，对自我情感的倾听，你必然同样缺乏重视和尊重。

要让情感真正成熟，你要接受必要的“情感教育”。我们必须承认：不少人具有典型的“成人化思维”，认为自己不该显得脆弱，不该莫名其妙地难过。可是，在我们的内心深处，始终有一个诚实的“感性自我”。譬如说，即便“成人化思维”提醒我们不该生气或愤怒，也无法阻止这个“感性自我”率性而为，大发雷霆！我建议你将“感性自我”分离出来，单独“开小灶”，精心而温情地哺育它，呵护它，不要压抑它的需求和愿望。你要时不时扪心自问：“究竟是什么使我受到了伤害？我到底有怎样的感觉？我因为什么而懊恼？我为什么暴跳如雷？我何以闷闷不乐，抑郁寡欢？我为何胆战心惊，噤若寒蝉？我渴望怎样的释放？”

以关心和理解的态度，对自我情感加以探索，你的消极感受，就会奇迹般地得以消除。你将以更多的爱和尊重，对各种场合、环境和气氛做出回应。即使你的情感天真而幼稚，也要予以理解和接受。只有这样，你才能为心灵打开一扇门，让更多的爱涌入其中。

孩童时期，如果消极情感能够及时宣泄，得到充满爱意的倾听和肯定，长大成人的你，就不会为其所左右。不过，相当多的人过去并不走运，致使消极感受集腋成裘，不得解脱。既然如此，如今的你只有想方设法，弥补昔日的不幸和遗憾。

☆ 你的过去，怎样影响你的今天

有时候，消极感受就像魔爪那样，紧紧地抓住你的心灵。你经常感受到的，是成年人特有的压力。他们带给你不同程度的痛苦或悲伤。究其原因，往往与早年经历或者记忆有关。时至今日，它们仍旧影响、控制你的情感世界：

1. 某件事情令人气恼，你原本需要生气，需要发作，根深蒂固的“成人化思维”，却告诉你应该平静，不动声色，脸上依旧挂着若无其事的笑容。

2. 某种情形叫人失望，你感到难过和悲伤，成人化的理智，却告诉你应当理解这一切，以同情心和理解心对待。你要心底无私，永远乐观。

3. 某件事情使人懊恼，你陷入恐惧和沮丧中，难以自拔。“成人化思维”却要你充满自信，心平气和，还要心怀感激。

4. 某种处境令人尴尬，你感觉后悔不迭，成人化的理智却提醒你，你应当舒适自如，无忧无虑。

☆ 以麻醉的方式，抑制灵魂的哭泣

作为成年人，你总是不自觉地逃避消极情感，你不敢轻易地碰触它们，免得“惹火烧身”。你以为这样一来，心灵就不会遭受丝毫侵害。你迷恋各种使人上瘾之物，以此抑制灵魂痛苦的哭泣；一杯葡萄酒落肚，在短暂的时间内，你以为忘了所有的不幸。可用不了多久，痛苦和不幸的感觉，就会再次找上门。

逃避消极情感，几乎不会有任何好处。正是一而再、再而三的逃避，让它们更加为所欲为。它们不断发展、成熟、壮大，以至于获得控制你人生的力量。你要洞悉其存在和本质，找到对症下药的方案。你更要哺育和呵护心灵的需求和愿望。只有这样，消极情感才会逐渐失去其控制力。

> 具有讽刺意味的是，正是由于逃避消极情感，才使得它们不断发展、成熟、壮大，以至于获得控制你人生的力量。

当你的心灵被懊恼牢牢占据时，毋庸置疑，你无法顺利地沟通和交流。此时此刻，昔日里没有释放的情感，就会卷土重来。想象一下，一个孩子始终活在父母的阴影下，心中郁积大量的愤怒。终于有一天，他找到机会，将它们进行总爆发，就像脱缰的野马一样。这时，父母惟一的选择，似乎只能把他关到橱柜里，以免他造成更大的破坏。

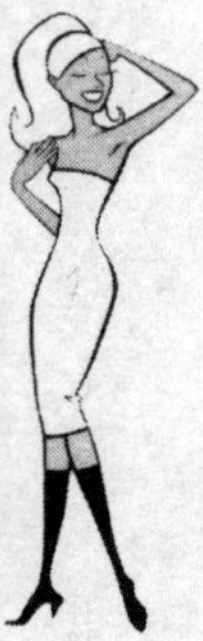

孩童时未曾充分释放的情感，具有强大的控制力，使我们动辄沉溺其中，难以挣脱。它们将思维和意志牢牢束缚，让我们无法自如而有效地沟通。我们必须倾听多年以前的五味杂陈，不然的话，在我们最需要冷静与理智之际，它们总是兴风作浪，阻止我们与他人充满爱意地交流。

如前所述，你可以将消极情感写下来。要运用你的智慧，激发你的热忱。这是释放消极情感的秘密之一。将消极情感表达出来，积极情感才会接踵而来。

越是以爱的方式与伴侣沟通（这是对方的权利），两个人的感情就越是亲密无间，水乳交融。你充满爱意地倾吐真实的感受，就能得到强有力的支持。

自助者，天助

“情书技巧”，可使自我治疗程更为顺利。需要提醒你的是，一旦有所需要，最好立刻坐下来，把心中的感受写出来。久而久之，你就可以养成一种习惯，否则就会忘记这种技巧，也永远体会不到情书的妙处。我给你的建议是：每周至少写一封情书。只要感觉心烦意乱，不得发泄，就不妨拿出纸笔，淋漓尽致地宣泄一回。

情书的意义不可低估。当你对伴侣不满或生气时，当你渴望吐露心中的怨气时，当你对伴侣怀有难于启齿的期待时，情书都可以派上用场。你感到忧郁、焦虑、悲伤、苦恼或者疲倦时，当某种意外的压力不期而至时，情书就是获得解脱的灵丹妙药。只要你渴望放下心灵的包袱，让自己轻松而愉快，就马上诉诸“情书技巧”，将内心感受宣泄出来。尽管情书不能一劳永逸地解决所有的烦恼，但只要经常使用，它就会帮助你少走弯

> 各种书籍激励你探索自我，从而更加喜爱自己，但是，只有通过倾听、书写以及口头表达，你消极的感觉，才能真正得到治疗。

路，直达目标。它能驱散阴霾和乌云，让心灵的天空澄澈而宁静。它使你迅速摆脱内心的焦虑，有效地治疗昔日的创伤。

在我的第一部作品《感觉，是最好的医生》中，充分讨论了探索感受以及书写情书的重要性。另外，在我的光盘系列《心灵的治疗》里，我以情书技巧为基础，提供了治疗演示和训练方法，以便克服焦虑、化解怨恨、学会宽容、哺育“感性自我”以及治疗昔日情感创伤。

如今，就“情书”这个题目，已有多种图书、练习册之类问世，你尽可找来一读，探索情感，及时治疗。需要强调一句：要释放消极感受，你必须让心灵大声“说话”。你要清晰地听到每一种声音。这将使你得到系统、全面的治疗。如此一来，你会更加自信和自爱。倾听自我情感的方式，可以以笔代劳，也可口头倾诉。

训练“情书技巧”时，你将慢慢地感受到，心灵的某个部分，迫切渴望爱的滋润。“倾听心灵的声音，探索真实的感受”，这应当成为你的座右铭。通过这样的方式，心灵的伤口就能慢慢愈合，而你的情感也将日臻成熟。

情感是灵魂的生命，它娇嫩而脆弱。它最渴望的是倾听和理解。假如它的愿望得到满足，就会带走你的痛苦，献上它的祝福。它使你的心灵洋溢无限的爱意，让全身每一个细胞结满欢乐的果实。

通常说来，你接受的“情感教育”，就是尽可能回避、压抑或隐藏真实感受，以防御和戒备的姿态避免心灵遭受侵害，同时，还决不能轻易流露自己的爱。实际上，这样做并不合理。你需要接受全新的训练。你有无限大的潜力，塑造健康而成熟的自我。你要做的，就是感受、倾听、理解久被压抑的感受。

尘封多年的消极感觉，就如同遭受重创的“病人”，由于疏于治疗，已经伤痕累累，化脓溃烂。所以，不要再有任何拖延，你要调动起全部力量，对它们加以救治。你开出的药方只有三种，就是：感受、倾听、理解。试试看吧，它们的魔力，一定让你欣喜不已，感激不尽。

譬如，你可以实施“情书技巧”，将压抑已久的情感释放出来。不必担心遭到否定或拒绝，因为你倾诉的对象只是情书，而不是你

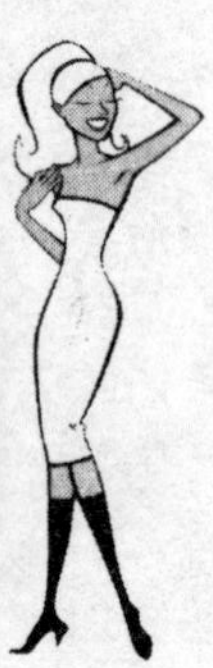

的伴侣。情感得到释放，你才能少些烦恼，多些欢乐。你的倾听的态度，之于情感的需要，类似于父母的怀抱，之于哭泣的孩子。只有倾听情感的需要，你才能有机会满足自我，以尊重和温情的态度，善待灵魂深处那个“哭泣的孩子”，使之慢慢地止住泪水。此时此刻，哭泣者的伤口慢慢愈合，不再惊惶，不再恐惧，不再忧郁，脸上浮现出幸福的笑容。

与之相反，假如过度压抑真实的情感，就会使情感扭曲和蜕变，由此造成的后果，就是让一个人变得异常早熟。实际上，早熟者常常背负着一个大包袱，里面装满“贵恙缠身”、亟待救治的消极情感，他们的病情日渐恶化，奄奄一息地等待救治。

总体而言，不少早熟的人，总有这样或那样的痛苦，时常经受情感的折磨。医学界已经证实：为数众多的病痛的原因，与情感的创伤密切相关。换言之，消极情感被压抑的时间过长，就会转化成不同类型的疾病。它会缩短一个人的寿命，使之更快地走向死亡。

容易冲动和情绪失控，正是情感饱受压抑的结果。男人对于成功的过度迷恋，恰恰反映他急于证明自己，以便得到他人的爱，减少消极情感的折磨。女人对于完美的长期痴迷，甚至变得极端化、功利化，恰恰在于她不顾一切，要让自己值得被爱，同时减少心灵的伤痛。

在当今社会中，你可以体验各种消遣和娱乐，获得极大的愉悦和享受。与之相反，“情书技巧”却将你带回安静的角落，默默地感受心灵的倾诉，探索它们的规律和类型，有条不紊地实施治疗。通过情书，可为受伤的情感找到治疗的办法。最有效的治疗手段，就是给予情感更多的爱、关心和理解，这种方法往往立竿见影。有时候，你独自一人，静静地写出某种感受，更多的感受就会呼之欲出。而当他人在场时，它们却可能逃之夭夭。

☆　独处的力量

在不受干扰，即在独处的情况下，你的反思和书写，可为心灵带来安全感，让你全面、深入地感受自我，进一步改善情感关系。你固然可以和伴侣谈论感受，但我建议你在必要时，不妨将感受写下来，这会带来意想不到的收获。它对于身心的健康有利无害。毕竟，它有助于你自我治疗，而不至于遭受不期然的人为伤害。

我还有一个主张：把你的情书装订成册，或者把他们归入一个文档。参考前面的“情书范例”，让写作过程简便而顺畅。“情书范例”指导你完成各个环节，当写作陷入困境时，它们可以提供某些引导性语句。

假如你有一台个人电脑，不妨将情书内容录进去，留待平时使用。当你动笔写情书时，直接打开相关文档即可。别忘了把写好的情书保存起来。要是你想同伴侣分享，就把他们打印出来。

另外，你可以在电脑上制作“情书专栏”，让情书看上去，更加详实、系统和美观。在你心情不错的时候，可以细细地回顾和品味。此时，你会以相对客观、平静的态度，重新打量自我的感受。这将使你获得更多启示和经验，以更合理、得体的方式，释放情感中消极的一面。写完一封情书后，假如心情并未好转，你可以再次阅读所有信件，以便获得良好的心境。

为使情书写得更好，更充分地探索、表达内心的感受，你也可以把情书内容、个人照片、引导性语句、情书基本格式结合到一起，制作成“情书个人主页”。在需要的时候，随时打开主页，认真地欣赏和阅读，使你对情书创作产生更大的乐趣，而不是抵触心理。通常，男人更可能对写情书持有抵触心理。不过，有了“情书个人主页”，他坐在电脑前，就更容易产生书写的动力。

☆ 亲密的力量

写情书固然意义非浅，不过，它不可能完全代替被人倾听和理解。写情书的过程使你更加自尊自爱，然而，为他人所倾听，你就会感受到别人的爱。自尊自爱，有利于情感的健康成长，但与此同时，你也必须需要爱。与他人分享自我情感，就能为亲密关系的建立打开一扇门，让他人之爱不断涌入，不断地滋润你的心灵。

要得到爱，你需要无话不谈的伴侣或朋友，他们愿意倾听你的感受。在他们面前，你不必吞吞吐吐，心怀戒备，可以放心大胆地诉说感受。进一步说，他们完全值得你信赖，甚至是你精心挑选过

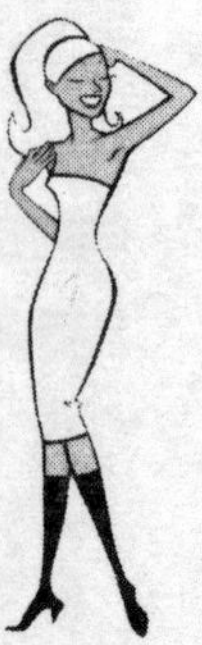

的朋友。你可以与之倾心交谈，袒露心扉。他们是你充分信任的倾听者，他们始终爱你，决不以批评、指责、否定伤害你。这对你的情感成长大有裨益。

> 要想提高自我能力，懂得自尊自爱，你也需要得到别人的爱。只有这样，在情感关系中，你才能不断成长和进步。

当你尽情展示感受和需求时，就可以得到渴慕已久的爱。有了爱，你就能摆脱消极情感，比如怨恨、悲伤、气愤和恐惧等。你未必从早到晚说个不停，毕竟，你的初衷是有人倾听，让对方理解你的感受，这也就足够了。如果你怯于讲述某些真实感觉，就要分析原因，寻觅恐惧之源，不要让它妨碍你的倾诉。

若能与之分享最隐秘的情感，那么，一位友善的治疗师，一位亲密的朋友，更容易使你摆脱压力，走出情感阴影。即使没有心理治疗医师，你也该有一位最可信赖的朋友。另外，私下里写情书，也可以使你获得一份好心情。必要的时候，可以将情书与他人分享，而对方应当是关心你、了解你的人。

☆　群体的力量

群体支持的力量不可低估。一个富有爱心、能彼此支持的“情感关系”群体，可为你的情感世界带来奇迹，让你深入透视自我情感的真相。将你的情感与某个群体分享，可使你感受到更多的爱。通常说来，群体的成员越多，对你的帮助也就越大。它使你的情感走向成熟，为情感的宣泄找到出路。在群体中，即便没有朗朗发言，仅仅通过倾听他人倾诉，你的观察力、理解力、感受力，也会大大提高。

每次，我到外地主持研讨会时，都能感受到内心深处渴望倾听与理解的需要。有人起身谈论其感受时，我会不禁联想起自己的情形，与对方产生强烈的共鸣。这样一来，我对自己、对他人，就多了一层了解，可谓弥足珍贵。研讨会结束后，我浑身轻松，神清气爽，对自己、对他人充满更多的爱。

即使是规模不大的群体，只要按时聚会（比如每周1次），针对一切情感话题畅所欲言，彼此交流和分享，所有的参与者，都能得到意想不到的支持。可以想象，很多的人从小受到压抑，不敢公开表达感受，不管当着家人还是旁人，总是唯唯诺诺，显得过于羞涩和腼腆。此时，他们更需借助于群体支持的力量。经由谈话和倾听，每个人的情感，都可以不同程度地得到治疗。

以我本人为例，我经常参加一个由男人组成的群体，妻子邦妮也经常光顾一个“女性情感群体”。外部的支持，使我们的关系更加紧密和巩固。我们不必把对方看做是获得支持的惟一来源，不会产生过强的依赖心理。我最大的感受是，倾听他人情感的种种经历、成败得失，有助于解决自己的情感问题，或者说，这样问题往往不再像想象中那样，显得无比可怕而严重，甚至可说是微不足道。

☆ “哭泣的孩子”

你可能喜欢把想法和情感在电脑上写下来。你或许乐于向他人倾诉自己的感觉。不管是哪一种做法，对治疗你的情感问题都有帮助。这是你为自我成长迈出的重要一步。花上一段时间，倾听内心的感受，意味着你正在走向成熟，并且对情感深处“哭泣的孩子”说：“你想说什么，就尽情地说出来，你有理由得到倾听。你对我非常重要，我关心你的感受。不管花多大的代价，我都是你最好的听众。”

> 花上一段时间，倾听内心的感受，实际上，相当于你对情感深处“哭泣的孩子”说：“你对我非常重要。你有权利得到倾听。我关心你的感受。不管花多大的代价，我都是你最好的听众。”

我希望你经常使用“情书技巧”。我亲眼看到，它使成千上万人的生活发生改变（包括我自己）。在这方面下的功夫越多，你的技巧就越纯熟，你的收获也就越大。努力地练习和实践吧，你必将得到更大的回报。

第12章

Men Are From Mars
Women Are From Venus

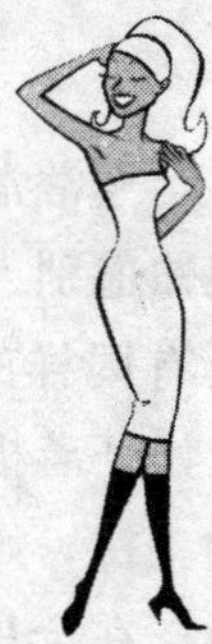

怎样请求支持，而且如愿以偿

假如从伴侣那里，你没有得到理想中的支持，重要的原因之一，可能是请求得还不够，或者说，你的请求方式不合理。请求对方的爱和支持，是解决情感问题的重要一环。要得到爱和支持，你必须主动请求，否则你将一无所获。

男人和女人在请求方面，都有各自的困难。女人在这方面的能力，尤其差强人意，这让女人格外失望和沮丧。出于这样的原因，本章的主题和宗旨，更多地从女人的角度出发，为其“量身定做”。当然，男人阅读本章内容，对女人将会有更多的了解。

女人为何不请求

女人常常误以为，她没必要主动向伴侣请求。作为女人，她本能地知道别人的需要，而且不假思索地伸出援手，所以，她认为男人具有同样的能力和愿望。在情感关系中，女人本能地奉献她的爱。她怀着极大的喜悦，激动的心情，采取各种方式，提供力所能及的支持。她愈是爱她的男人，就愈想给予她爱，似乎有着无尽的动力。在金星上，人人都主动给予支持。任何人无须请求，就可得到他人的支持。人人适应了这一切，甚至可以说，金星人表达爱的方式之一，就是不做请求，给别人主动支持的机会。所以，女人的座右铭就是：“爱，就是决不主动请求。”

在金星上，女人的座右铭就是：“爱，就是决不主动请求。”

这是女人的信念和原则。女人还相应地做出结论：“假如男人爱我，他就会主动支持，我不必开口请求。”有时候，她甚至有意不做请求，以此考验男人的爱。在女人的眼里，出色而成熟的男人，必能一眼看到她的需要，而且不等她开口，他就会二话不说，不计报酬、马不停蹄地为她效劳。

女人显然打错了算盘，她的座右铭对男人不适用。男人来自火星。而在火星上，想要得到支持，直接开口就是了。在主动支持方面，男人缺乏天然动力。只有对方开口，他才鼎力相助，这让女人难以理解。更让她难以接受的是，即便她主动请求，也可能因为方式不当，照样遭到冷遇。换句话说，对于她的请求，男人可能不理不睬。但是，如果不予请求，女人得到支持的几率，就更是微乎其微。

情感关系建立之初，女人没有得到支持，就认为男人冷漠无情，或者缺乏足够的能力。不过她没有灰心，而是怀着深情厚谊，慷慨大方地为男人付出。她渴望终有一天，男人会跟上自己的步伐。女人的举动，却使男人产生错觉，认为自己尽到了责任，否则，女人就不会那样卖力地付出。

男人不知道，女人其实是在等待他的回报。但是，在男人看来，女人的需求没有满足，就会终止付出。女人来自金星，她不仅需要支持，而且期待男人积极而主动，无需她提出请求。但是，男人却一直等待女人开口，以便产生更大的动力，全心全意地为女人效劳。如果女人不声不响，男人就会放下心来，以为自己功德圆满，不必劳心费力地多做什么。女人不知内情，还是一味付出。

终于有一天，她忍无可忍了，不得不开口请求。这时候，她已经怨气丛生，因为她自认付出远多于男人。她请求支持的口气，听上去像在下达命令。她恼火自己不得不“违心”开口，请求支持。即使对方“奉命”行事，女人仍旧不满，她觉得自己太过被动，大有委曲求全、低三下四的嫌疑。于是，她不免怨恨地控诉：“非要等我开口，他才有所反应，这多叫人泄气，也实在是不值当!”

对于女人的怨气，男人却莫名其妙。他要么不以为然，要么大呼委屈，要么一气之下，索性放弃给予。换言之，女人命令的口吻，怨恨的情绪，让男人望而却步，从而拒绝她的请求。男人无法接受发号施令，他厌恶女人命令的口吻。一旦将“请求”变成“命令”，女人得到男人支持的几率，就会大幅

> 如果女人没有请求支持，男人就会顺理成章地做出推定：他的给予或付出已经足够，完全可以满足女人的需要。

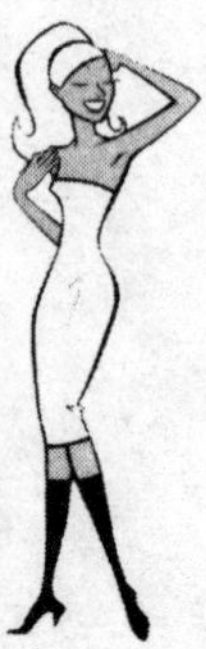

度下降。男人感觉女人是在下命令，他就不愿为对方付出。

女人对此无所察觉，愈发变本加厉地请求，而男人的感情愈发疏远。这似乎是令人棘手的情形。尽管如此，但终归有解决之道。女人应该记住：男人来自火星。这可以使女人做出适当改变，让男人满足自己的需要。我在本章推荐的各种方法，经过实践检验，是非常有效的。

在我的研讨会上，千百万女人获益匪浅。她们真正学到了请求男人支持的艺术，而且屡试不爽。在本章里，我想阐述三个关键步骤：1. 练习请求经常得到的支持；2. 练习请求对方给予更多。即使遭到拒绝，仍能坦然面对；3. 练习“强制性请求”。

第1步：恰当地请求经常得到的支持

要得到伴侣的支持，关键的第 1 步，就是要练习你经常得到的支持。想一下，一直以来，伴侣为你做过哪些事情（尤其是在小事情方面），比如，提箱子、修理物品、打扫房间，以及其他简单的日常杂务。

在这个过程中，重要的环节就是要请求男人行动起来，为你完成他经常做过的小事。当然，男人为你付出时，你不要摆出心安理得或若无其事之态，要适时地表达感激，要给以更多的爱作为回报。起初，你不要奢求他主动给予支持。

你也不要对他提出过高要求。让他像过去那样，继续为你做各种小事。他对此早已轻车熟路，所以，他的表现会自然、利落，得心应手。你以非命令的口吻请求，他一定会遵照执行。

可以想象，假如他感受到命令的口吻，不管你的措

> 男人听见的是命令的口吻，不管你的措词如何优美，他听到的所有信息，就是他给予得不够，欠你的很多。一气之下，他会迅速减少对你的支持。除非你再次表示感激，他才会继续为你付出。

词如何优美，都会让他产生反感。他觉得只有他欠你的很多时，你才会对他“颐指气使”。这使男人感觉到，你对他缺乏足够的爱。另外，他感受不到你的感激，一气之下，就会迅速减少对你的支持。只有你再次感激他为你所做的一切后，他才会继续为你付出。

男人之所以如此，或许是在他的记忆里，你（或者他的母亲）的某种请求方式差强人意，使他习惯性地对你的请求说“不”。只要感到你的请求“味道”不对，他就会迅速亮起“红灯”。你可以经由努力，改变其敏感而警惕的心态，让他做出积极回应。男人感觉你重视他、信任他，就会信心大增，积极而愉快地为你付出。不过，你要有足够的心理准备，因为一开始，他未必马上听你的话，让你遂心如愿。

坚持向男人请求经常得到的支持，还有另一个原因：你请求的态度和措辞，他早已习以为常。尤其重要的是，他认可你恰当的请求方式，就乐于积极回应。所以，我主张你要“恰当地请求”。

☆ 让男人产生动力

你要尽可能以恰当、得体的方式，请求男人的支持。这对你十分重要。无法做到这一点，他就可能置之不理。下面，我要告诉你请求支持的 5 个秘诀，他们是：把握时机，不下命令，简单明了，直截了当，措辞准确。下面我对此逐一分析：

1. 把握时机。男人正打算为你做事，你就不必提出请求，否则就是多此一举，甚至把好事变成坏事。比如，男人正要倒垃圾，你就不必对他说：“你可不可以把垃圾倒掉？”这会使男人觉得，你是在告诉他该做什么。所以，把握时机至关重要。而且，假如他注意力集中在某件事上，你就不要指望，他对你的请求立刻回应。

2. 不下命令。请求是请求，命令是命令，不可混为一谈。假如请求成为“命令”或“怨恨”的代名词，不管你的措辞如何谨慎而优美，男人都会觉得，你没有感激他。于是，他势必拒绝你的请求。

3. 简单明了。你不可如数家珍，以大量理由提醒男人：他为何

应当帮助你？你要铭记：男人不需要说教。你越是据理力争，他就越有可能拒绝。哪怕你施展浑身解数，洋洋洒洒阐述道理，也不会有任何效果。这只会使男人感觉到，你对他能否支持缺乏信任。而且，他觉得被你操纵，就无法主动支持你。他的热情之火，也由此被浇上一盆冷水。

> 男人不喜欢你的说教。所以，你在请求他支持的时候，要做出这样的假定：他不需要被你说服。

我已说过，女人心情不好时，不希望男人有板有眼地为她出谋划策，或提醒她不该小题大做，杞人忧天。这会使女人的心情变得更糟。同样的道理，男人也不愿听女人以铺天盖地的理由，告诉他为什么应该履行请求。

女人总是不必要地慷慨陈词，证明其请求合情合理，无可指责。女人以为，这可让男人心悦诚服，感受到责任所在，从而产生更大的动力。实际上，男人听到的是："这就是你必须听命的原因！"女人的理由越多，开出的清单越长，男人就越可能逃避或拒绝。不过，假如男人问起，他为什么必须要接受请求，这时候，你就可以把道理讲出来。但是，我还要强调一遍：要言语简洁，不要啰哩啰唆。你的目的，就是让他知道，这是他分内的责任。三言两语，即可让他心悦诚服，他自然会为你付出。你要试着给予他信任，相信他会尽己所能地支持你。

4. 直截了当。女人经常认为，她正在向男人提出请求，实际上却没有。她需要支持时，可能只是提出问题，却没有直接请求。她暗示某件事务需要完成，但这不等于提出请求。她以为对方理解她的意图，就没有直截了当地请求。

间接的、暗示性的请求，固然也是一种请求，却起不到应有的作用。间接请求，不会使男人产生任何动力。男人甚至觉得，这是女人表示怨恨的方式，即便为你付出，他也不会得到感激。在短时期内，间接请求或许也会奏效，久而久之，就会失去一切效力，甚至使两个人产生矛盾。男人可能连自己也不知道，他的反抗心理从何而来。在下面的例子中，我将女人常见的“直接请求”与“间接请求”进行比较，以及针对“间接请求”时，男人听到的“弦外之音”！

☆　当她不够直接时，他可能听成什么

她应该说什么(简单而直接)	她不应说什么(不够直接)	他会听成什么(当她不够直接时)
去接孩子，好吗？	该去接孩子了，可我没法去。	要是你能去接孩子，你就该动身了！你要是不去，我会觉得你不体谅我，我会非常怨恨你！（命令）
你把杂货拿进来，好吗？	杂货还在汽车里呢！	把杂货拿进来是你的事。别忘了，是我把他们买回来的！（期待）
你把垃圾倒掉，好吗？	垃圾桶塞满了，放不下别的东西。	你还不把垃圾倒掉吗？想等到什么时候?!（批评）
你把后院打扫一下，好吗？	后院乱成什么样子了?!	你还是没有打扫后院。你该更多地负起责任，我没必要总是提醒你！（排斥）
你把信拿进来，好吗？	信还没拿进来呢?!	你忘了把信拿进来！这还用得着我提醒吗？你应该记得的。（不赞同）

今晚，你带我们出去吃饭，好吗？	我今晚没时间做饭。	我做了这么多事，你至少可以带我们出去吃饭吧?!（不满）
这个星期，你带我出去玩，好吗？	我们好几个星期都没出去玩了。	你一直在忽视我。你没有满足过我的需要。你应当经常带我出去玩。（怨恨）
你安排好时间，和我谈一谈，好吗？	我们需要交流。	我们的交流很不够，这都是你的错。你应该多和我谈话！（责怪）

5. 措辞准确。在请求支持的过程中，女人最常见的错误之一，就是以“能”、“能不能”这样的措辞，来代替“可以”、“可不可以”。譬如，“你能把垃圾倒掉吗？”这是一种特殊的间接请求，它更像是在调查、收集信息。“你可以把垃圾倒掉吗？”就是一个恰当的直接请求。

留心的话，你会注意到，女人经常使用“能”代替“可以”。如前所述，间接请求只会让男人厌烦，除非她偶尔使用，他才不会在意。“能”、“能不能”是有着挑衅味道的字眼，经常使用，就会激怒男人。

有时候，女人惊慌而懊恼地抱怨说，她按照我的建议，向男人提出请求，结果男人却说：

◎“别对我唠叨好不好?!”
◎“别老让我做这做那的！”
◎“不要告诉我该做什么！”
◎“我知道该怎么做！”
◎“你没必要告诉我这个！”

实际上，女人没有意识到，男人有类似的反应，在于他想告诉女人：“我不喜欢你请求的方式。”如果她不了解某些言辞、某些字眼会使他产生怎样的感受，她就很可能陷于被动，不知哪里出了问题。她可能害怕直接请求，转而对他说：“你能……吗？”她觉得，这样请求非常礼貌。的确，这在金星上也许奏效，却不适于火星人。

在火星上，她对男人说：“你能把垃圾倒掉吗？”他就会认为她是在冒犯他。在他看来，他当然能把垃圾倒掉——他有这样的能力。问题的关键，不在于他是否有能力倒掉垃圾，而在于他是否愿意。她的话音刚落，他就会感受到严厉而粗鲁的质问，所以，他会果断回答：“不，我不能。”这是因为她讲话的方式让他很生气。

☆ 男人想听到什么

在研讨会上，我将“(能不）能”与“(可不）可以”加以比较。有的人怀疑：这是否危言耸听，小题大做，因为二者似乎没有多大差别。其实不然。后者听上去，比前者更得体，更显得有礼貌。男人更愿意接受后者。考虑到这个细节如此重要，因此，我将参加研讨会的男人们的结论归纳起来，一共有如下17种：

1. 当被问起“你能打扫后院吗？”时，我不禁竖起耳朵！我的回答是：“我能。这显然没什么问题。”我却不会这样回答：“可以，我会去打扫的。”我没有必要这样回答。要是对方问我：“你可以把后院打扫一下吗？”我立刻会说“可以”，并且付诸行动，给她以必要的支持。我决不会食言，也极少表示拒绝，更不会装作没听见。我通常会言出必行。

2. 假如她说：“我需要帮助。你能不能帮我？”这话听上去，更像是在责怪我，她的口气里，有抱怨和不满的味道。她似乎对我感到失望，因为我辜负了她的愿望，所以她才出言不逊。我情不自禁地觉得，在她的心目中，我恐怕不是个好男人，没给她必要的支持。相反，对方问我：“我需要你的帮助。你可以帮我搬一下这个书架吗？”这才是令人舒适的请求。这给了我成为好男人的机

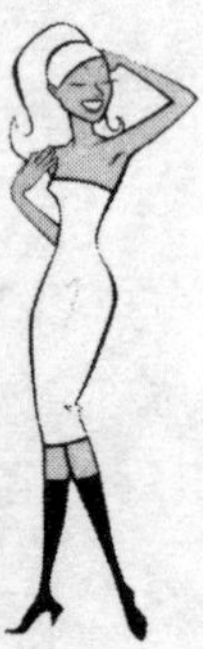

会，我自会欣然答应："可以。"

3. 妻子对我说："你能给克里斯多夫换尿布吗？"我认为，我有能力这样做，我对此深信不疑。给孩子换尿布，想必是件简单的事。不过，如果我不想动手，一定会编造各种借口逃避责任。如果她问我："你可以给克里斯多夫换尿布吗？"我会毫不犹豫地回答："当然可以。"我会马上行动，解决尿布事宜。我从心眼里愿意做这件事，愿意尽最大的力量，和妻子一道，抚养、照顾我们爱情的结晶。不管有多忙，我都会挺身而出！

4. 要是她对我说："你可以帮我一下吗？"我听了一定很高兴。她给了我表现的机会，我怎么会拒绝呢？相反，要是她说"你能不能帮我"，我就会很别扭，似乎没有选择。即便我没有拒绝，也是十二分地不情愿。我只是不想让她失望而已。但是，她的请求，让我觉得不受感激，也不被重视。

5. 我讨厌对方对我说"你能不能……"，这让我觉得很被动，只能硬着头皮去做。我要是拒绝，她就会对我生气。这不是请求，而是命令。

6. 我让自己忙于其他事，或者至少装出忙碌的样子。这样，她就不会对我说"你能不能……"。她更有可能问我"你可不可以……"这样的请求，才使我感觉舒适，我也愿意帮她的忙。

7. 就在上一周，妻子问我："你今天能把花种上吗？"我毫不迟疑地回答："能，当然能。"她下班回来，问起种花的事，我耸耸肩，两手一摊："我没种！"她说："你明天能做这件事吗？"我照旧回答"我能"。就这样，类似的对话一再重复，但我却始终没有把花种上。假如妻子问我："你明天可以把花种上吗？"我一定认真对待这件事。假如我的回答是"可以"，就会把保证落到实处。我说出"可以"、"行"、"当然"之类的字眼，就意味着我做了承诺。

8. 如果我说的是"我能"，就不代表承诺。我只是强调自己有能力做某件事，但没答应真的去做。我没有采取行动，而她表示不满或发火，我也不在乎，因为在我看来，她没有权利对我生气。可是，假如我说的是"可以"，却没有付诸行动，我一定感到惭愧，也能理解对方的心情。

9. 我有 5 个兄弟姐妹，而今我成了家，有 3 个女儿。假如妻子问我：“你能把垃圾倒掉吗?”我根本不予理睬。妻子不知道原因，我自己也说不清楚：为什么拒绝妻子的请求？现在我才意识到，她的请求给我造成了压力，让我感到被人控制。我会本能地抗拒。我更想听到“你可以……吗”。

10. 我听到“你能不能……”，就会立刻回答“我能”。在此之后，至少过了 10 分钟，我才可能想起：我并没有按她的请求去做，原因是我没有放在心上。反过来说，妻子问我“你可不可以……”，我就会听到灵魂深处的某种渴望。它使我毫不犹豫地回答：“可以，我很愿意帮你的忙。”即便不情愿，我也会坚持去做，因为我已答应了她的请求。

11. 对于“你能不能……”，我的回答一定是“我能”。不过，在内心深处，我会感到不满。我觉得，要是我不帮她做事，她就会非常恼火。我觉得她是在控制我。如果她问“你可不可以……”，不管我同意还是不同意，都会感到轻松而自在，我可以心无芥蒂地做出选择。实际上，我通常都会回答“我可以”、“我愿意”。

12. 假如妻子问我“你可以……吗”，在我的内心深处，我由衷地乐于效劳，因为我觉得她重视我，也感激我的付出。

13. 如果她说“你可不可以……”，我会觉得她信任我，我心甘情愿给她支持。但是，假如我听到的是“你应该”、“你能不能”，在她的问题的背后，我还听到另一个问题。我觉得她在问我：“你是否有能力把垃圾倒掉呢?”我显然有这个能力，还用得着怀疑吗?可是，我却感觉很不舒服，我觉得她并不真正信任我，所以才没有直接向我请求。

14. 如果妻子问“你可以……”、“你可不可以……”，会使我感受到她的无助，她的脆弱，于是我倍增怜爱之情。我会对她本人、对她的需要格外关心。确切地说，我根本不忍心拒绝她的要求。相反，她说的是“你能不能……”、“你能……”，我更有可能回答“不，我不能”。我不认为这是对她的拒绝。我只是冷淡地推脱而已。妻子说“你可不可以……”，而我的回答若是“不可以”，在我看来，这不意味着是对她的挑衅，或者故意与她为难。

15. 我觉得，“你可以……”、“你可不可以……”这样的说法，更有人情味。所以，我更有可能鼎力相助。假如她说“你能……”、“你能不能……”，那么，除非我当时无事可做，或空闲时间很多，才可能答应她的请求。

16. 女人说：“你能不能帮我？”我会感受到她的怨恨之情，更有可能表示拒绝。假如她说的是：“你可以帮我吗？”我就感受不到埋怨。即使她对我真有不满，我也不会在意，照旧会帮助她。

17. 女人对我说：“你能为我做这件事吗？”我会诚恳地回答：“我很不情愿。”这意味着懒惰的一面占据了上风，使我根本不愿顾及她的感受。反过来说，我听到的是“你可以……吗”，我就会很高兴，跃跃欲试，而且会考虑给予支持的多种可能性。

对于女人而言，要检验“(能不) 能”与“(可不) 可以”之间的差别，不妨想象这样的经典而浪漫的景象：一个男人正在向一个女人求婚。男人的心情很激动，就像皓月当空。男人跪在女人跟前，伸出双臂，握住女人的手。他凝视着女人的眼睛，温柔而深情地说：“你能不能嫁给我？”

突然之间，浪漫的氛围消失了。男人使用了“能不能”，使得他脆弱而单薄，显得底气不足，心灵似乎被不安全感所占据。女人会感到男人缺乏足够的自信。相反，如果男人说：“你可以嫁给我吗？”那么，他的渴望、他的力量、他的期待，乃至他的无助同时并存，而这正是最佳的求婚效果。

同样的道理，男人也需要女人以类似方式请求支持。他希望女人使用“可以”、“可不可以”这样的字眼，而“能”或者“能不能”，却显得缺乏信任、不够直接、死板生硬，且具有控制性。

女人对男人说：“你能把垃圾倒掉吗？”男人感受到的信息是：“要是能把垃圾倒掉，就该马上行动。难道要让我替你做这件事吗？”男人当然有能力倒掉垃圾。但她没有直截了当地请求，男人觉得她是想控制他、操纵他，除了做这件事，他没有别的选择。即使他履行她的要求，也会心有不甘，因为他感觉不到她的信任，所以有抵触情绪。

我记得，在一次研讨会上，一位女士解释了相关术语在金星上的差别：“一开始，我没有察觉到，这两种请求方式有何不同。后来，我才逐渐地摸出了门道。这就好比对于我的请求的回答，他说‘我不想做’和‘我做不到’，完全是含义不同的表白。‘我不想做’，意味着他是在表示拒绝，即不愿意帮助我。假如他说的是‘我做不到’，不是对我表示不满，而是他的能力有限，所以真的‘做不到’。”

☆ 请求支持的常见错误

练习请求，最不容易做到的一步，就是如何以恰当的措辞提出请求。要尽可能多地使用“可以”、“不可以”这样的字眼。毫无疑问，这需要不断地练习和实践。

不要忘记，请求男人的支持，就要：

1. 直截了当。
2. 简单明了。
3. 多使用“可以”、“可不可以”。

最好不要拐弯抹角，不要过于啰唆；尽可能少用“能”、“能不能”这样的表达。不妨来看下面的例子：

☆ 该说什么，不该说什么

该说什么	不该说什么
你可以把垃圾倒掉吗？	厨房脏兮兮的，早就有酸臭的味道了。垃圾桶里再也塞不下别的东西，该把垃圾倒掉了。你能做这件事吗？（表达过于啰唆，并且使用了“能”）

你可以帮我搬一下这张桌子吗?	我搬不动这张桌子。我们今晚要招待客人，我得把桌子换个地方。你能不能帮我的忙？（过于啰唆，并且使用了“能不能”)
你可以替我把它放到别处吗?	我没法把它拿走。（不够直接)
你可以把车里的东西拿进来吗?	4个杂货袋还留在车里。我得用袋里的食物准备晚餐。你能把他们拿进来吗？(过于啰唆，不够直接，并且使用了“能”)
你在下班的路上，可以顺便买一瓶牛奶吗?	你下班回来，正好经过一家商店。劳伦想喝牛奶，我不想再出去了，我今天真的很累！今天实在是糟透了！你能把牛奶买回来吗？（过于啰唆，不够直接，并且使用了“能”)
你可不可以把朱莉从学校接回来?	朱莉得坐你的车回来了。我今天不能去接她。你要是有空，能不能把她接回来？（过于啰唆，不够直接，并且使用了“能不能”)
你今天可以带（猫）咪咪去看兽医吗?	该给咪咪打针了，你能不能带它去看兽医？(不够直接，并且使用了“能不能”)

今晚你可以带我们出去吃饭吗?	我太累了，一点儿也不想做饭。好久没有出去了，你想到外面去吗？（过于啰唆，不够直接）
你可以帮我把拉链拉上吗?	我需要帮忙。你能不能帮我把拉链拉上？（不够直接）
今晚你可以把壁炉点上吗?	今天太冷了！您打算把壁炉点上吗？（不够直接）
这个星期，你可以带我去看电影吗?	这个星期，你想去看电影吗？（不够直接）
你可不可以帮劳伦把鞋穿上?	我们就快迟到了！我现在很忙，没空儿帮劳伦。你能不能帮她把鞋穿上？(过于啰唆，不够直接，并且使用了“能不能”)
今晚你可以坐下来，同我谈一谈吗?	真不知怎么搞的，我们很久没好好谈谈了。我需要知道，你最近到底在忙些什么？（过于啰唆，不够直接）

现在，你大概更加清楚，以不恰当的方式请求支持，虽然只是个很不起眼的细节，却可能带来完全不同的结果。你没有顾及到火星人的感受，对方就很容易对你误解和不满。正因如此，一旦意识到这一点，就得马上加以调整。表面上看来，你不过是在更换一个词语，似乎微不足道，但这却可能使你创造奇迹。我建议你在进行下一个步骤前，最好花上起码三周的时间，对不恰当的请求方式做出改变。除了“你可以”、“你可不可以”以外，你也不妨以这样表达：“你想……吗”，“你愿意……吗”。

在你练习第1个步骤期间，可以回顾一下：有多少次，你尽管需要支持，却没有提出请求，而在提出请求时，你采取的又是怎样的方式？在此之后，你就可以有足够的心理准备，恰当请求男人经常可以给予的支持。记住，你的请求要直截了当，要适时地表示重视，给予感激。

☆ **关于请求支持的常见问题**

第1个步骤可能不容易进行。女人或许面临一些常见问题，它们可以反映出，她为什么厌烦或拒绝请求男人的支持。

1. **问题**：女人认为，“既然我不需要他主动提出请求，我又何必主动请求他的支持呢？”

答案：记住，男人来自火星，他和你是不一样的。你应当接受你们的差异，并且满足他的需求。只有这样，你才能得到需要的一切。如果你试图改变他，他就会顽强地反抗。主动请求支持不符合金星人的天性，不过，你不该就此放弃请求。你可以做出小小的调整。一旦男人感受到你的爱和感激，即使你没有请求，他也愿意主动帮助你。在下一个步骤里，我将阐述这一点。

2. **问题**：女人说，“我为他付出了那么多，他为我做事也是应该的，我又何必表示感激呢？”

答案：男人没有感受到重视和感激，就会情不自禁地减少给予。你想让他为你做事，就不要忘记，他需要你的重视和感激。满足了他的要求，你才能得到更多回报。你的感激，可使男人产生更大的动力。不过，要是你不停地为他付出，却很少得到回报，自然难以对他心存感激。正因如此，你要适当地减少给予。只有这样，你才可能因对方更多的付出而表示感激。要想实现这种转变，你不仅要让他感受到更多的爱，还要从他那里，得到你需要的支持。这也是你的权利。

3. **问题**：女人认为，“假如我必须请求支持，他就可能觉得，他是在给我恩惠。”

答案：男人应该有这样的感觉。从本质上说，“爱”的礼物之一，其实就是一种恩惠。当男人觉得，他是在给你恩惠时，他的给予就会发自内心。男人是火星人，有不同于女人的爱的“记分法则”。如果男人觉得，你是提醒他有义务支持你，他就会关闭起心灵，下意识地减少给予。

4. **问题**：女人觉得，“要是他爱我，就该主动提供支持，我又何必开口请求呢？”

答案：记住，男人来自火星，他和女人不同。他始终在等待你的请求。千万不要以为，如果男人爱你，就会主动支持你。你应该这样理解：假如他是金星人，当然会自动地为你付出。可他毕竟不是金星人，而是火星人！你只有充分接受彼此的差异，他才更乐意为你付出，即使你没有请求，他也尽可能为你着想。

5. **问题**：女人说，“我不得不请求他的支持，他就可能以为，我给予他的，没有他给予我的多。这样一来，他或许会认为，没必要再为我多做什么。想到这种可能性，我不禁感到害怕。”

答案：如果男人觉得，他没有必要多做什么，反而可能更加大方而慷慨。而且，当他听到你的请求，尤其是你以尊敬的方式主动开口时，他就会感受到你的信任。你仿佛是在郑重宣布：“他是我的男人。只有他有资格给我支持！”另外，男人更可能觉得，实际上，你付出的比他多，至少与他持平，所以，你才会心安理得，大方地请求他的支持。

6. **问题**：女人说，“请求男人的支持时，我总是担心一两句话无法说清楚。我想对他解释，我为什么需要他的帮助。我不希望他觉得，我的请求是过分的。”

答案：听到你的请求，男人就会认为，你有足够的理由请求。你在请求时，偏偏送上一大堆理由，他就会觉得，他根本没有拒绝的理由和可能性。这当然让他感觉极不舒服，觉得受到了控制。还是让他把“支持”这件礼物送给你吧，别把他的支持视为理所当然。

而且，对于你提出请求的理由，假如男人想了解得更多，他自然会询问原因，到时候你再解释不迟。即便到那时，也要避免言语过于啰嗦。给他一条理由就可以了，最多给出两条。如果需要更多

的解释，他必然会让你知道。

第 2 步：练习请求对方给予更多
（哪怕你知道他极可能说“不”）

要让男人给你更多的支持，你就要让他感觉到，他得到了重视和感激。你应该经常让他为你付出，同时确保在他的能力和愿望的许可之内。这样的话，他就会感受到你的认可、重视和感激。

男人习惯于听从你的请求，而你没有过分要求，他就会感受到你的爱。如果他无须努力改变自己，就可得到你的信任和感激，如此一来，他更乐意做出必要的改变，进一步提高支持你的能力。此时，你可以冒险继续请求。不过无论如何，你都不能传递这样的信息：他还不够好，不符合你的期待。

其次，你要让男人意识到，他即使说“不”，也能得到你的爱。如果他觉得你要求得更多，而他可以拒绝时，对于你的请求，他就能自如地说“是”或者“不”。记住，你给他说“不”的权利，他就更可能说“是”。

> 你给男人说“不”的权利，他就更可能说“是”。

女人既要学会请求支持，也要坦然面对拒绝。有时候，在开口请求之前，女人就会本能地感觉到，男人可能做出怎样的反应。假如其反应是拒绝，她就不会自讨麻烦地请求支持。这就形成了一种有趣的现象——女人尚未开口，就预感到可能会遭到拒绝，男人却蒙在鼓里，不知道发生了什么。因此，“请求”与“拒绝”的整个过程，完全是在女人的脑海中进行的。

在第 2 个步骤里，你要练习在特殊情境下，如何寻求支持。一直以来，你想请求支持的时候，却始终没有开口，因为你预感到对方定会反对或拒绝。如今，我要告诉你的是，即便如此，你也要果断请求，宁可吃“闭门羹”，也不要自动放弃。

例如，妻子对沉迷于看电视的丈夫说：“你到杂货店去一趟，买几条鲑鱼回来，我用它们准备晚餐，可以吗？”与此同时，她已有心理准备，静候男人的拒绝。丈夫可能感到惊奇，因为在此之前，他在看电视新闻时，妻子决不会拿这种事打扰他。所以，他可能立刻回绝：“我现在正看新闻呢！你难道不能自己去买吗？”

这时，作为女人，你一定很想说：“当然，我当然可以去买。可你不要忘记，在这个家里，我总是忙里忙外，凡事都得我来操心。我不想做你的保姆。我只需要你帮这么一点儿忙，难道你都不能答应吗？”

——千万不要这样回应！尽管遭到拒绝，你还是早有准备，马上给出既定的回答，譬如：“好吧！”此时，给火星人的感觉，你是个爽快而大方的人。你也可以说：“没问题！”你的话像音乐一样动听，让火星人倍感温暖。需要记住：一个简单的‘好吧’或‘没问题’，就足够了！

首先开口请求，接下来，遭拒的你以‘好吧’来回答，这样的表现美妙绝伦，尤其是在对方说“不”时。你的目的，就是让对方明白，他可以拒绝你的要求，而不见得非答应不可。而且，你会给以体谅和理解。当然，在他的拒绝对你并无大碍的情况下，换言之，在你对他的“不”无所谓的时候，才可以使用这种方法。进一步说，假如他破天荒地支持你，你自会感激不尽，而实际上，你并不多么需要他的支持。你要确保他说“不”时，你不会大为光火，或者郁闷不乐。

看看下面的范例，你就更清楚我的意思了。

☆ 恰当回应男人的拒绝

何时请求	该说什么
他正在做某件事，而你要他去接孩子。通常你是不会打扰他的，而是自己做这件事。这次你想看看他的反应。	“你可不可以去接一下朱莉？她刚刚打来电话。”他说“不”，你就简洁而大度地说：“好吧。”

在和丈夫的分工上，通常由你做晚饭。这次你想让他代劳。过去你从未提出过请求，觉得他定然拒绝。这次你鼓励他为你效劳。	“你可不可以帮我切一下马铃薯？”或者，“今晚你来做饭好吗？”他说“不”，你就简洁而大度地说：“好吧。”
晚饭后，他通常看电视，而你洗碗碟。这次你想让他洗碗碟，或者起码帮你一把。不过，你从未提出过请求，你觉得他一定不会喜欢这种事。另外，即使他没有帮你，你也觉得无所谓。这次你却请求他的支持。	“今晚你可以帮我洗碗碟吗？”或者，“你把碗碟拿进来好吗？”你也可以等到某个气氛轻松的夜晚，说：“今晚你来洗碗好吗？”他说“不”，你就简洁而大度地说：“好吧。”
他想看电影，而你想去跳舞。他更喜欢前者，所以，过去你从未请求去跳舞。这次你主动请求他的支持。	“今晚你可以带我去跳舞吗？我想和你一起跳舞。”他说“不”，你就简洁而大度地说：“好吧。”
你们两人都很累，准备上床睡觉，次日再收拾垃圾。你体谅男人的辛苦，从没请求他把垃圾倒掉。这次你却敦促他行动起来。	“你可以把垃圾倒掉吗？”他说“不”，你就简洁而大度地说：“好吧。”
男人非常忙碌，他的脑子被某个项目所占据。他如此专注于工作，你不想使他分心。不过，你想和他谈一谈。通常，你觉得他一定会拒绝，就没有要求他抽时间和你交谈。这一次，你一反常态。	“你可以给我一点儿时间，我们好好谈一谈吗？”他说“不”，你就简洁而大度地说：“好吧。”

男人忙于他的事情，而你需要把汽车从修理店取回。通常，你不愿为这种事打扰他，否则他就得在百忙之中，重新调整计划，所以，你不会让他开车把你送到修理店。这次你破例提出请求。	“今天，你可以开车带我去修理店，让我把车开回来吗？”他说“不”，你就简洁而大度地说：“好吧。”

在上面每一种情形中，你都要做好心理准备，等待丈夫说“不”。你要多加练习，让自己尽可能理解丈夫，信任他的爱，也接受他的拒绝。你要坚信，他有能力帮助你，就一定会答应你的请求。任何时候，你向他请求支持，他不因拒绝你而羞愧，你也不因被拒绝而不满，那么，他就会给你打出 5—10 分。下一次，对于你的要求，他必定更加富有责任心。以爱的方式请求支持，他更有可能为你付出，而且付出得更多。

多年以前，从一位女职员那里，我尤其体会到了这一点。当时，我们一道从事某个非营利项目，需要一些志愿者参与。她想打电话给我们的朋友汤姆。我劝阻她说：“别费力气啦！我敢保证，他这个时候不会帮忙的！”而女职员告诉我，不管怎样，她都要打这个电话。她说：“打电话给汤姆，就是要请求他的支持。如果他拒绝，我也能够体谅和理解。不过下一次，我们为别的项目打电话给他，他更有可能答应帮忙。原因很简单，我这次的请求，会给他留下良好的印象的！”这位女职员是对的，事实证明了一切。

当你请求男人的支持时，如果他拒绝，你也能够体谅和理解。他就会铭记在心。下一次，他更有可能答应帮忙。

男人拒绝你的请求，而你没有表示反感，他就会铭记在心。下一次，他更乐意帮助你。反过来说，你不声不响，牺牲你的需要，不做任何请求，男人就永远不知道，有多少次你迫切需要他的支持。既然你没有请求，他又如何知道你的需要呢？

你心平气和地请求他给你更多时，在个人情感上，他就会立刻产生给予或付出的冲动，愿意满足你的要求。此时此刻，你要求他为你做得更多，是完全可行的。这正是完善情感关系的重要途径之一。

☆ **健康的情感**

任何时候，彼此都有权利请求对方提供支持，满足自己的渴望和需求，另外，也完全有权利说“不”，这样的情感关系，就是健康而成熟的。

譬如，有一天，一位朋友来家中做客。我们站在厨房里。当时，女儿劳伦让我把她举起来，她想在半空中做几个花样。我当时拒绝了：“我今天没什么力气，我真的很累。”

不过，女儿坚持她的请求，还顽皮地对我说：“拜托啦，爹地，拜托啦，举一下就行！”

朋友说：“劳伦，你的爹地很累，他今天工作很辛苦。你不该提出这种要求。”

劳伦立刻回答：“我只是请求他答应嘛！”

“可你知道，你的爹地那样爱你，”我的朋友说，“你这样坚持，他怎么可能拒绝呢？”

（实际上，如果孩子的父亲不能表示拒绝，这就是他本人而非孩子的问题了。）

我的妻子邦妮和3个女儿马上说：“他当然可以拒绝！”

我真为全家人而骄傲。能做到这一点，的确不容易。但是，我们还是逐渐地学会了请求支持，也能够接受对方的拒绝。

第3步：练习“强制性请求”

现在，你已经完成了请求的第2个步骤，知道怎样恰当而体谅地说“不”。你可以准备练习第3个步骤了。它将教给你如何想方设法，最终让对方满足你的需要。你请求他的支持，他却找借口拒绝你。这一次，你不要像前面那样，简洁而大度地说“好吧”。当然，你仍要保持心平气和。不过接下来，你还要等待，等待他答应支持你为止。这就是“强制性请求”。

比如，男人正要上床就寝，你对他说：“你可以往商店跑一趟，把牛奶买回来吗?”他回答：“上帝，饶了我吧，我真的累了！我想上床休息了！”

这时，你不要说“好吧”，让他轻易“得逞”，相反，你什么也不必说。你只要站在原地不说话，接受他拒绝你的事实，同时等待他回心转意。你的心里，不能有任何不满和怨气，只有这样，才会给你带来转机，因为接下来，他极可能开口说：“好吧，我去买牛奶。”

强制性请求的艺术，就是在开口之后保持沉默。你要有足够的心理准备，因为对方可能千方百计地搪塞或逃避。他的滑稽而可怜的“表演”，一定让你大跌眼镜：哼哼唧唧地推脱，嘟嘟囔囔地抱怨，支支吾吾地拖延，嘀嘀咕咕地抗争。他也可能火冒三丈，甚至咆哮着拒绝：“不！”男人对女人的请求，经常出现类似的反应，说明他不情愿改变状态。他越是把注意力集中到某件事上，就越有可能因为被你打扰而不满。不过，这不意味着他真的不想帮助你，他只是全身心沉浸在个人状态中，不得不进行激烈的思想斗争。

女人常常误解男人类似的反应，以为他不想支持自己，其实不然。男人的抱怨是一种信号，预示他正在考虑你的请求。反过来说，假如他无视你的请求，就会当机立断，一口回绝。既然他开始抱怨，就是一个好兆头。事实上，在你的要求和他的愿望之间，他正在苦苦地寻求平衡。他的心情非常矛盾，因为他的确需要“改弦更张”，从当前状态转移到你的请求之上。

> 既然男人开始抱怨，就是一个好兆头——在你的要求和他的愿望之间，他正在苦苦地寻求平衡，并尽可能满足你的请求。

为完成这一转变，他的内心要经历一场搏斗。这就如同解开门上生锈的铁链，在彻底解开之前，它可能发出“咯吱咯吱”的声

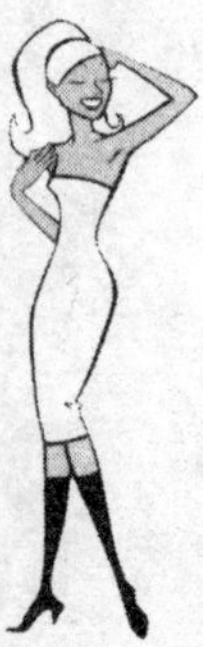

音——这如同男人不情愿的心理在作怪。如果你忽略它，忽略男人的抱怨，它不久就会消失。

男人嘀咕着抱怨，通常说明他正预备答应你，你却极有可能误解他，所以，你要么决不主动请求，要么在遭到拒绝后，悻悻而不满地走开。你认为男人完全不爱自己，因此，你也不愿给男人更多的爱。这将为不幸的情感关系埋下伏笔。

在上面的例子中，男人正要上床休息，而你请求他到商店去买牛奶，他当然可能抱怨了。

“我很累，”他的表情看上去颇为懊恼，“我要睡觉了。”

你将此视为彻头彻尾的拒绝，就可能愤然反驳说：“我为你做饭，帮你洗衣服，哄孩子睡觉，你又做了什么？你只想着早点儿休息！我要求得并不多，你现在总该帮我一次吧？你为什么不体谅我的辛苦？为什么要把家里家外的事交给我一个人？”

如此一来，拌嘴或吵架，几乎是在所难免的了。从另一方面说，如果你能意识到，男人发发牢骚，意味着即将履行你的请求，你就会做出截然不同的反应。你会保持沉默，耐心等待。你的沉默是一种信任。你相信他正在斟酌，并将答应你的要求。

你要给他必要的时间，让他进行“自我抗争”。你要想到，男人不情愿，是有他自己的难处。任何时候，你向他提出请求，一开始，他都可能停顿片刻。假如他当时不在状态，不愿按你的请求改变计划，就很可能发出抱怨。你要等待他摆脱内心的抗拒。你要求得越多，他需要做出的改变就越大，他也很可能无力给你支持。这也是为何我主张你循序渐进，在进行第 3 个步骤之前，首先要遵循前两个步骤的原因。

另外，你或许可以理解这样的情形：如果是在上午，你让男人打破常规地做出改变，按你的请求行事，通常不大容易。而在下午或者接近傍晚时，他更容易支持你。这与男人的精神状态有关（当然，这是为请求支持选择时机的另一话题）。现在，他正嘟嘟囔囔地抱怨，你就要想象一下，他正全神贯注地做他自己的事。一旦从痴迷状态走出，他就更愿意为你付出，而在起初，他顶多需要抱怨几声而已。

☆ “迫使”男人接受请求

在这方面，我有深刻的体会。有一次，妻子让我到商店买牛奶，而我正想上床睡觉。当时，我嗓门高亢地开始抱怨。她没有同我争吵，不动声色地站在那里，接受了我的不满。她相信，我最终定会屈服下来。果然被她猜中了，只见我跺着脚走到门外，进入汽车，关上车门，悻悻地驶向商店。在此过程中，我不厌其烦地制造了几次噪音，宣泄我的愤懑。

我憋着气来到商店里，不料，很快就出现了意外的结果——我的心情大为改变！我想，很多男人都有同感，而女人很少知道这一点——我越是接近崭新的目标——牛奶，心里的怨气，就越是离我远去。我开始感受到对妻子的爱。我真切地发觉，在内心深处，我愿意尽可能地为她付出。我不由地想象自己是个“好男人”。的确如此，我喜欢这种感觉。

走进商店时，我因为拿到牛奶而喜悦。我的手伸向牛奶瓶的一刹那，仿佛胜利在望！成就感永远给男人美妙的享受。我动作诙谐地将奶瓶抓在手中，一脸豪迈地转过身，表情似乎是在告诉世人：“瞧，我为妻子买到了牛奶！作为男人，我多么体贴，多么慷慨！这是个多么出色的男人！”

果不其然，我带着战利品返回家中，妻子满面春风，欢迎我的归来。她不由分说，给了我深情的拥抱。她感激地说：“亲爱的，谢谢你，我真的很高兴。有了你的帮忙，我就不必换衣服去买牛奶了！”

假如她对我的效劳视而不见，或视为理所当然，我一定非常郁闷。下一次，她再提出同样的请求，我就会格外厌烦。好在她没有忽略我的付出，而是给了我极大的爱。

在此期间，我观察自己的反应，倾听心灵的声音。我由衷地意识到：我有一个多么好的妻子！即便我抱怨，我抗拒，她也不会多说什么，因为她始终重视我，感激我。

正因为如此，她以后继续让我买牛奶时，我的抱怨就越来越少。每次带着牛奶回家，她仍以爱的方式，表达内心的感激。事实

上，当她第3次让我买牛奶时，我就会毫不犹豫地说“没问题”。

1周后我就发觉，她减少了让我跑腿的次数。有一次，我忍不住暗示她。她告诉我，她已经去过商店了。这时候，我不禁感到惊讶。我惊讶的原因不是别的，而是感觉竟颇有几分失落——她剥夺了我买牛奶的机会！其实，正是妻子的爱，让我发生了改变。我乐于为她做各种事情。时至今日，只要她吩咐我到商店买牛奶，我都会欣然而往。

我深深地体验到，我的内心，经历了何等不同的变化。妻子对我的抱怨的接受，对我完成任务后的感激，极大地制约了我的反抗心。正是从那时起，无论任何时候，她直截了当地提出请求，我大都会做出积极的反应。

☆　意味深长的停顿

女人要记住：提出请求之后，要适当地保持停顿，容许伴侣同其反抗心理做一番较量。你要注意：不要误解和否定他的抱怨。只有这样，你才有机会得到支持。如果打破沉默，你就会失去机会，失去你的力量。

倘若你做出类似下面的反应，就不啻是一种败笔，因为它们会让你前功尽弃，让沉默的意义转眼间荡然无存！

◎“行了，就当我没说过好了！”
◎“真想不到，你居然会拒绝我！我为你做得太多了！”
◎“我对你的要求并不过分！”
◎“这只不过需要你花上1刻钟时间。”
◎“你太让我失望了！你让我的感情受到了伤害。”
◎“你的意思是不打算帮我了，对不对？”
◎“你为什么不能做这件事？”

等等，你可能是瞧出名堂了。男人对你的请求表示抱怨，你就会本能地捍卫你的立场。你不恰当地打破男人的犹豫和踌躇；你忍不住与对方争执，试图说服对方，心甘情愿地为你付出。不管男人最终是否接受，下一次，你再次请求对方的支持，男人的反抗心理必然更强烈。

让男人支持你，就要主动开口请求。接着，不动声色地等待。索性让他抱怨几句，嘟囔几声，你不要做任何辩解和反驳。他十有八九会答应你的要求。你不要误以为，男人的抱怨，是缺乏爱的表示，或者故意与你为难。

> “强制性要求”的关键一环，在于你请求支持以后，要保持适度的沉默。

只要你态度平和，不做申辩，他就不会故意“耍性子”，有意和你过不去。即使他不满地走开，也只是他对你的请求毫无兴趣，或正忙于其他事务。其实，你们都应该清楚，不管他是否答应你，都是他本人的意愿和选择。

不过，有时候，他不会马上答应你。他会提出某些疑问，以便让自己逃避差事。你要留神这一点。当你缄默不语时，他或许会提出下面的问题：

◎“你自己为什么不能做？”
◎“我真的没时间。你来做这件事好吗？”
◎“我现在很忙，没空儿帮你。现在你在干什么呢？”

男人这样发问，只是试探着寻找脱身之机。你尽可能别说什么，除非他确实是在寻求答案，才可以给他一个理由。记住，你的解释要简洁明了，接下来就再次提出请求。这意味着你充分信任对方，相信若有可能，他就一定会帮助你。

他要是说“不”，或者提出类似上面的疑问，你要做出简洁的回应，说明你的需要，强调他的重要，然后再次请求。

在下面的例子中，你可以看到，男人使用怎样的“脱身术”，以便对抗或逃避女人的请求？对此，女人又该如何施展“强制性请求”，以便争取到他的支持？

男人如何 反抗女人的请求	女人如何用 "强制性请求"回应
"我没有时间。你为什么不能去做呢?"	"我的时间也很紧张。你来做这件事好吗?"接着,再次保持沉默。
"不,我不想做这件事。"	"你可以帮我吗?我真的很感激你!"接着,再次保持沉默。
"我现在很忙。你在干什么呢?"。	"我也很忙。你来帮我做这件事,好吗?"接着,再次保持沉默。
"不,我不想做这件事。"	"我也不喜欢。你可以帮我去做吗?"接着,再次保持沉默。

注意,在这里,女人并不是试图说服男人,而是对其拒绝做出回应。男人说他很累,女人不能说她更累,所以他应当给她支持。同样,男人说自己很忙,她不要说她更忙。不要给出任何理由,证明男人理应为她付出。她只是提出请求,而不是发号施令。

倘若男人仍未答应她的请求,可以采取第 2 个步骤,即得体地接受他的拒绝。这时候,不要流露出多么失望的意思。要记住,此时你"放他一马",他会深深地感受到,你是多么爱他!下一次,他更有可能支持你,而不是拒绝你。

不折不扣地执行上面的步骤,在请求男人的支持方面,女人会取得相当理想的效果。

在第 3 个步骤中,适当的停顿,可以使局面产生转机。它是请求男人给予支持的关键一步。不过,女人仍要坚持练习前两个步骤。有一条原则永远是重要的：请求男人做各种琐细小事，同时要得体地接受拒绝。

男人为何如此敏感

或许你感到奇怪：为什么对女人请求的方式，男人如此关注，如此敏感？原因不是别的，只是因为男人渴望被女人接受的感觉。任何过分或过量的请求，都会使他产生错觉，怀疑女人不接受他。或者说，他以为女人心怀怨恨和不满。

如同女人倾吐感受时，极其在意是否被倾听、被理解一样，男人也非常在乎女人是否接受当前的他。要是女人试图改造他，他就会觉得，他远不符合她的理想和要求，所以她才打算对他“动刀子”。

火星人的座右铭是：除非出现破损，否则就不要修理。男人觉得，女人要求得更多，而且试图改变他，他就会得到这样的信息：她认为他已经出现了“破损”。这样一来，他会沮丧地认为，他没有也不可能得到她的爱，因为她不接受他当前的面貌。

掌握恰当请求的技巧，两个人的感情才会变得持久而深厚。你得到了更多的爱，更大的支持，对你的伴侣而言，也是莫大的幸福和安慰。男人渴望成为女人心目中的武士，所以，他最大的幸福之一，就是成功地满足女人的需求和愿望。女人恰当地请求支持，可使男人产生强烈的感觉：他是她所爱的人。他也必以同等的爱为她付出，而这正是女人渴望的结果。

在下一章里，我们将要探讨的是：如何让爱的魔力永存？

第13章

Men Are From Mars
Women Are From Venus

让爱的魔力永存

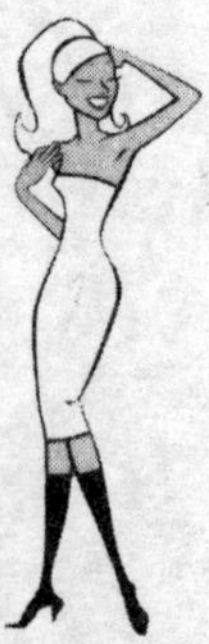

爱情的悖论之一，就是当你觉得进展顺利时遭遇大风大浪。不知不觉地，你们变得疏远起来，彼此减了爱的付出。譬如：

1. 你自信充满爱意，富有爱心，善于接受，到了第二天，你就一反常态，变得挑剔起来。无论伴侣怎样做，都很难赢得你的欢心。

2. 你从来无法想象，某一天会不爱你的伴侣，可到了第二天，你就和对方争吵起来，甚至想到了离婚。

3. 伴侣为你所做的某件事，饱含着极大的爱和体贴，可是，昔日的阴影突然浮现。当时，他（她）一度忽略了你的需要。

4. 你被伴侣的魅力深深吸引，但没过多长时间，他（她）的存在就让你感觉麻木。

5. 你和伴侣幸福、和睦地相处，可不久后，你就对你们的感情缺乏安全感，或者你觉得自我需要未被满足。

6. 你充满自信，觉得伴侣非常爱你，然而，你很快就感到绝望和无助。

7. 在你的眼里，你的伴侣光彩照人，你觉得一生一世都无法与之分开。你也深怕失去对方的爱。可是，当伴侣向你做出披肝沥胆的承诺和保证时，你却突然感觉到，他（她）似乎失去了吸引力。

8. 有许多个夜晚，你强烈地渴望与伴侣享受床第之欢。有一天，对方表达了同样的愿望，你却不想与之“燕好”了。

不仅你本人如此，若是留心观察，你会注意到，你的伴侣同样会出现上述情况。你可以认真地思考一下：你的伴侣如何突然间就“丧失”了对你的支持？为何忽然剥夺了你应有的权利？情感上的变化何以突如其来？为何在今天你们还爱得死去活来，到了次日，两个人就成了冤家，彼此怨恨、争吵，甚至大打出手？

类似的情形司空见惯，情感的变化如此迅速而激烈，的确让人费解。如果始终无法搞清真相，你甚至会绝望地怀疑，一定是你们的神经有问题。你会轻而易举地做出结论，认为爱情已不复存在。不过，你用不着过分担心。在情感上产生这样或那样的问题，并没有多么神秘，其中的蹊跷，或许三言两语就可以说清楚。

爱情给你带来的，或许是一种“悬而未决”的感受。今天，你的心里充满了爱，次日，你就对爱情产生怀疑，觉得它不可靠。你正要信任和接受伴侣的爱，昔日痛苦的记忆，却可能不期而至。

在很长一段时间里，你或者比以前更爱自己，或者深深地为伴侣所爱，但被压抑的情感却穷追不舍。它像一把枷锁，锁住了你的心灵，使你无法尽情释放自己的爱。你的消极情感之所以出现，只是为了得到治疗和宣泄。你会突然间喜欢挑剔，产生怨恨，不知满足，感情麻木，无理取闹……你安然自在地反思和回味，过去没有表达的情感就会浮上心头。爱，使压抑的情感迅速解冻，其中的五味杂陈，就会渗入情感中。

它们似乎一直在等待这一刻的到来，等到你感觉到伴侣的爱为止。它们会纷纷露头，排起长队，逐个地等待治疗。其实，每个人都有一系列“悬而未决”的情感。它们来自于你过去受到的伤害。它们潜伏在你体内的“冰山”里，直到你感受到伴侣的爱，它们才会破冰而出。这时候，你渴望表达自己，也会体验到受伤的感觉。

如能成功地处理它们，你会无比喜悦。爱情就会释放出更大的能量。相反，彼此指责或者争吵，而不是治疗过去的经历，只能体验到懊恼和沮丧。你不得不将受伤的感觉再次压抑。

☆ 消极情感，“悬而未决”

显而易见，受伤的感觉不会自动跳出来，大声说：“嗨！我是你当年遭受伤害的情感。我还没有得到治疗呢，快帮帮我吧！”孩提时代，被拒绝、被抛弃的感觉一经出现，你就会觉得自己正被伴侣所抛弃、所拒绝。过去的阴影将会投射到今天的感觉上。在生活当中，即使是微不足道的小事，也会造成极大的伤害。

许多年以来，你一直都在压抑着自己的情感。有一天，你陷入爱情之中。

爱情，以它强大的力量，使得你敞开心扉，使你感受到最隐秘的伤痛。爱情，使你的心灵慢慢苏醒，你开始感受到封存多年的痛苦的感觉。

☆ **正值“晴空万里”，缘何“雷声大作”**

昔日的感觉不只出现在恋爱时，也可能出现在其他时刻，比如你饱享伴侣的爱意之时。在这原本快乐的时刻，两个人会突然吵架。这似乎让人不可思议，却是实实在在的事实。

伴侣间争吵的时刻各种各样，比如，你们装修新居时，你们参加子女毕业典礼、生日宴会或别人的婚礼时，你们外出度假、驾车旅行时，你们完成一项任务、庆祝圣诞节或感恩节、决定改变某种不良习惯时，你们购买新车、换工作、彩票中奖，商议投资计划时，你们彼此倾心交谈，乃至在卧室“燕好”时……

在类似的情形下，伴侣一方或者双方都可能情绪低落。消极感受可能出现在事件之前、之中或之后。针对上面列举的情形，你可以反思一下：你的父母当年是如何对待情感危机的？你和伴侣之间的冲突又是如何解决的？思考这样的问题，对你大有好处。

90/10原则

了解昔日受伤的情感何以突然出现，你就会意识到：你为什么经常因为伴侣的态度，很容易受到伤害？当你产生懊恼或者难过之情时，其中的90%以上，都和过去的经历有关，而当前让你心情不好的原因，可能只占10%以下——换句话说，后者只是表面的现象，充其量只是“导火索”而已。这就是“90/10原则”。

不妨看这样的例子：如果伴侣开始对你吹毛求疵，在某种程度上，一定会使你的情感受到伤害。不过，你已是成年人，你很容易想到，对方并非有意与你过不去。你会看到，你的伴侣当时情绪很糟糕，而原因不在你。所以，你心里很清楚，对方的指责或抱怨本不该对你造成多大伤害。对方顶多只是想宣泄一下而已。

可是，换成另外一天，伴侣懊丧的情绪、恶劣的态度，却可能对你造成意想不到的伤害。其原因在于，在那一刻，从前所有受伤的感觉，都会一股脑地出现。你的心灵感到剧烈的痛苦。此时此刻，你真正感觉受到了伤害。这种伤害可能在短时间内难以平复，仿佛即将愈合的伤口再次撕裂。在童年和少年时代，你曾经遭受过过于严厉的批评，当时的伤害始终没有消除，而伴侣的批评，使得所有受伤的感觉，再次清晰地进入你的意识。

在不谙世事的年代，你恐怕永远没有想过，你是天真而无辜的，你的父母的消极情感，与你没有任何关系，那只是他们自身的问题。可当时的你，却不由自主地自惭形秽，将父母的批评和责骂视为理所当然。你将原因完全归结到自己身上，认为一切都是你的错，内心充满自卑、恼恨和愧悔。

时隔多年，当时的感觉依然清晰。于是，你很容易把伴侣的反应，视为对你的批评、责骂，乃至彻头彻尾的拒绝。此时此刻，你很难平心静气地与对方交流。你很容易产生错觉或者误解。你将伴侣的反应看得非常严重，即使是微不足道的请求，也会让你觉得过于挑剔或不近情理。实际上，造成这种情形，90%以上的原因，只是与你昔日的经历有关。

设想一下，你的胳膊，不小心被什么碰了一下，或者被针状物刺痛了一下，这肯定不会带来多大的伤害。不过，假如你身上有个尚未愈合的伤口或伤疤，它被什么东西所碰撞时，可能使你疼痛难忍。同样，当积压多年、“悬而未决”的感觉出现时，对于伴侣任何轻微的冒犯，你都会极其敏感。

在恋爱之初，你或许不会过于敏感。过去的情感也需要一定的契机才会出现。当它们果真出现时，你对伴侣的反应就会截然不同。在大多数遭遇挫折的情感关系中，90%以上都因为昨日情感。换句话说，如果痛苦的记忆没有出现，你就不会对伴侣不满。

☆ 我们怎样彼此支持

对男人而言，昔日的感觉一经出现，他就会急不可待地进入“洞穴”。他此时相当敏感，他最需要的就是女人的认可和接受。对女人而言，当昔日里的情感出现时，情感的波浪就会迅速下降，沉到情感的“深井”中。此时，她最需要的就是男人的体贴和关心。

有了以上认识，当昔日的消极感受出现时，你就可以更好地把握自己。比如，如果伴侣对你不满或者生气，你不会急于大张旗鼓

地与之较量。你会想到把感觉写到一张纸上。是的，通过写情书，消极感受自然就会释放。情书可以使你迅速调整情绪。这样一来，对于伴侣的反应，你就不会大惊小怪，因为你理解、信任、接受、宽容对方。

理解 90/10 原则，可以为你带来福音。理解和支持的态度，会使伴侣尽快恢复平静。如果你想到，对方的坏情绪完全是受伤的记忆所致，你会更富理解心和同情心，也能够相应地支持对方。

当伴侣“旧伤”复发的时候，永远不要说他（她）反应过激。这只会对伴侣造成更大的伤害。不妨想象一下，假如完全“刺”到其伤口的中央，你应该想象得出伴侣的感受。这时候，你还会惊讶于伴侣的反应吗？

既然知道了真相，你就不难理解，伴侣为何会出现让你惊奇的、情绪激动的反应。其实，这是自我治疗过程的一部分。给伴侣一点儿时间，让他（她）慢慢冷静下来，再次调整好状态。如果你想了解伴侣情绪糟糕的原因，却难以心平气和地倾听他（她）的谈话，就鼓励伴侣为你写一封情书。

☆ 情书是一剂良药

你应当知道，过去受伤的情感经历，会时不时地在今天出现。因此，你要体谅伴侣的反应，包括你自己。我的意思是说，如果伴侣的反应让你懊恼或难过，你也可以给对方写一封情书。在此过程中，要深入地反思：你当前的感受与昔日的经历之间，是否有着某种关联？实际上，在你写情书的过程中，久远的记忆，可能一幕幕地出现。你会慢慢地察觉，让你不满或生气的对象，其实不是你的伴侣，而是你的母亲或者父亲——你不要中断回忆，继续写下去！不过此时，你写信的对象，已不是你的伴侣，而是换成你的父亲或者母亲，甚至是他们两个人。在此之后，写一封充满爱意的回信，将信件与你的伴侣一道分享。

伴侣可能喜欢看到你的信。这样一来，他（她）就可以了解到，你情感上的伤害 90%以上都与昔日的经历有关。接下来，你就会从伴侣那里得到更多的安慰。假如你从未想过昨日经历造成的伤害，就很可能迁怒对方，使之蒙受不白之冤。

你希望伴侣更加关心你的感受，就要让他（她）体会你过去的痛苦。这样，伴侣就会理解：在某些情况下，你为何那样敏感，容易冲动？写情书的过程，正是实现这一目的的机遇和手段。

痛苦感受的幕后真相

在写情书时，你会渐渐地发觉，让你心情不好的原因其实另有源头。它的数量之多，大出你的意料。你了解到更多的原因，消极情感就会渐渐消失。如同你容易被消极情感所控制，你也很容易将它们统统释放。请看下面的例子：

1. 一天早晨，吉姆醒来时，觉得妻子这也不好，那也不是。不管妻子做什么，都让他心烦。于是，他给妻子写了情书。他发现，让他气恼的对象其实是他的母亲。当年，母亲对他控制得很厉害。于是，他马上给母亲写了一封简短的情书。写完情书之后，对于妻子，他突然不再感到厌烦，而是充满了温暖的感情。

2. 恋爱几个月后，莉莎突然对伴侣挑剔起来。在写情书的过程中，她发现自己其实是害怕。她觉得自己还不够完美，害怕对方不再对自己有兴趣。她发觉了情绪不佳的原因，这激发了她心中的爱。

3. 在共度浪漫夜晚后，比尔和珍就陷入激烈的争吵。事情的起因是，比尔忘记了做某件事。比尔一向宽容体贴，但这一次他却想到离婚。这种念头让他吃惊不已，于是，他写了一封情书。他发现，其实他是害怕妻子离开自己，害怕被妻子抛弃。他不由得回忆起，在孩提时代，他的父母吵架时自己的感受。他给父母写了一封信。眨眼之间，他再次对妻子充满爱的感觉。

4. 苏珊的丈夫汤姆很忙。他要按期完成一项工作，而规定的期限即将到来。尽管苏珊能够理解丈夫承受的压力，但仍满腹怨言。在给丈夫写完一封信后，她发现，让她感到不满的对象，其实是她的父亲。当年，父亲把她独自留在家中，她不得不和有虐待倾向的母亲相处。当时，她感觉非常无助，仿佛被亲人抛弃。当时的感觉

再次出现，就需要得到治疗。于是，她给父亲写了一封情书。此后，她对汤姆的怨气也消失了。

5. 雷切尔非常迷恋菲尔。后来，菲尔向她示爱，并当场求婚。可是第二天，雷切尔的情绪就发生了变化。她对爱情产生了怀疑，激情也似乎消失了。她给菲尔写了情书。她发现，实际上，她一直对父亲心怀怨气。父亲消极的态度曾经深深地伤害过她的母亲。她给父亲写了信，释放了消极感受之后，对菲尔再次充满了爱。

刚刚开始写情书时，你未必能找到昔日的情感。不过，你不用着急，可以慢慢地打开心扉，一点一点地尝试，试探着碰触潜藏的感受。你会慢慢地发觉，让你难过或者懊恼的原因，正是来自多年前的经历和感受。

“情感反应迟缓”现象

美好的爱情，会诱发多年前“悬而未决”的情感。当你的要求没有满足，由此充满渴望的时候，也会出现类似的情形。几年前的一天，我想和妻子亲热，可她却没有那个心思。当时，我理智地接受了这个事实。第二天，我使尽了全身解数，做出各种暗示，可是一点儿用也没有，她丝毫不感兴趣。

在随后的一段时间里，几乎天天如此，我心里的怨恨也越来越多。可是，我当时不知道怎样表达自己的需要，只能将沮丧的心情封闭起来，假装若无其事。我掩饰内心的积怨，尽可能不去想这件事。但是，我的心中恼恨之情愈来愈强烈。

我尽己所能地做各种事情，包括针头线脑的琐细小事，以便讨她的欢心，让她感到快乐。与此同时，在我的内心深处怨恨一直在积聚。半个月后的一天晚上，我给她买回一件漂亮的睡衣。她打开盒子，既惊奇又高兴。我让她试一试，她却说没有心情。

我是彻底泄气了！我忘记了人间还有性爱这种事。我开始埋头工作，放弃了对于性爱的渴望。我当时以为，压抑心中的怨恨是完全正确的做法。不过，两周后我下班回家时，她给我准备了丰盛的晚餐，还穿上了那件睡衣。灯光暗淡，角落里响起柔和的音乐。

你或许想象得到我当时的心情。我感受到内心的怨恨之情，它似乎提醒我：“到今天为止，你整整忍受了4个星期！”我压抑的4个星期的怨恨，在瞬间爆发开来。接下来，当我尽情抒发内心的感受时，我才发现，她仍旧爱我，乐于给予我所需要的。

☆ 当你突然感到怨恨时

在其他许多场合，我也注意到类似的情形。在为客户做情感咨询的过程中，我也注意到类似的现象：伴侣的一方，最终出现了积极的变化，另一方却态度冷漠，没有任何感激之情。

当比尔终于同意，他要给玛丽想要的一切时，玛丽突然怨恨起来。她的反应是：“太晚了！”或者，“那又怎么样，你以为我会在乎吗？”

有的伴侣结婚20多年，我在给他们做咨询时发现，他们的子女长大成人后，妻子突然想到了离婚。男人这时才如梦初醒。他意识到，他应该做出改变，并得到妻子的配合。他开始采取务实的行动，给予对方等待了20多年的爱。然而，妻子的反应却是冷漠和怨恨。

至少，在她的潜意识里，她要让丈夫尝尝苦头，体会她20年来经受的情感折磨。当然，只要处理得当，就不会出现不可收场的局面。夫妻双方应深入交流，作为男人，要专注地倾听女人的感受，了解她积压已久的痛苦。这会使她心情慢慢好转。男人的改变，最终定会得到认可和接受。同样的情形也发生在男人身上，男人的反应也可能非常激烈。

☆ “涨进式期望危机”

这种“情感反应迟缓”的例子，还可以见之于社会层面。在社会学领域，这被称为“涨进式期望危机”。它曾发生在约翰逊总统执政的20世纪60年代。当时，美国国内的少数民族，第一次得到了比以往更多的权利。最终，他们积压已久的愤怒爆发开来，暴动和暴力接连不断。被压抑的民族情绪瞬间释放。

这是情感被长期压抑之后，突然爆发的另一个证明。当少数民

族终于得到支持时，多年以来的怨气终于爆发，昔日里“悬而未决”的情感全面出现。类似的情形，如今也出现在许多国家。在那里，人们从有虐待倾向的政府管理者那里，最终获得了自由。

健康者为何需要治疗

在你和伴侣的情感关系中，也会出现这样的情况。两个人的关系越是亲密，爱情就越是深厚，也越容易导致一种结果——唤醒尘封多年的痛苦的记忆。它们需要得到彻底的治疗，但羞耻和恐惧的感觉可能会占据上风，这使你困惑和踌躇，不知究竟怎样做，才能让消极情感得到释放。

你固然需要敞开心灵，将情感与伴侣分享。可是，由于羞耻和恐惧，你难以展示真实的感受。这样一来，你可能变得沮丧、焦虑、厌倦、怨恨。你也会经常无缘无故地备感疲惫，这正是消极情感渴望释放，却一直被压抑的症状。

你不堪碰壁，下意识地想逃离爱情，或沉溺于其他事物之上。其实，此时此刻，你只应对受伤的情感对症下药，决不可以“临阵脱逃”，放弃治疗。当你情感的“旧伤”再度复发时，明智的做法，就是寻求心理医生的帮助，或采取其他有效的方法。

当受伤的情感记忆出现时，你会把它们投射到伴侣身上。若无法放下包袱，把真实的情感“表达”给我们的父母，或者“告知”过去的伴侣，那么，起码在短时间内，你就不可能知道，如何向你的伴侣诉说感觉，传递心声。在这种情况下，不管伴侣多么支持你，你都没有安全感，释放情感的通道也就出现了堵塞。

这是一个悖论，因为通常说来，和伴侣在一起，你才会感觉到安全。最深处的恐惧感，才有可能浮现。而当它们真正出现时，你却感到羞耻和恐惧，以至于难以与伴侣分享你的感受。恐惧甚至让你感到麻木不仁，如此一来，压抑已久的情感自然难以释放。

一位咨询师或者心理医生，可能为你提供很大的帮助。这就是说，如果有一个人陪伴着你，而你不会将恐惧投射到对方身上，你就可以向对方倾诉压抑已久的感受。相反，如果对方是你的伴侣，你反而可能感觉木然。

这就是为什么不少人有亲密的爱情，却仍不可避免地需要治疗师的帮助。当然，就像前面提到的，你也可以参加提供情感支持的群体。这对你同样大有裨益。同那些与你非亲非故，却可以给你提供支持的人们交流，就可以为情感的伤痛找到发泄的途径。

> 这是一个悖论：通常说来，和伴侣在一起，你才会感觉安全。最深处的恐惧感，才有可能浮现。而当它们真正出现时，你却感到羞耻和恐惧，以至于难以与伴侣分享你的感受。

你将昔日的阴影投射到伴侣身上，对方不仅无力为你提供支持，而且你不佳的心绪还可能伤害对方。你的伴侣所能做的，就是鼓励你寻求必要的支持。昔日的情感，总是深刻地影响着当前的感觉。知道了这一点，你的感觉就会好起来。接下来，你要接受爱的潮起潮落。接受伴侣的爱，接受爱的治疗性作用。要想使爱的魔力永存，你必须机动灵活，适应爱情不断变化的季节。

爱的季节性

情感关系，就像是一座花园。想让花园里枝繁叶茂，必须及时地浇灌，给予精心地照料。同时，你需要考虑到不同的季节，以及无法预料的天气，做到未雨绸缪。必须播种新的种子，清除一切杂草。进一步说，让爱的魔力永存，你就必须懂得爱的不同季节特征，满足爱的特殊需要。

☆ 爱的春天

恋爱，就像是春天。你觉得你和对方会永远幸福。你无法想象，有一天，你会不爱你的伴侣。这是纯真的年代，爱，似乎是永恒的。这是充满魔力的时节，一切都那样完美无缺，不费气力。你的伴侣似乎是最理想的。你们快乐而和谐地载歌载舞，享受着生命

的恩赐，青春的好运。

☆　**爱的夏天**

在爱的夏天，你开始意识到，你的伴侣，并不如想象中完美。你致力于改善两个人的关系。你的伴侣来自另一星球。而且，他(她) 会犯这样或那样的错误。在某些方面，有着明显的不足和弱点。

你的沮丧和失望随之而来。杂草需要铲除，而在烈日的炙烤下，植物也需要浇灌。爱的给予和接受，不再像先前那样容易。你发觉，你并不总有幸福的感觉，也并不总是爱着对方。你甚至觉得，这不是你期待的爱。

这时候，为数众多的伴侣，可能不再对爱抱有幻想，也无意致力于改善关系。他们不切实际，幻想着爱永远是春天。他们对对方产生怨气，对自己感到失望，甚至想到了放弃。他们没有意识到，实际上，爱，不是一劳永逸，不是唾手可得的。有时候，它更是烈日下的辛苦劳作。在爱的夏季里，你需要满足伴侣的各种需求。同时，你要让对方给予你所需要的爱。而所有这些，并非俯拾即来，而是务须努力。

☆　**爱的秋天**

在爱的夏季，你对花园精心照顾，所以，你的付出有了回报。这是黄金的季节。它是收获，它带给人满足感。你的爱情更加成熟。你能够理解，也能接受爱不完美的一面，如同你可以接受自己的不完美一样。这是一个感恩和分享的季节。在夏天里，你有过辛苦的工作，现在，你可以放松一回，享受爱的果实。

☆　**爱的冬天**

接着，气候再次发生改变。冬天来到了。在寒冷而贫瘠的冬日里，一切都自然地恢复了原有的状态。这是休息、反省和更新的季节。在这个季节里，在和伴侣的交往中，你经历了悬而未决的痛苦和压抑。在这个季节里，情感容器的“盖子”已被打开，痛苦的感觉开始涌出。这是需要独自反思的时间。你务必更多地关注自己

（而非伴侣）的感受，只有这样，才能得到更多的爱和满足感。这是一个治疗的季节。在这个季节里，男人在他的“洞穴”里冬眠，而女人进入她的“深井”。你和伴侣的爱，都经历了自我治疗的过程。

度过了黑暗的冬天，春天再次归来。你再一次拥有了希望。爱拥有了无数的可能性。你的内心得以治疗，你的灵魂走过了严冬，所以，你的心胸更加开放，对爱的春天充满着美好的憧憬。

完美的情感

现在，你学完了增进沟通的方法。而且，在情感关系中，你知道如何满足基本的需求，所以，就更有把握获得完美而成熟的情感。你有充分的理由充满自信。现在的你，能够适应爱情的各个季节。

我亲眼目睹过，千百万夫妻经过努力，让情感关系发生了可喜的逆转，有的甚至是在一夜之间。他们在星期六参加我主持的“情感关系”研讨会，在星期天晚饭时，他们就再次感受到热恋时的感觉。阅读本书，你可以知道一个巨大的秘密：男人来自火星，女人来自金星。在感情上，和一切成功者一样，你也可以“送旧迎新”，否极泰来。

不过，我要提醒你：要牢记爱情的季节性。在爱情的春天，爱，是容易得到的。而在夏天，爱，却意味着辛苦的工作。秋天，你迎接的是丰收与满足。到了冬天，你会感到空虚和无助。

在爱情的夏天，你容易忘记与爱有关的一切信息。在爱情的夏天里，情感的进展，显得磕磕绊绊。当你没有得到渴望中的爱，暗自焦急之时，突然之间，你也忘记了在本书学到的秘密和技巧。你开始对伴侣抱怨和厌烦，没有满足对方的需要。

当冬天的空虚到来时，你会感到绝望。你甚至自轻、自贱、自卑、自叹。你不知如何得到伴侣的爱和支持。你怀疑你的伴侣，也怀疑你自己。你变得愤世嫉俗，似乎除了放弃，你没有别的选择。这是爱的季节性循环的一部分。这永远是黎明前最黑暗的一刻。

要使情感关系走向圆满，你就必须理解爱情存在不同的季节。有时候，爱的来临自然而然，顺理成章。而在另外的时刻，你却需

要付出相当多的努力。有时候，你的心灵无比丰盈。有时候，它却处于干涸的状态。千万不要以为，伴侣将永远充满爱意，一时、一刻、一丝、一毫也不会改变。不要以为，伴侣永远以最恰当的方式爱你。你要理解自己，也要懂得对方。你也不要指望你能记住自己学到的、关于爱的每一条信息。

学习的过程，需要的不只是倾听和实践，也包括遗忘和回忆。在本书中，你所学的一切，是伴侣无法教给你的。你的伴侣不知道，现在你知道了，你就要务实地行动。要允许自己犯错误。而你学到的某些新的观点，在一段时间内，也可能逃离你的记忆。

教育理论告诉我们，要想掌握某种事物，甚至需要倾听上百次。所以，别指望你和伴侣记忆力超人，能牢记本书所有新颖的观点。你要有足够的耐心。要重视本书讲述的每一个环节、步骤。要想把它们恰当地应用到实践中，你就需要花上足够的时间。

你不仅要把它们复习上百次，你也要抛弃过去学到的东西。你要学习的，只是如何拥有成功的情感关系。你毕竟不是天真而幼稚的孩子，尽管你的父母，你成长的环境，你所在国家的文化，你昔日的痛苦的经历，都可能使你一直受到控制，但你不必永远被其牵着鼻子走。须知对于拥有新型的情感关系，你已经掌握了最新的观点。你要将它们内化于你的生命。这是一项崭新的挑战！你是一个拓荒者，你走在一块新土地上。有时候，你一定会迷失方向，你的伴侣也是如此。你应当有足够的心理准备。你不妨将本书作为地图，引领自己反复尝试，去多次穿越未予标注的领域。

下一次，当你因伴侣而沮丧和难过时，你要记住：男人来自火星，女人来自金星。男人和女人，原本就是不同的类型。这可以使你更富有爱意。如果你将自己的不满和怨恨恰当地释放，正确地请求渴望的一切，你的情感关系，就一定不会让人失望。这样的结果，正是你的渴望，你的需要，也是你的权利。

一言以蔽之，你的情感生活会拥有无限美好的末来。谢谢你的支持，为了你的完美人生，我愿意助一臂之力。